应用型本科 经济管理类专业“十三五”规划教材

产业经济学

主 编 黄利秀 张华忠

西安电子科技大学出版社

内 容 简 介

本书是一本面向本科院校高年级学生，系统介绍产业经济学理论和方法的基础性教材。全书共十三章，主要阐述了产业组织、产业结构、产业管理、产业发展等相关内容，简洁而系统地反映了现代产业经济学的学科体系和最新研究成果。

本书依据学术界公认的研究观点，科学阐述相关理论，概念准确、论述严谨，根据相关内容还精心设计了思考题。

本书既可作为高等院校经济学、管理学专业的基础课教材，也可供其他相关专业选用。

图书在版编目(CIP)数据

产业经济学/黄利秀，张华忠主编．—西安：
西安电子科技大学出版社，2018.2
ISBN 978-7-5606-4807-1

Ⅰ．①产…　Ⅱ．①黄…　②张…　Ⅲ．①产业经济学—高等学校—教材
Ⅳ．①F062.9

中国版本图书馆 CIP 数据核字(2018)第 000512 号

策　　划　高　樱
责任编辑　杜敏娟
出版发行　西安电子科技大学出版社(西安市太白南路 2 号)
电　　话　(029)88242885　88201467　　邮　　编　710071
网　　址　www.xduph.com　　电子邮箱　xdupfxb001@163.com
经　　销　新华书店
印刷单位　陕西利达印务有限责任公司
版　　次　2018 年 2 月第 1 版　2018 年 2 月第 1 次印刷
开　　本　787 毫米×1092 毫米　1/16　印张　14.5
字　　数　338 千字
印　　数　1～3000 册
定　　价　32.00 元
ISBN 978-7-5606-4807-1/F
XDUP　5109001-1

应用型本科　管理类专业规划教材
编审专家委员名单

应用型本科　经济类专业规划教材
编审专家委员名单

前言

随着我国全面深化改革的推进，我国经济发展也逐渐进入新常态。经济新常态的重要特征是经济结构的优化升级，尤其是要实现我国产业在全球价值链中的中高端化。这一发展趋势使得我国社会需要更多懂得和掌握经济学专业知识的专门人才。因此，产业经济学课程在高校经管类专业人才培养方案中的地位应该得到进一步的重视和提升，产业经济学的教学内容也应该与时俱进，随着我国国民经济的发展进程做出相应的调整和变动。

当前，国内外学者已经编著了一大批优秀的产业经济学教材，内容广泛、体系完整。我们在多年从事产业经济学课程教学的过程中发现，从本科院校学生的情况看，原有教材可能还存在一些需要调整的部分：一是原有教材内容庞杂，既超过了学期课程的课时要求，部分章节的难度也高于本科生的理解能力；二是经济新常态背景下，原有教材缺乏对我国当下产业发展新特点和新需求的概括和理解。因此，本书在编写的过程中，着重注意了以下三个方面：一是明确本书的使用对象主要为经管类专业的本科生；二是在教材内容的安排上尽量精简，避免过于庞杂，强调简洁明了；三是强调对我国当下产业发展新特点的概括和阐释。在案例的选取上，尽量选取我国当下的经典案例。

本书作者皆为长期在本科院校教学一线从事产业经济学课程教学和科研的经验丰富、理论功底深厚的教师。全书由黄利秀教授、张华忠副教授拟定写作提纲，黄利秀（盐城师范学院）、张华忠（淮阴师范学院）、曹洪盛（盐城师范学院）、陈虎（盐城师范学院）、刘小伟（盐城师范学院）、翁梅（盐城师范学院）、包振山（盐城师范学院）七位教师共同编写，最后由黄利秀教授审核全书各章、修撰定稿。

在编写的过程中，编写组人员参考了国内外大量的专业教材和产业经济学的最新研究成果，在此一并向相关作者表示感谢！

由于本学科发展迅速，加之作者水平有限，书中难免有不足之处，恳请读者提出宝贵意见。

黄利秀

2017年10月

目录

第一章　导　论

第一节　产业经济学的形成与发展

一、产业组织的含义及渊源

产业组织理论是现代产业经济学的重要组成部分，也是现代产业经济学的发端。产业组织理论以价格理论为基础，通过对现代市场经济发展过程中产业内部企业之间竞争与垄断及规模经济的关系和矛盾的具体考察分析，着力探讨产业组织的状况及其变动对产业内部资源配置效率的影响，从而为维持合理的市场秩序和经济效益提供理论依据和对策途径。

所谓产业组织，是指同一产业内企业间的组织或者市场关系。这种企业之间的市场关系主要包括交易关系、行为关系、资源占用关系和利益关系。对产业组织的研究主要以竞争与垄断及规模经济的关系和矛盾为基本线索，对企业之间的这种现实市场关系进行具体描述和说明。

产业组织理论源远流长，最早可追溯到亚当·斯密的劳动分工理论关于市场机制的论述。其后把产业组织概念引入经济学并提出其研究方向的是新古典学派经济学家马歇尔。1890 年英国剑桥大学的著名经济学家马歇尔出版了《经济学原理》一书，创立了新古典经济学。在这部著作的第 4 篇，即生产要素——土地、劳动、资本和组织中，他研究了产业组织。他指出，组织可以提高效率，增加经济效益，并提出：分工能提高效率；专门工业集中于特定的地方，能提高效率；大规模生产，也能提高效率。由于产业组织可以提高产业的经济效益，因而产业经济学(Industrial Economics)也称为产业组织理论(Theory of Industrial Organization)。

马歇尔在分析规模经济成因时，发现了被后人称之为“马歇尔冲突”的矛盾，即大规模生产能为企业带来规模经济，使企业的单位产品成本不断下降，市场占有率不断提高，其结果必然导致市场结构中的垄断因素不断增加，而垄断的形成又必然阻碍竞争机制在资源合理配置中的作用，使经济丧失活力，从而扼杀自由竞争。

从 20 世纪初开始，随着生产日益集中，企业规模不断扩大，垄断、寡头垄断的市场支配现象已成为资本主义国家中的普遍市场问题。以英国剑桥大学教授斯拉法为代表的一些经济学家以收益递增规律与完全竞争前提相矛盾为突破口，对马歇尔的价格理论进行了猛烈的抨击，于是引发了一场关于“马歇尔冲突”的理论争论。英国和美国许多经济学家围绕着竞争和垄断的关系，对产业组织的实际状况进行了大量的调查分析和理论研究。贝利和米恩斯于 1932 年发表了《现代公司与私有产权》一书，详尽地分析了 20 世纪 20 年代至 30

年代美国的垄断产业和寡头垄断产业的实际情况，并对股份制的发展更容易使资本集中到大企业中从而造成经济力集中等问题进行了实证研究，为产业组织理论体系的形成提供了许多具有重要参考价值的研究成果。1933 年，美国哈佛大学教授张伯伦和英国剑桥大学教授罗宾逊夫人分别出版了《垄断竞争理论》和《不完全竞争理论》，均提出了纠正传统自由竞争概念的所谓垄断竞争理论。张伯伦以垄断因素的强弱把市场类型分为从完全竞争到完全垄断多种类型。他还着重分析了垄断竞争、同类产品的生产者集团与企业进入和退出市场、产品差别化、过剩能力下的竞争等问题。1940 年，克拉克提出了有效竞争的概念，对产业组织理论的发展和体系的建立产生了重大影响。克拉克认为，不完全竞争存在的事实表明，长期均衡和短期均衡的实现条件是不协调的，这种不协调反映了市场竞争与实现规模经济的矛盾，为了研究现实条件减弱这种不协调的方法和手段，有必要明确有效竞争的概念。所谓有效竞争，简单地说，就是既有利于维护竞争又有利于发挥规模经济作用的竞争格局。

此外，梅森第一个发表了有关产业组织体系的论文，并于 1939 年出版了《大企业的生产及价格政策》一书。正是以上述一系列的理论研究为基础，才产生了产业经济学。SCP 分析范式(结构—行为—绩效分析范式)建立后，不同的产业组织理论流派相继发展起来，具有影响力的包括芝加哥学派、新奥地利学派、新制度学派。

二、产业组织理论的形成

比较完整的产业组织理论是 1930 年以后在美国以哈佛大学为中心逐步形成的。1938 年，梅森在哈佛大学成立了一个产业组织研究小组。在继承张伯伦等人的研究成果的基础上，梅森提出产业组织的理论体系和研究方向，并于 1939 年出版了《大企业的生产及价格政策》一书。梅森将有效竞争的标准归结为两个方面：

(1) 能够维护有效竞争的市场结构的形成的条件被归纳为市场结构标准；

(2) 从市场绩效的角度来判断竞争有效性的标准被归纳为市场绩效标准。

继梅森的研究之后，一些经济学家将有效竞争的标准从二分法扩展到三分法，即市场结构标准、市场行为标准、市场绩效标准。

在市场结构标准上，集中度不宜太高，市场进入容易，没有极端的产品差异化。在市场行为标准上，对于价格没有共谋，对于产品没有共谋，对竞争者没有压制政策。在市场绩效标准上，存在不断改进产品和生产过程的压力，价格能够随成本大幅下降而向下调整，企业与产业处于适宜的规模，销售费用在总费用中的比重不存在过高的现象，不存在长期的过剩生产能力现象。

1951 年，梅森的学生贝恩发表了论文《产业集中度与利润率的关系：美国制造业 1936—1940》，在理论上和方法上为 SCP 分析范式打下了坚实的基础。1959 年，他又出版了《产业组织》一书，该书被认为是第一部系统地论述产业组织理论的教科书。同年，凯森、特纳合作出版了《反托拉斯政策》一书。此外，凯维斯、谢勒、谢菲尔德和科曼诺等人对产业组织理论的发展和体系的建立也做出了重要的贡献。至此，以 SCP 为分析范式的产业组织理论正式形成了。

三、产业经济学的发展

第二次世界大战后，美国严格以哈佛学派的产业组织理论为指导，实施反垄断政策，但是随着美国钢铁、汽车等主要产业国际竞争力的下降，越来越多的学者对以哈佛学派为指导的垄断政策产生了质疑。

因此，从20世纪70年代中后期开始，围绕着反垄断政策的放松，批判和针对结构主义政策论的产业组织学派的理论观点引起了人们的注意。与此同时，一些新理论和研究方法也应运而生。其中，最具影响力的是芝加哥学派、可竞争市场理论和新奥地利学派及博弈论方法。

（一）产业组织理论的发展

芝加哥学派产生于20世纪60年代初，主要代表人物有斯蒂格勒、德姆塞茨、布罗曾、波斯纳等。与哈佛学派不同的是，芝加哥学派在市场结构、市场行为、市场绩效的三者关系上，认为市场绩效决定市场结构和市场行为。高集中度市场中的大企业必然具有高效率，而产生这种高效率主要在于大规模生产的规模经济性、先进的技术和生产设备、优越的产品质量、完善的企业组织和管理等因素。芝加哥学派特别注重判断集中及定价结果是否提高了效率，而不是像结构主义者那样只看是否损害了竞争。

可竞争市场理论是由鲍莫尔以及帕恩查和伟利格等人发展起来的。可竞争市场理论认为，如果企业进入和退出市场(产业)是完全自由的，相对于现有企业，潜在进入者在生产技术、产品质量、成本等方面不存在劣势，潜在进入者能够根据现有企业的价格水平评价进入市场的盈利性，潜在进入者能够采取“打了就跑”(hit and run)的策略。由此，在可竞争市场上就不存在超额利润，不存在任何形式的生产低效率和管理上的X低效率(X-Inefficiency)，良好的市场效率和技术效率等市场绩效，在传统哈佛学派思想的市场结构以外仍然是可以实现的，而无需众多竞争企业的存在。

新奥地利学派是由米塞尔、哈耶克、柯兹纳、罗斯巴德、阿门塔诺、斯巴达罗、李特勒其德、里奇等发展起来的。新奥地利学派和芝加哥学派一样也信奉自由主义。新奥地利学派认为，唯一的进入壁垒是政府的进入管制政策和行政垄断；社会福利的提高源于生产效率，而非哈佛学派强调的配置效率；竞争源于企业家的创业精神，产品差别化实际上是企业竞争的一个重要手段。

20世纪80年代后，以泰勒尔、克瑞普斯等为代表的经济学家将博弈论引入产业组织理论研究，分析了非市场制度安排对企业行为的影响，形成了新产业组织理论。新产业组织理论继承了SCP的分析范式，但对其进行了发展和改进。新产业组织理论在市场结构、市场行为及市场绩效三个研究对象中，更注重对市场行为的分析，强调了企业行为的重要性，认为企业行为对市场结构具有反作用，市场运行状况对企业行为进而对市场结构会产生反向作用。同时，新产业组织理论建立了双向、动态的分析框架，在研究方法上引入了博弈论，这样大大丰富了对企业行为的研究。

（二）产业布局理论的发展

产业布局理论最重要的成果是产业集群理论的形成与发展。产业在空间的集中与分布即产业集群，越来越成为影响产业、地区经济、国家经济发展、资源配置效率、国际竞争力提高和国际贸易变动的重要因素，日益受到经济学界的关注。特别是20世纪90年代以美国迈克尔·波特、保罗·克鲁格曼为代表的经济学家，融合了产业经济学、新经济地理学、区域经济学、国际经济学、发展经济学等多学科的相关知识，提出了包括产业集群的内容、特征、类型、动因、形成机制、效应等内容的比较系统的产业集群理论，充实和完善了产业布局理论，增强了产业布局理论的完整性、现代化、解释力和应用价值。

（三）产业结构理论的发展

产业结构理论可追溯到1672年英国经济学家配第的《政治算术》中关于工业比农业、商业附加值高的结论。之后1758年和1766年法国经济学家魁奈发表了《经济表》和《经济表分析》，其突出的贡献是在“纯商品”的基础上对社会资本再生产和流通所做的分析。配第和魁奈的研究是产业结构理论的重要思想来源之一。

1930—1940年，产业结构理论基本形成。代表性人物有赤松要、库兹涅茨、里昂惕夫和克拉克。赤松要提出了“雁行形态理论”，库兹涅茨阐述了国民收入与产业结构之间的重要关系，里昂惕夫建立了投入产出分析法，克拉克分析了劳动力在三次产业中的结构变化与人均国民收入之间的规律。

1950—1960年，产业结构理论得到重要发展，主要代表性人物有里昂惕夫、库兹涅茨、刘易斯、赫希曼、罗斯托、钱纳里、霍夫曼、希金斯等。里昂惕夫建立了投入产出分析体系，包括投入产出分析法、投入产出模型和投入产出表等；库兹涅茨在经济增长与产业结构的关系方面也有进一步的研究，出版了《现代经济增长》、《各国经济增长》等重要论著；刘易斯针对发展中国家提出了二元经济结构理论；赫希曼提出了“不平衡”增长学说；罗斯托提出了主导产业扩散效应理论和经济成长阶段理论；钱纳里提出在经济发展过程中，产业结构会发生变化，对外贸易中初级产品的出口将会减少，逐步实现进口替代和出口替代；霍夫曼提出了霍夫曼法则和霍夫曼工业化经验法则。拉尼斯、费景汉在刘易斯二元经济结构理论的基础上，建立了拉尼斯-费景汉模型(Ranis - Fei model)，它是一种从动态角度研究农业和工业均衡增长的二元结构理论。此外，荷兰经济学家丁伯根、加拿大经济学家希金斯、日本经济学家筱原三代平对产业结构理论的发展均做出了重要的贡献。

（四）产业政策理论的发展

20世纪90年代，由于泡沫经济的破灭，日本陷入了长达十年的经济衰退，人们开始反思日本产业政策的利弊，看到了政府对产业发展的过度和不当干预，在短期内可能有一定的效果，但长期可能有不利影响。与此同时，美国的信息高速公路计划极大地推动了美国以信息产业为主导的高新技术产业的发展，带来了20世纪90年代的新经济繁荣，人们又感到适当的政府引导和支持对产业发展是必要的、有益的。日本和美国经济发展的这种巨大反差，加深了人们对产业政策目标、手段和作用的认识。

（五）产业规制理论的发展

规制经济学(Economic Regulation)是20世纪70年代以后逐步发展起来的一门新兴学科。它主要研究在市场经济体制下政府或社会公共机构如何依据一定的规则对市场微观经济行为进行制约、干预或管理，即主要是沿着规制机构对经济主体的进入和退出、价格、产量及服务质量等有关行为这一思路展开的。早期的规制经济学文献一般将重点放在对公共事业规制的研究上；斯蒂格勒起初也把规制看作是“为产业所需并按其利益设计并运行的国家权利”；此后，乔斯科和诺尔全面总结了竞争与非竞争产业的价格与进入规制；到1981年，斯蒂格勒又将规制的范围扩展到所有的公共—私人关系中；此外，鲍莫尔和奥茨对环境的规制及政策问题、维斯凯西对产品及作业安全的规制问题也做了大量研究。

规制理论的发展主要体现在引入"经济人"假设和供求分析，运用信息经济学、博弈论、激励理论，把产业规制的研究引向深入。其具体表现如下：由公共利益规制理论转向利益集团规制理论和激励性规制理论；由强调规制的必要性转向更注意规制的效果和合理化；由加强规制转向放松规制而引入竞争；由单向限制转向博弈和激励；由限制垄断和不正当竞争转向规制与竞争平衡；由信息完全转向信息不完全；由作为外生变量转向内生变量；由注重需求分析转向注重供给分析。该理论指出：规制不能完全代替竞争，竞争也无法替代规制，没有理想的规制和竞争，理想的状态是规制和竞争的兼容协调。由此深化和完善了产业规制理论，更好地说明了"为什么规制，怎样规制，规制是否有效"等基本问题，使产业规制理论更加贴近现实，更具有解释力，并且加强了具体产业的规制的实证研究和应用研究，实现了产业规制理论的实践价值。

第二节 产业经济学的研究对象与理论体系

一、产业的概念

要了解产业经济学的研究对象，首先要了解什么是产业。产业一词，在汉语中有财产或生产作业的意思。英语中的产业一词是Industry，它不仅指工业，还指国民经济的各行各业，大至部门，小到行业，从生产到流通、服务以至于文化、教育等的各行各业，都可以称之为Industry，即产业。西方微观经济学的研究对象是作为微观经济细胞的企业和家庭，西方宏观经济学的研究对象是作为宏观经济单位的国民经济，介于它们二者之间的产业，就成为产业经济学的研究对象。然而，产业既是一个集合的概念，又是一个细分的概念。集合与细分是彼此相对而言的。产业的集合概念是指产业是具有某种同一属性的企业的集合，产业的细分概念是把国民经济以某一标准划分的部分所组成的产业。这样，对产业的集合和细分形成了有粗有细的若干层次。一般讲产业的集合和细分有三个大层次，各自服务于一定的产业分析目的：第一层是以同一商品市场为单位划分的产业，是为了研究产业内企业与市场的关系；第二层是以技术、工艺的相似性为根据划分的产业，主要是为了研究产业之间的投入产出关系；第三层是以大致的经济活动的阶段为根据，将国民经济划分为若干大部分所形成的产业，主要是为了研究一次产业、二次产业、三次产业的协调发展关系。关于产业结构分析的内容，将在第五章产业结构理论中展开论述。

二、产业经济学的研究对象

众所周知，现代西方经济学主要由微观经济学和宏观经济学构成。微观经济学以价格理论为核心，因此，它通常被称为价格理论，其研究对象是单个的抽象的厂商（企业）或消费者（家庭）在市场上的行为规律。其主要研究内容是：对企业而言，假定企业以追求利润最大化为目标，在有限资源的约束下，分析企业怎样理性地做出生产什么、如何生产和为谁生产的决策；对消费者而言，假定消费者以最大限度地满足其效用为目标，分析消费者怎样将有限的收入用于消费各种商品或劳务。宏观经济学以国民收入理论为核心，其研究对象是国民经济的总体运动规律，其主要研究内容是：分析国民收入、国民生产总值、总投资、总消费、进出口、外汇收支等总量的变化及其协调关系。可见，无论是以个量分析为特征的微观经济学，还是以总量分析为特征的宏观经济学，都没有涉及产业这一层次。而从经济现实看，任何一个企业总是在特定的产业中生存和发展的，国民经济也是由各个具体的产业构成的，即大量的经济活动都发生在产业领域。这就为以产业作为研究对象的产业经济学的产生和发展提供了现实基础。

综上所述，如果把社会经济分为微观、中观和宏观三个层次，与此相适应，研究社会经济基本问题的现代经济学也应由三大部分组成。其对应关系如图 1－1 所示。

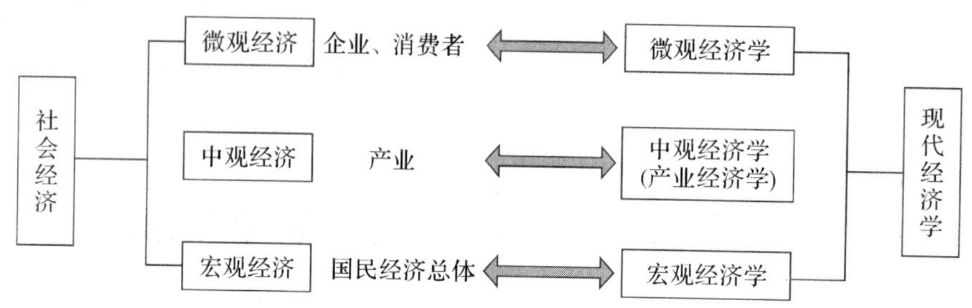

图 1－1　社会经济与现代经济学的关系

由图 1－1 可见，微观经济学以微观层次的单个企业或消费者为研究对象，宏观经济学以宏观层次的整个国民经济总体为研究对象，而产业经济学则以中观层次的产业为研究对象，主要研究产业内部企业之间的竞争、合作关系和产业之间的协调关系。因此，产业经济学是一门以产业为研究对象的中观经济学。

三、产业经济学的理论体系

对于产业经济学的理论体系（或研究内容）的构成问题，目前存在两种主要观点：第一种观点认为，产业经济学（Industrial Economics）等同于产业组织理论（Industrial Organization），主要以特定产业为研究对象，并以市场结构、市场行为、市场绩效和产业组织政策（包括反托拉斯政策）为基本理论框架。这种观点与欧美国家的情况比较一致。在欧美国家，主要以“Industrial Organization”为书名，即使以“Industrial Economics”为书名，也是主要研究产业组织理论。

第二种观点则认为，产业经济学不仅仅是产业组织理论，还应包括产业结构、产业关联、产业布局、产业发展和产业政策等内容。由于研究范围广泛，产业组织理论只占一部分内容。

从产业经济学的发展与主体内容来看，第一种观点比较容易与国际接轨，而第二种观点更符合中国的传统。从我国对产业经济学的研究历史看，对产业结构等理论的研究确实早于对产业组织理论的研究，而且在支持政府制定产业结构政策中发挥了一定的作用。因此，在现阶段，如果以“产业经济学”为书名，其研究内容除了产业组织理论外，还应包括产业结构理论、产业政策理论等内容，但又不能把产业经济学的研究内容搞得太宽泛。本书主张把产业关联、产业布局等理论作为产业结构理论的研究内容，而不宜将这些内容独立化。这样，具有中国特色的产业经济学的理论体系主要由以下几部分组成：产业组织理论、产业结构理论、产业政策理论、反垄断与规制理论。

图 1－2 可以概括性地描述产业经济学的理论体系。

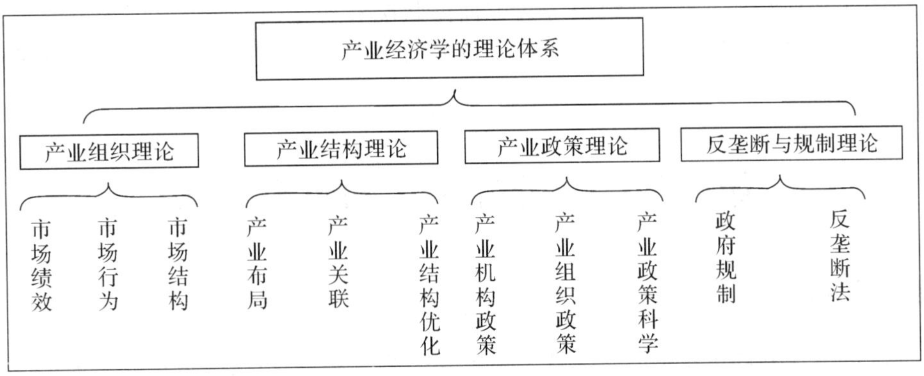

图 1－2　产业经济学的理论体系

第三节　产业经济学的研究意义

一、理论意义

从理论上讲，产业经济学最大的贡献在于建立了一门新的理论学科，弥补了中观经济研究的空缺，完善了理论经济学的体系，并且为应用经济学和管理学提供了新的重要的理论基础，有利于建立与完善现代经济学的学科体系。如前所述，西方经济学由微观经济学和宏观经济学这两大部分组成，但它们都忽视了“产业”这个极具现实性的层次，从而使西方经济学难以解释与产业相关的现实问题。产业经济学以产业为特定研究对象，填补了介于微观经济学和宏观经济学之间的研究空白，这就有利于建立完善的现代经济学学科体系，增强现代经济学对现实经济问题的解释能力。

二、实践意义

（1）研究产业经济学有利于政府制定科学的产业政策。政府制定科学的产业政策必须要有相应的理论支持。而产业经济学主要研究特定产业（产业组织）和产业之间（产业结构）的运动规律，从而为政府通过制定与实施产业政策，以优化产业组织和产业结构提供理论依据与实证资料。

（2）研究产业经济学有利于企业正确选择投资领域，提高资本使用效率。每一个产业都会经历一定的生命周期，其产生与发展轨迹为：幼小期→成长期→成熟期→衰退期→淘汰期。企业需要对特定产业在生命周期中所处的阶段做出正确判断，作为制定投资或转产战略的重要依据。此外，研究产业经济学还有利于企业分析特定产业的竞争状况，以制定正确的竞争战略，争取并保持企业的竞争优势。

（3）研究产业经济学有利于促进产业组织、产业结构和产业布局的合理化。产业结构是否优化，决定着资源在产业之间的配置是否合理，关系到国民经济能否协调高效发展；产业布局是否合理，决定着资源在地区之间的配置是否合理、各地区的比较优势能否充分发挥，关系到地区经济能否协调健康发展；产业组织是否合理，决定着资源在产业内部企业之间配置是否合理，关系到企业的效益能否提高、产业能否顺利发展。产业经济学全面系统地研究了产业结构、布局、组织等各方面的状况和变化规律，提出了各方面合理化的标志、影响因素和实现途径。人们掌握了产业经济学的理论，就能自觉有效地推进产业各方面的合理化。

第四节　产业经济学的研究方法

一、基本研究方法

产业经济学作为经济学的一个分支，始终无法离开经济学的总体分析框架，因而经济学的研究方法也是产业经济学必须遵循的基本研究方法。此外，根据产业经济学的研究对象、学科性质和研究内容的复杂性，产业经济学还有多种方法可供选择，主要包括：

（一）实证研究与规范研究相结合的方法

研究产业经济学可采取实证研究与规范研究相结合，而以实证研究为主的方法。其理由是：

（1）产业经济学是现代经济学中用以分析和解决现实经济问题的新兴应用经济理论。其研究内容的"应用性"决定了研究方法更应重视实证性。

（2）理论界的一个通病是，偏重规范研究方法而忽视实证研究方法，以致在理论与现实之间往往存在很大的差距，表现为理论上所描述的是一回事，现实经济中则是另一回事。

因此，许多从规范研究中得出的理论观点难以被实际部门所采纳。正像乔安·罗宾逊形容的那样："实践家叫苦说，他要的是面包，而经济学家给他的却是一块石头，他的叫苦是十分自然的。"理论是为实践服务的，一种理论如果远离实践，无论其逻辑性多强，内容多丰富，都不能解决实践问题。尤其是我国正处于新旧经济体制交替的年代，许多现实问题都需要理论工作者积极探索解决途径，这就更要求理论工作者重视对现实经济问题的实证研究，为政府部门制定经济政策提供思路。当然，重视实证性研究并不等于轻视规范性研究，因为规范性研究能从相对独立的价值判断出发，寻找经济运行的理想标准，从而为实证性研究提供"航标"和理论依据。

（二）静态研究与动态研究相结合的方法

静态研究是在某一时间或较短时期内，对研究对象的"横截面"所作的研究。动态研究是对研究对象的历史和发展规律的研究。对产业经济学的静态研究主要是对特定产业内部和产业间关系的现状所作的研究，以谋求解决现实经济问题的途径。对产业经济学的动态研究则是对特定产业和产业间关系的过去、现状和未来发展趋势所作的研究，以期找出产业变化的运动规律。可见，静态研究是动态研究的基础，而动态研究是对静态研究的延伸，甚至从某种意义上讲，动态研究包含静态研究。因此，对产业经济学的动态研究是一种更为重要的研究方法。

（三）定性研究与定量研究相结合的方法

产业经济学研究内容的广泛性和复杂性，加上许多新兴事物难以采用定量研究的方法，这就决定了定性研究在产业经济学的研究中具有特别重要的作用。即使要对一些经济现象进行定量研究，也首先需要通过定性研究以选择定量研究的主要考虑因素。因此，定性研究又是定量研究的基础和前提。但是，对于复杂的数量关系，定性研究往往难以解决问题，需要通过建立数学模型，以找出事物之间的数量关系，发现产业发展变化的规律性。如在产业组织理论中，就需要通过数学模型以测定适度规模经济、市场集中度和进入壁垒的高度等。事实上，在产业经济学的研究中，许多经济问题都需要通过定性研究与定量研究相结合才能得到解决的方案。

（四）宏观、中观和微观研究相结合的方法

产业经济学以处于中观层次的产业为研究对象，但任何产业都受国民经济这个宏观环境的影响，有时甚至对某些产业的存在与发展起决定性的作用。同时，从微观层次上看，企业所有制的变革、竞争活力和技术创新能力的增强，消费者收入和偏好的变化等因素也会对特定产业产生重大影响。这些都决定了研究产业经济学不仅要从中观层次上研究产业本身的运动规律，而且要分别从宏观层次和微观层次上研究整个国民经济的运动规律和企业与消费者的变化情况，实行宏观、中观和微观一体化研究。

除了上述研究方法以外，研究产业经济学还可采取许多较为具体的研究方法，如系统动力学分析法、经济计量法、投入产出分析法、案例研究法、博弈论、试验方法等。

二、具体研究方法

（一）系统动力学分析法

系统动力学分析法是通过分析社会经济系统内部各变量之间的反馈结构关系来研究整个系统整体行为的理论。系统动力学认为，系统的行为是由系统的结构所决定的，这与结构主义的分析方法一致。系统动力学进一步指出，系统的结构是动态反馈结构，可用控制论的方法来研究。所以系统动力学尤其注重各经济变量之间的动态反馈结构，而对变量的精确度要求不高，因此特别适合于像产业经济这种许多方面难以定量的复杂系统的研究。国外已有许多学者运用系统动力学的方法来研究产业组织、产业结构等诸多产业经济对象，取得了令人满意的结果。

（二）经济计量法

20 世纪 60 年代后，随着在经济计量法方面受过良好训练的新一代学者的出现，也由于计算机和经济计量学软件的迅速普及，利用结构—绩效模式，通过横断面数据进行回归分析，一时成为产业组织问题研究的时尚。经济计量法成为产业组织理论的主要研究方法，其基本脉络是运用案例研究和计量分析来建立和验证 SCP 分析范式及其内在的逻辑关系。这需要定量化的统计指标。产业组织研究中，如测量市场集中度的值、赫希曼指数、熵指数、基尼系数和反映市场绩效的勒纳指数、贝恩指数等量化指标，为进一步地分析变量之间的关系打下了基础。经济计量法不仅是寻求考察对象之间关系的基本工具，同时也是实证分析的基本工具。

（三）投入产出分析法

投入产出分析法是美国经济学家里昂惕夫首先提出的研究产业关联的主要手段。没有投入产出分析法，也就没有现在的产业关联理论。投入产出分析法运用投入产出表和投入产出模型，对一个国家一定时期社会再生产过程中国民经济各个部门、各种生产要素和产品的投入产出关系进行数量分析，从数量比例上揭示产业之间的经济技术联系及其规律性。

（四）案例研究法

案例研究法也是产业经济学的主要研究方法。该方法用实际发生的案例，定性与定量相结合地分析、说明某一经济规律，特别适用于无法精确定量分析的实际复杂经济事例。案例分析还能揭示出普遍规律在不同的实际环境中所表现出的不同形式，能培养经济研究人员对实际经济事务中所蕴涵的经济规律的敏感性。20 世纪 50 年代，哈佛学派将案例分析方法率先引入产业经济学中，后来芝加哥学派也很推崇这种方法，产生了许多重大的学术成果。产业经济学的理论家之所以乐于采用案例研究，是因为丰富的案例研究可能更容易再现产业的因素和行为。

（五）博弈论

产业组织理论是应用博弈论方法较早的一个领域，特别是在寡头垄断、不完全竞争市场的定价、企业兼并、反垄断规制等领域。博弈论方法是 20 世纪 70 年代以后产业经济学的重要研究方法，可以说，产业组织理论过去几年来在理论方面的重大进展都是由于博弈论的广泛运用而取得的。同时，博弈论及机制设计、不完全合同理论的应用也使得产业组织经济学的理论基础大大加强。如果说经济计量法主要适合于实证研究的话，那么博弈论方法则主要适用于理论分析。20 世纪 80 年代以法国学者泰勒尔为代表的西方学者就应用博弈论分析的方法对整个产业组织理论体系进行了再造。博弈论被引入产业经济理论的分析中，意味着那种过去认为只能依靠市场实现的瓦尔拉斯均衡现在可以通过组织内部结构调整等来解决市场问题。理性预期学派为这一客观事实提供了理论上的支持，企业行为也不仅仅取决于市场结构，还取决于企业对自己的行为可能引致的其他企业反应行为的预期，即企业的行为是其心理预期的函数。用博弈论的术语来说，企业的行为是各个企业所共同拥有的信息结构或判断概率的函数。这些突破性的进展使产业组织理论对现实经济中厂商的行为有更强的解释力。现在博弈论已成为产业组织研究中占主导地位的研究工具，常用于研究寡头垄断、不完全市场的定价、企业兼并、反垄断规制等问题。也正是由于博弈论的应用，才使产业经济学成为经济学中进展最为迅速的领域之一，并吸引了一大批一流经济学家投身其中。

（六）实验方法

实验方法是利用计算机在实验室内观察现实市场中无法观察到的某些变量，如信心、边际成本等对产品价格，对厂商市场份额、市场集中度的影响，然后通过控制部分变量来考察研究者最为关心的变量之间的因果关系。实验方法是检验产业组织理论模型非常有效的途径。用实验方法考察产业组织问题，主要围绕两大类因素、四方面问题。

1. 两大类因素

（1）市场结构，主要包括三类市场结构类型，即完全竞争、垄断与寡头；

（2）市场制度，指在实验经济学中市场中买卖双方的组织机制，其核心是价格形成机制。

2. 四方面问题

（1）用实验方法分析、检验市场结构假设；

(2) 用实验方法检验、分析、评价行为假设；

(3) 寻找经验的规制方法(特别是针对垄断)；

(4) 用实验方法分析产业组织中的博弈问题。

思考题

1. 产业经济学理论体系与宏观经济学、微观经济学有何联系？
2. 对于我国而言，研究产业经济学的现实意义有哪些？
3. 产业经济学的研究方法有哪些？

第二章　企业理论

第一节　企业理论概述

产业是由提供相近商品和服务、在相同或相关价值链上活动的企业共同构成的。由同一产业内所有具有连续追加价值关系的活动构成的价值链可以被称为产业链，或是产业活动链。产业链可以由若干产品链所构成，具有相对完整的产品链环节越多，产业链就越长。一条产业链中的若干产品链可以部分重叠，由此形成产业内的多元化宽度。产业的基础是企业，作为整体的企业是产业的个体，形成产业链长度上的企业之间具有互补性，形成产业链宽度上的企业具有一定的替代性。由于产业链存在构成上的差别，使得不同产业的组成、企业之间的相互关系、企业的活动规则都发生差别，这些同类企业活动的特征共同构成了产业的特征。因此，研究产业需要从研究企业着手。

作为产业主体，企业对产业的影响集中表现在企业活动对产业垄断程度的影响、对产业的社会协作系统的影响、对产业关系的形成影响等方面。

在传统的微观经济理论中，厂商被假定为是能够自动实现利润最大化的行为主体，因此有的经济学家在评价微观经济学的理论体系时，批评传统的微观经济理论体系将厂商视为一个“黑箱”，只是强调厂商在经济体系中所表现出来的功能，而不去分析厂商的内在结构对厂商的功能所产生的影响。同时微观经济理论的内在逻辑是以厂商的自然存在为前提的，厂商自然是市场经济体系中的行为主体，其行为必然受到市场机制的约束，很少有人关注厂商为什么会产生和存在，市场和厂商之间是否是一种完全的包容和被包容的关系，而不存在市场与厂商之间功能的替代。

自从科斯有关企业性质的研究结论出现以来，经济学家才更多地关注到这个在传统微观经济理论中被视为前提的领域，对厂商性质、功能以及内部结构的研究、对厂商与市场关系的研究等，成为微观经济理论体系中发展最快的领域之一。

本章将沿着这一领域中理论发展的脉络，对厂商的性质、行为以及内在结构进行分析介绍。在本章内容的描述与分析过程中，没有区分厂商、企业、公司等概念的差异，而是笼统地将它们看作是具有相同含义的三个概念加以运用，除非在特别的场合有特别的说明。

企业的性质：企业一般被定义为是一个将投入转化为产出的组织，它赚取它得到的收入与花在投入上的支出之间的差价，这个差价构成了厂商利润的来源。通常情况下，企业被假定是一个追求利润最大化的行为主体，但是这一假定因企业内部结构状态的特殊性而与现实中的企业行为不一致。本节下面的部分将从古典厂商理论开始，分析界定厂商的性质。

一、古典理论：厂商是一个生产函数

古典的厂商理论主要是从技术的角度看待企业的，认为它是一个将各种投入转化为产出的组织。一个生产单一产品的企业可以由生产函数表示：他选择的各种投入要素分别为 X_1，X_2，X_3，…，X_n，最终的产出为 Q。

假定企业对投入和产出水平的选择都是为了使利润最大化。企业在竞争市场上按照既定的价格 W_1，W_2，W_3，…，W_n 购买 n 种投入，则总成本是：

$$\sum_{i=1}^{n} W_i X_i$$

如果该企业的生产函数是：

$$Q = F(X_1, X_2, X_3, \cdots, X_n)$$

在目标产出水平给定的前提下，通过求解下列问题使成本最小化：

$$\text{Min} \sum_{i=1}^{n} W_i X_i$$

$$\text{s. t} f(X_1, \cdots, X_n) \geqslant Q$$

对 Q 的每个值求解，将产生一条总成本曲线，据此还可以推导出一条平均成本曲线和边际成本曲线，其基本形状与图 2－1 类似。

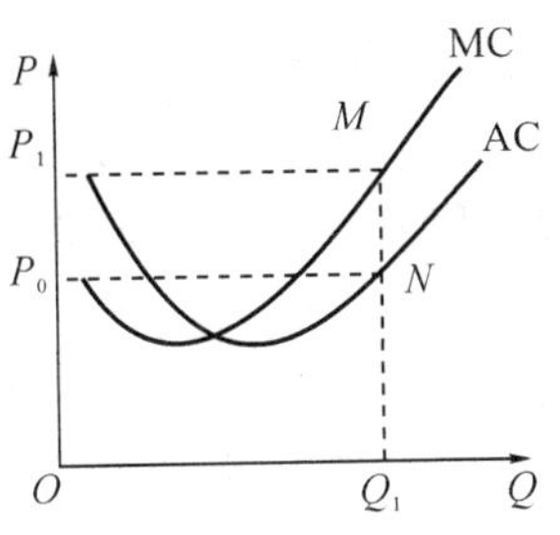

图 2－1　成本曲线

如果市场上的价格水平为 P_1，按照价格等于边际成本的基本原则，则厂商选择产量水平 Q_1 就会实现利润的最大化(图 2－1 中 P_1MNP_0 部分)。

厂商的平均成本线呈 U 形，这是由于从短期来看，厂商在生产过程中的成本投入可以分为两部分：一部分为固定成本，如工厂的机器设备、建筑设施等；另一部分为变动成本。固定成本的特征在于，在达到特定产量水平之前，随着产量水平的不断提高，单位产品中分摊的固定成本有下降的趋势，由此导致平均成本的下降，在达到某一产量水平之后，如果产量继续增加，固定成本就必须增加，由于固定成本在投入过程中往往具有不可分割性，所以会出现平均成本上升的过程。从长期的角度考虑，有些投入也很难随着企业规模的改变而改变，其中最重要的是企业的经营能力。随着规模的不断扩大，企业的管理等成本会上升，效率下降，导致企业的平均成本上升。

对古典的企业理论，哈特是这样评价的：从积极方面讲，该理论在一般意义上强调技术的作用，在特定意义上规模收益作为企业规模的重要决定因素。另外，在完全竞争的假设下，该理论在分析企业最优产量选择如何随着投入和产出价格变动而变动方面、在理解一个产业整体行为方面、在研究企业之间策略相互作用的结果方面，也一直十分有用。

同时，哈特也认为该理论存在几个严重的弱点。第一，它完全忽略了企业内部的激励问题，企业被看作是一个完全有效的“黑匣子”。在它内部，任何东西都在十分有效地运行，每个人都在做指定给他的工作。企业经营者的目标是实现利润最大化。经理必须售出最佳的产出产量，而且其生产过程一定是有效率的。给定的投入约束下，在现有技术水平下，不可能生产出比它更多的产品，这显然不现实。第二，该理论没有涉及企业的内部组织，如它们的层级组织如何，决策如何委托，谁拥有权威等。第三，该理论并没有令人满意地确定企业的边界。

泰勒尔也认为上述技术的观点不是真正的企业理论。技术的观点注重界定企业的规模，规模经济鼓励企业的集中活动，对规模的限制来源于平均成本曲线在高产出时上升的事实。但是这种理论无法说明为什么规模经济必须在企业内部挖掘，在逻辑上，规模经济也可以通过在法律上独立的实体之间签订契约来实现。另外，我们也不能想当然地认为平均成本曲线在高产量时一定上升。

二、企业的契约理论

契约理论认为企业是一系列不完全契约的有机组合。1937 年，科斯的《企业的性质》论文发表，并在 20 世纪 70 年代以后引起了一系列关于企业的性质的研究，由此标志着现代企业理论的产生，科斯也被认为是现代企业理论的开创者。

现代企业理论主要关心三个问题：第一，为什么存在企业，企业的本质是什么，企业与市场的边界如何确定。第二，什么是企业所有权的最优安排；在企业内部，谁是委托人，谁是代理人。第三，委托人与代理人之间的契约如何安排，委托人如何监督和控制代理人。

现代企业理论从其所运用的方法上划分，可分为三大理论：一是交易成本理论；二是委托代理理论；三是产权理论。交易成本理论的重点限于研究企业与市场的关系；委托代理理论则侧重于分析企业内部组织结构以及企业成员之间的代理关系；产权理论则强调在企业内部产权界定与权利的分配对效率的影响。这三个理论分支的共同点在于都强调企业的契约性、企业契约的不完备性及由此导致的企业所有权的重要性，因此现代企业理论也被称为“企业的契约理论”。

交易成本理论是由科斯首先提出来，并由威廉姆森、克莱茵、张五常等人加以发展的。科斯对古典企业理论的不满在于，如果企业仅仅是一个生产函数，那么企业就没有存在的理由，因为任何个体都可以作为一个生产单位来替代企业的功能，企业之所以存在，肯定存在某种特别的因素，这种因素是市场在协调个体生产单位时无法达到的。

按照科斯的观点，无论是在企业内部还是通过市场，资源的配置过程都是存在成本的，但是企业作为一种组织在其内部资源配置过程中有比较优势，科斯给出了这种比较优势产生的两个理由：第一，劳动作为一种特殊商品通过市场交易的成本很高；第二，企业作为一个组织在其内部允许某个权威来支配资源。由此我们看到，在市场上，资源的配置是由非人格化的价格来调节；而在企业内部，相同的工作是通过权威来完成的。二者之间的选择，依赖于市场定价的成本与企业内官僚组织的成本之间的平衡关系。企业之所以存在，是因为权威能大量减少需分散定价的交易数量，从而减少交易成本，因此企业的功能在于节省市场中直接定价成本或者说市场交易费用。

在这里我们看到，交易成本成为决定市场与企业边界的核心尺度。交易成本可以有四种不同的类型，两种发生在签约期，两种发生在签约以后。第一种，交易双方将面临的偶然因素不可能在签约期被预见到。第二种，即使它们能够被预见到，也可能无法被写到契约中。第三种，对契约执行情况的监督成本会很高。第四种，执行契约会涉及很可观的法律成本。哈特总结交易成本来源于三种相关联的情况：第一，在复杂的、十分不可预测的世界中，人们很难想得太远，并对可能发生的情况都做出计划。第二，即使能够做出单一计划，缔约各方也很难就这些计划达成协议，因为他们很难找到一种共同的语言来描述各种情况和行为，对于这些，过去的经验也提供不了多少帮助。第三，即使各方可以对将来进行计划和协商，他们也很难用下面的方式将计划写下来：在出现纠纷的时候，外部权威，比如说法院，能够明确这些计划是什么意思并强制加以执行。换句话说，双方必须不仅能够相互交流，而且还要能够与对签约各方运作环境可能一无所知的局外人进行交流。

德姆塞茨在解释企业的存在时，区别了交易费用和管理成本这两个概念。交易费用是指通过市场配置资源所产生的费用，管理成本是在企业内部组织资源所要付出的成本。当市场交易成本超过了管理成本，为了追求利润的最大化，就要求用企业来代替市场。至于企业要扩展到什么程度来代替市场，条件在于企业的管理成本和市场的交易成本二者的边际价值相等；超过这一点，资源由企业来经营，不及这一点，资源就应依靠市场价格导向得到配置。

之所以会存在交易成本，根本的原因在于契约往往是不完备的。哈特认为，一个不完全的契约将面临修正和重新协商的过程，但是重新协商的过程又会产生多种成本，其中有些可能是事前成本，有些是事后成本，产生在重新协商的过程中。契约各方可能对修正合约的条款争论不休，从而产生成本；或者契约各方具有不对称的信息，他们达不成有效率的协议；最重要的是，由于契约的不完备性，缔约各方可能都不愿意进行专用性投资，这种投资的最佳规模效率与事实上的投资不足之间的效率损失，是一种重要的成本。

威廉姆森将不完全契约从而产生交易成本归结为对契约人的两个特别行为假定：第一个是，行为认识上的假定，即人的行为只能是有限理性的；第二个是，人的行为动机自然是机会主义的。第一个行为假定表明，由于人们的有限理性，缔约者要想签订一个包括对付未来随机事件的详尽的契约条款是不可能的；第二个行为假定表明，由于机会主义的存在，现实中的契约人时时刻刻会损人利己。因此所有复杂的契约都是不完备的。

基于不确定性的存在，在充满机会主义的世界中，不完全契约的问题解决只能有三种解决的方式：一是放弃这种交易；二是将这些交易过程内部化到企业中，通过纵向或者横向的一体化将这些交易变为企业的内部交易；三是设计一种不同的契约关系。

代理理论主要研究企业内部的组织结构与企业中的代理关系。阿尔钦和德姆塞茨主要解释了企业内部的激励问题，在他们看来，企业实质上是一种“团队生产”方式，团队生产过程是指这样一种状态：每一团队成员都对团队整体成果的创造产生直接影响，团队成果是团队所有成员努力程度的函数，但是无论是团队个体成员的努力程度还是其对团队整体成果的贡献程度，都没有办法准确计量。如果对个体成员的收益分配是根据团队整体成果的某一比例而不是个体成员最终贡献大小进行的，客观上就存在对个体行为主体自利行为的激励。因此直接的推论是，团队生产过程中必须有监督，并且最适合、最有效的监督者是最终剩余的索取者。

詹森和麦克林则从管理者不是企业的所有者这一前提出发，分析了代理成本的产生。在公司内部，管理者(代理人)代表所有者(委托人)行使资产的经营与管理职能，但是管理者和所有者存在着对立的利益，并且所有者很难识别管理者行为是否与所有者利益相一致，或者所有者用于监督管理者的成本非常高；同时所有者和管理者对待风险有不同的态度。Harris 和 Raviv 以及 Stulz 都分析了管理者和所有者在公司运行决策方面的差异与对立。在 Harris 和 Raviv 看来，即使是对于公司所有者来说公司的破产清算是有利的，管理者也总是主张公司业务的持续运营，或者说，维持公司的长期存在而不是创造利润对管理者有更大的吸引力。在 Stulz 看来，管理者倾向于将所有的资金都用于投资项目，转化为公司资产，即使对于所有者来说以现金方式存在更有利。由此，企业的价值小于他是企业完全的所有者时的价值，这两者之间的差异被称为代理成本。詹森和麦克林将代理成本归结为三个组成部分：一是委托人的监督支出；二是代理人的保证支出；三是剩余损失。

对于代理理论而言，关键的问题是在存在不确定性和不完全监督的条件下，如何构造委托人和代理人的契约关系，包括补偿性激励，从而为代理人提供适当的激励，促使其选择使委托人福利最大化的行为。

从委托代理理论的角度看，契约关系是企业的本质，企业完全是一种法律假设，是一组个人契约关系的连接。

产权理论主要是研究权利分配对效率的影响。对企业而言，相关的权利分配问题存在于企业内部的剩余索取权的归属界定过程中，存在于企业之间的购并过程中。当契约不完全时，没有在契约中详细规定的那部分权利应该归谁所有，就成为十分重要的问题。哈特和格罗斯曼认为，企业剩余权利应该归资产的所有者所有，这种权利的分配是有效率的。企业之间的购并行为涉及企业产权的转让和重新配置，由于剩余索取权被一方购买，这实际上造成了被购一方的损失，尽管购买可以部分改变机会主义行为，但是却不能改善激励问题，最优的企业合并应该是将控制权让渡给投资决策对谁更重要的一方。

三、企业的利益相关者理论

本质上，企业是一系列关系契约的集合；具体来看，企业则表现为不同的治理结构模式或者不同的企业体制。由于参与企业活动的当事人都追求自身的利益最大化，要实现整体效率就必须通过合理的权利配置来实现激励兼容，并促进当事人之间的信任与合作关系的形成。相关的权利配置可以通过正式的契约确定，也可以通过非正式关系的确定实现。这些正式与非正式的合约注入在具体的体制框架中，由具体的体制规范当事人的行为，而当事人也在具体体制中相互协调。作为关系契约的企业本质上是利益相关者围绕权益的获得和保护形成的权利网，由于利益相关者各自的谈判力不同，决定了其在企业中的权益份额的差别，并随着当事人谈判力的变化，会导致企业所有权结构的改变，从而导致企业治理结构的形成和演变。

参与到企业经营过程中的利益相关者，可以包括企业的员工、债务所有者、企业产品和服务的最终消费者与供给者以及企业所在社区等。

在詹森和麦克林的研究中，公司内部的利益冲突与对立除了存在于管理者和所有者之间外，资产的所有者和债权所有者之间也存在利益冲突。资产所有者倾向于将通过负债获取的资本投向高风险的项目中，如果项目成功，资产所有者获取收益的大部分而债权所有者只获得固定的债息；如果投资项目失败，因为有有限责任规则，债权所有者将承担巨大损失。因此从债权的安全性与收益性考虑，公司债权所有者也存在参与或者影响公司内部治理过程的利益驱动。在日本和德国，银行在公司治理过程中起着至关重要的作用。在日本的主银行体制中，公司治理结构中充分体现出银行对公司经营过程的参与和控制，并且银行与管理者有共同的一致性的利益，这种银行与管理者的一致性利益，造成对公司所有者利益的损害。公司管理者和银行只是关注公司的现金流，而对公司的利润最大化问题相对漠视，他们更愿意将公司资本投向风险较低的项目上而不是相反。

对公司员工利益实现的考虑以及其对决策过程的参与体现了公司员工对公司治理过程的影响。共同决策机制以及由此演化出来的员工持股计划，都可被看作是公司治理过程中的具体实践形式。起源于欧洲特别是德国的共同决策制度，最初是从工作过程中的社会伦理的角度给予强调的，如工作过程中人的尊严、社会公正的实现等，或者说是产业的民主化。大部分相关文献集中于关于公司内部权利分配及其影响等方面，但是近 20 年来，有关共同决策制度对经济效率的影响方面的文献越来越多了。员工对公司决策过程的参与不仅体现在通过员工持股从而影响董事会选举这一机制上，《公司法》甚至强制公司内部必须为员工设置相当数量的董事席位。在德国 1937 年的《公司法》中就明确强调，公司管理者不仅要对公司所有者的利益负责，而且要对公司员工和社会公众负责。现有的研究表明，一直到现在，德国公司管理者仍然认为自己应对公司员工的利益负责，在德国公司的董事会中，公司员工占据公司近半数的董事席位。詹森和麦克林曾经质疑共同决策制度能够同时为所有者和公司员工带来利益改善的现实性，认为在没有法律强制的前提下，没有公司自愿实施共同决策制度，这至少表明从所有者的立场上，共同决策制度并没有给他们带来利益。但是其他学者强调，之所以没出现单个企业实施共同决策制度的单一行动，是由于共同决策制度不仅会带来总收益的增长，而且会产生收益分配格局的改变，这种收益分配格局的改变无论对哪一方来说都存在不确定性。因此，客观上需要相应的法律强制以消除因恐惧利益分配格局调整的不确定性而形成的实施共同决策制度的惰性，但这并不意味着共同决策制度没有积极的经济效率方面的意义。

另一种与利益相关者理论有关的是企业社会责任理论。企业的社会责任理论以下面两个假设为前提：第一，企业要实现生存，其经济活动必须满足社会的要求，其行为和经营过程必须遵循已有的一系列社会规则，或者说企业与社会有一个契约，这个社会契约暗含着一系列的权利和义务。第二，企业在社会中扮演着一个类似道德机构的角色，其行为最终体现为对某种社会认同价值的遵循或者强化。从这两个前提出发，企业的社会责任可以包括企业的经济责任、公共责任、社会反应三个方面。企业的经济责任类似于古典经济学中对企业理性的认识，认为企业只是要满足其所有者利润实现的需要，企业的经济责任就具体体现为管理者使企业充分实现利润最大化；企业的公共责任是指企业除了要满足利润最大化要求外，还要体现出对社会公共政策过程的参与，这些公共政策可以包括公平的就业机会、劳动者的安全保障与健康、环境的保护等；企业的社会反应是强调企业对社会责任的态度从被动的遵从向积极响应的转变，企业主动响应的行动产生对某些社会认同价值准则的强化更明显地体现出上述第二个前提强调的企业职责。

如果从利益相关者理论与社会责任理论的角度理解企业的治理问题，在单纯的所有者与管理者利益冲突与协调的机制中增加了有关谋求其他主体利益和社会利益实现的力量，在企业内部治理结构的形成过程中就会体现出更丰富的内容。

从上面的分析我们看出，虽然可以把企业定义为通过将投入转化为产出从而追求利润最大化的行为主体，但是因企业的契约性质，特别是不完全契约的性质，产生一系列企业内外部的不同契约安排，这些不同的契约安排，表现为企业不同的内部制度和外部关联，会直接影响到企业行为的选择

第二节 企业与产业

一、企业是决定产业垄断程度的基本力量

对产业垄断程度的研究是产业经济学研究的一个重要方面，而产业垄断程度又是由产业中企业的数量、企业之间的关系、企业的活动等方面决定的。

企业是一种以盈利为主要目的的经济组织。为了实现盈利的目的，企业需要从事特定的生产经营活动，通过社会(市场)对这些生产经营活动的结果——商品或服务的接纳来实现自己的目标。企业要从事生产经营活动，就需要拥有一定量的资源。资源、生产经营活动、企业目的以及它们之间的关系成为企业研究的主要内容。

市场经济中的企业只有通过市场才能获得开展生产经营活动所需的资源，并通过市场来了解消费者的需要，从而在市场上实现自己的价值。

在经济活动以物质资源(包括自然资源、资本资源和劳动力资源)为主要投入要素的情况下，在其他因素不变时，企业拥有的物质资源量越多，将这些资源转化为产品或服务的能力(产能)越大，企业生产经营活动的绝对结果量就越多。同时，在规模经济的作用下，企业生产经营活动的成本就越低。因此，企业为了实现盈利的目的，总是具有追求规模的冲动。但是，只要经济活动以物质资源为主要投入物，企业就不可能尽其可能地扩大规模。这是因为，经济活动所需的物质资源是稀缺的，这一稀缺性不仅限制了经济活动整体的资源使用量，而且由于经济活动的相互制约作用，还限制了市场对企业整体产出量的接受程度。为此，企业将对规模的追求建立在对资源和市场的独占程度的追求上，由此造成了垄断。不同产业由于资源特征、市场需求特征和产业链特征的差别，垄断的程度有所不同。但企业是行使垄断的基本力量的事实是不可否认的。由于产能形成和转移需要较长的时间，同时，由于垄断本身就是一种非常有力的产业进入障碍，垄断本身具有累积推动的能力，因而在资源型产业中，垄断的格局一旦形成，就能维持较长的时期，要改变垄断的格局是很困难的。

在那些对物质资源依赖性较低的产业(又称为知识产业)中，如信息业、通讯业等，生产经营活动的结果和效率与企业对物质资源的拥有数量并不形成线性关系。这些企业实现其目的的途径在于增强对知识的积累和转换能力。而知识的积累和转换能力并不一定表现为个别企业自我产能的绝对增加，而是表现为企业对受自己知识影响的企业乃至行业的支配上。因此，知识产业同样存在垄断，这种垄断同样是由企业的活动形成的。由于知识的可共享、易传播、变化快等特征，使知识产业的垄断格局较之资源产业而言，具有不明显和稳定程度较低的特征。

二、企业是实现社会协作体系的主体

企业虽然是产业的主体，但时至今日，几乎没有哪个企业能够将整个产业链作为自己活动的领域。同一产业中的企业往往选择产业链中的某一(几)个环节作为自己的活动领域，同时以处于其他产业环节或是其他产业中的企业作为自己的供应商或是用户，由此形成了社会协作体系。

企业选择社会协作体系是出于成本和战略两个方面的考虑。从成本考虑出发，利用社会协作体系，一方面，使企业在产业链中的活动长度缩短，能将资源集中使用于某一(几)项活动上，扩大在该项活动上的规模实力，逐步到达成本最低的规模量。另一方面，利用社会协作体系还能使企业较快地积累起从事该项业务活动的经验，从而提高活动效率。社会协作体系的作用犹如杠杆功能，它使单个企业在拥有较少的资源所有权的情况下，产生出数倍的影响。企业利用社会协作体系，可以根据自己的核心竞争力，在产业链上选择最适合自己、能使自己获得最大价值的业务环节，同时利用不同业务环节上企业之间的相互依赖关系，形成对其他企业的一定程度的支配力量。20 世纪末期，一些企业采取的“系统一体化战略”使企业之间关系更为严密，也使产业价值链的整体价值得到提高。

社会协作体系是企业理智选择的结果。企业根据自己的战略目标、产业成熟程度以及企业所处的发展阶段等因素，对社会协作体系进行选择，由此形成不同产业及产业不同成熟阶段中社会协作系统之间的差别。例如，在产业形成初期，往往不存在产业内的协作体系，这时的社会协作体系往往只表现为社会基础产业对新产业的支持。由于社会基础产业对新产业活动规律缺乏了解，因此，它能给予新产业的支持是较微弱的。随着产业的发展，产业一方面进行内部分解，形成产业内的协作体系，并逐渐形成产业协作规则；另一方面形成对其他产业的带动效应，促使相关产业的产生或发展，形成产业间协作体系；再加上社会基础产业对新产业活动规律的了解和适应，使得围绕该产业形成了完整的社会协作体系。在接下来的很长时期中，这个社会协作体系将随着该产业的发展和变化而不断变化、成熟，协作效率将逐渐提高，直至该产业进入其衰退阶段。到了产业的衰退阶段，产业面临或是进行结构改变，重新焕发生命力，抑或是逐渐死亡的选择。不管是哪种选择，都会使社会协作体系发生根本变化。对前者而言，社会协作体系将随之进行结构调整，并重新形成协作规则。对后者而言，社会协作体系将逐渐削弱直至瓦解。

汽车产业的社会协作体系就已经经历了数次调整。19 世纪末，法国的 P&L 公司是当时处于世界领先地位的轿车制造企业，公司每年制造几百辆汽车。汽车是由技巧娴熟的工匠按用户的要求用手工方式敲打出来的。那时，P&L 公司面临的社会协作体系是非常单薄的，产业内的协作体系几乎不存在。那时的用户自己设计车辆，自己决定所用的零件。他们直接向制造者提出订货要求，当然是付现金。在汽车制造出来后，用户还要自己对汽车进行试验。这种单薄的协作体系使得在 1905 年以前，制造汽车在商业上看都是不可行的。到第二次世界大战时期，汽车产业已经实现了大批量生产，形成了从零部件制造到组装到销售再到维修服务的产业内协作体系。当时世界主要汽车生产和供应国在汽车相关产业及社会基础设施建设方面都取得了较快的发展，为汽车产业的发展提供了必要的社会协作体系支持。而到了日本丰田汽车公司建立了著名的准时生产体系以后，汽车产业的社会协作体系已经完备到能在利用大批量规模优势的情况下克服其高度依赖储备量、要求需求同一性等缺陷，从而实现了产出的多样化和灵活性。随着汽车制造业的成熟和各主要汽车企业全球化战略的深入，汽车产业的社会协作体系进一步扩大为全球性协作体系。

三、企业是促进产业关系形成的主体

任何产业都有其特定的活动规则和特定的企业之间的关系，这些活动规则及关系就构成产业关系。产业关系的构成受到上游企业、下游企业、潜在进入者、产业内竞争对手、替代品五类因素的影响。其中进出入企业的活动构成了产业屏障，形成产业内结构，并影响产业内结构的稳定程度。上游企业、产业内现有企业、下游企业之间的关系构成产业链的长度及产业活动的前后向关系。替代威胁的存在一方面影响着现有产业内企业的活动，另一方面也有可能改变产业的构成。

（一）进出关系

围绕一个已经形成的产业，总会存在两类企业：一类是产业内的企业，另一类是产业外的企业。在产业发展周期的某些阶段，存在产业外的企业集中设法进入该产业的活动；而在另一些阶段，又会集中出现产业内的企业设法退出该产业的情况。在大部分情况下，企业将根据各自战略目标的要求，同时出现产业内的一些企业设法退出产业、产业外的一些企业试图进入产业的交互活动。产业的构成及其结构稳定性、产业的垄断程度及形成垄断的方式就是由这些进出产业的活动形成的。

在资源型产业中，产业内企业为了阻止其他企业的进入，会设置一些进入障碍。通常的进入障碍有资源垄断障碍、产能垄断障碍和产业链长度垄断障碍等。其中，产能垄断又多数采取提高资本密集度和产出规模的形式。产业链长度垄断则往往通过对企业供应链或是销售链的支配来实现。通过资源和产能垄断形成的进入障碍既能阻止产业外企业的进入，反过来也将形成产业内企业退出时的障碍。产出价值对资源的依赖性越高，以上形式的进入和退出障碍就越大，产业活动就明显地表现为对资源量和产能规模的追求，产业内结构的稳定程度就越高，产业周期就相对长些。

在知识型产业中，主要的进入障碍为对产业形成和变化知识（关键知识）的掌握和转换。但是，由于知识型产业关键知识的传播性很强，不可能长久为某些个别企业所垄断，而且这些关键知识的扩散性也很强，能很快被运用于其他产业活动方面，因此，进入障碍表现得不那么明显。另外，知识型产业中企业的竞争力不表现在对物质资源和产能的规模追求上，所以，退出的障碍也相对小些。为此，知识型产业内部结构不像资源型产业那么稳定，产业周期亦较短。

（二）产业的一体化程度

产业一体化程度受产业链的长度及企业与其前后向活动的关系这两个因素的共同影响。从产业链长度方面看，分工使产业中产品形成活动被有效分割。这种分割的次数越多，产业链就越长。可见，随着产业内分工程度的提高，产业中为某一产品相继提供劳务活动的企业数会越来越多，产业链也就越来越长。从企业前后向活动关系看，虽然为了维持产业链的正常，产业链相继环节上的任何企业都是不可缺少的，但不同产业链环节上的活动特征及提供的附加价值量是不同的，它们在整个产业链中的地位也因此而不同。每个企业根据自己所处的不同产业链环节及其发展战略，决定与前后向企业之间的特定关系。企业战略的独占性要求越高，社会协作体系越不完备，同一产业链上附加价值分布越不均匀，产业竞争越激烈，企业就越是需要采取一体化行动，形成对其前后向企业的支配力量。当这种个别企业的一体化活动表现为产业活动的规则时，便促使产业一体化程度的逐步提高。如果在产业一体化程度提高的同时，一体化的速度快于分工深化的速度，便会出现产业链的缩短。如化工、医药、钢铁、建筑材料等的产业链随着产业一体化程度的提高已明显地缩短。装配行业的产业链随分工的发展逐渐延长，随企业由于竞争的激烈而采取的一体化行动而逐渐缩短，又随企业适应全球化要求而采取的非一体化行动而延长。服务行业则由于比较年轻，正处于产业链不断延长的阶段。

（三）替代品影响

对产业结构研究有意义的替代品有两类：一类是处于同一产业的、在功能上具有替代关系的不同产品和服务，如同属于汽车产业的轿车和摩托车在作为交通工具方面的替代作用；另一类是不同产业产出之间形成的替代关系的那些产品和服务，如煤和电在取暖功能上形成的替代关系。替代品的影响总的来说表现在对替代对象的竞争压力上，迫使企业或是将替代品生产者视为产业竞争对手，设法为自己的产品增加能覆盖替代品的功能，并使产品的“价格-效用比”更有利于消费者；或是通过一体化行动，如合资战略、兼并、联盟等，将替代品变为自己企业可以支配的产出，然后根据企业战略的要求决定对替代品的态度。前一种行动使企业在同一产业中的活动类型增加，形成产出在同一产业中的多元化；后一活动要求企业同时进入不同的产业，形成企业业务种类的多元化。

产业结构分析中产业一体化影响和替代品影响在一定程度上会改变产业的边界，甚至形成不同产业之间的逐渐融合。近年计算机业对通讯业、汽车业的融合就反映了这一趋势。

以上分析是从企业角度展开的，目的在于了解企业作为产业主体对产业产生的影响。除了企业之外，参与产业活动的其他一些成分的活动也会影响产业特征，如产业中消费者的活动、政府的规制政策及实施对产业的影响等。但其他成分的活动发生作用的大小将取决于企业的选择。

第三节 企业的目标

企业目标会影响企业的行动，进而引起产业结构和效益的改变。企业目标包括经营目标和社会目标两类，随着对企业社会地位的认识，从单纯的营利性组织向社会大系统的一员的变化，企业社会目标的地位日益受到重视。

一、经营目标

企业经营目标包括利润目标、价值目标和管理者目标三类。

（一）利润目标

利润目标是长期驾驭大多数企业，特别是非国有企业的目标。在传统的对企业目标和行为的研究中，一般是以“企业是追求利润最大化的行为主体”为假设前提的，指的是企业在某一段时期内，对经营总收入在扣除总成本后的剩余量最大状态的追求。

企业经营结果所得到的收入剩余量是企业投资人的所得，因此，取得利润最大化应该是企业投资人的投资目标之一。当企业投资人同时又是企业的管理者时，或是投资人能够支配企业主要管理者对目标的选择时，利润最大化就能够成为企业目标。由于个人制企业及合伙制企业的投资人一般直接作为企业的主要管理人员，他们对企业的目标设定有绝对支配能力，所以，个人制和合伙制企业一般以利润最大化目标作为企业的主要目标，甚至是唯一目标。

追求利润最大化目标的企业在行动上会表现出对扩大总收入能力或是减低总成本水平的追求。但是，选择利润最大化目标并不意味着追求短期利润数值的最大，因为短期利润数值的最大可能会危及企业的长期发展，因此，也只有对确定了的退出业务，企业才会采取榨取性战略，在较短的时间内从业务中取得尽可能多的利润收入。也只有在这种情况下，在企业目标上才会表现出对短期利润数值的追求。对希望获得长期利润最大化的企业，则需要培养它们扩大收入或是降低成本的能力，而这一能力的培养在短期内需要有相当量的投入。

当企业投资人与管理者的身份不是集中在同一主体身上时，即当企业的目标主要是由管理者支配时，就会表现出对一些非利润目标的重视。例如，企业地位的提高，企业对新产业的进入，对创新和变革的热情，等等。当然，只要企业的目标和行为是与产业活动有关的，所有从短期看与利润无关的目标，从长期看都是与利润有关的。在经营上的非利润目标的实现最终将有利于利润目标的实现。否则，企业管理人员将无法对投资人做出合理的交代。

（二）价值目标

价值目标是公司制企业典型的长期发展目标。从长期看，企业要实现市场竞争地位，就需要实现价值的最大化，即企业资产价值的最大。价值目标更注重企业的长期发展能为，为此，企业需要在培养核心竞争能力上进行大量恰当的投入。这些投入包括：

第一，创新投资。不仅是对产品和工艺等传统的创新，而且还包括对产业行为、产业规则、产业标准等方面的创新，对竞争方式和市场活动方式的创新，对企业管理制度的创新，等等。

第二，对职能效率的投资。如扩大生产能力，以形成规模经济；扩大市场范围和市场占有率，使同一职能能力能分摊在更多的活动范围；进入国际市场，在竞争方式多样化的条件下寻求更大的机会等。

第三，采用兼并、收购、合并等手段，通过一定的投资或是资产重组，将业务活动跨越到其他业务领域，或进行业务重组，实现与产业发展规律相一致的企业业务结构的升级等。

第四，对企业内部的职能活动进行投资或重新安排，包括选择恰当的组织结构和资源分配方式，改变组织流程，进行内部变革，特别是进行人力资源的培养，使企业内部协调一致。

所有以上谈及的内容，以及投入其他有利于企业价值最大化的工作，可能会使企业在一段时期内停止利润的增长，甚至会出现无利润，或是即使在有利润的情况下，把利润用于新的投资，而不是转变为投资人的收入。为此，投资人将面临目前利益和未来利益的选择。由于任何性质的投资都是有风险的，越是带有未来长期性的投资和创新性的投资，其风险就越大，因此，投资人还必须对风险进行权衡。可见，以上争取价值最大化的目标，不但因为需要追加投资而挤压了企业的目前利润，约束了企业投资人对利润分配的要求，而且还要求投资人承担更大的风险。所以，价值目标在所有权和管理权不分离的企业制度下很难成为主导性的目标。

需要注意的是，企业在追求价值最大化的同时，仍需要注意保障投资人的基本利润要求，将对价值的追求行动控制在投资人所能接受的水平之下。这种对最低利润水平的保障要求在一定程度上约束了过度的扩张冲动，使企业的战略计划更具理性，同时，也使产业结构和市场结构能保持一定的稳定性。

价值目标和利润目标之间存在密切的联系：一方面，企业提高价值目标是否能实现将取决于企业目前经营结果所能提供的利润量。企业目前经营提供的利润量大，企业为增加价值所采取的各项行动就能有更大的资本来源保证，市场承认程度也就较高。另一方面，只要企业为增加价值所采取的行动是理智的，是符合环境规律和市场要求的，这些行动就会强化企业未来的竞争能力，在企业价值提高的同时也最终提高企业的获利能力。

企业价值的高低最终是由市场决定的，由于存在大量的非理性投资人，或者说具有不同理智程度的投资人，由此造成市场的决定对许多投资人来说是非理智的，所以，对价值目标和利润目标的权衡是一项艰巨的决策。

除此之外，在企业所有者和管理者相分离的情况下，企业目标不仅受投资人不同投资目的的影响，还更多地受企业管理者个人目的及他们对管理的认识的影响。

（三）管理者目标

企业中具体确定战略目标的往往不是投资人，而是管理者。即使有关企业重大发展方向的目标是由投资人决定的，但他们关于企业外部环境的预测和内部能力的分析等决策依据资料却又是由管理者提供的。有些企业采取了聘用外部咨询专家的方式，希望能避免信息的不公平分布引起的决策向管理者倾斜的问题，但即使对外部环境的分析可以实现无偏差（假设外部咨询专家同时又是产业专家），但他们分析所需的企业内部资料仍是由企业管理者提供的，不能完全排除信息扭曲的可能。

管理者目标是指企业管理者从事管理活动，不但希望取得按企业正常报酬制度（企业投资人明确了解并赞成的对管理者的报酬）取得的个人收入，还希望获得其他一些“好处”。例如，企业为提高管理效率或为了提高企业吸引力和企业形象而为管理者提供的特殊待遇，包括管理者对企业利润的分享和对企业股份的参与。管理者的这部分收入大部分与税后利润直接有关。从这一点看，管理者利益与投资人利润形成此长彼消的关系，投资人的利润目标就成为对管理者目标的约束。

二、社会目标

社会目标考虑的是企业在社会中的地位和企业可以为社会做出的贡献。社会目标着眼于企业与其外部环境的关系、企业的“公民”性质、企业的社会责任以及有关的商业道德。社会目标将决定企业是否能为社会所接受。随着人们对发展和对环境的认识的改变，单纯的经济发展将让位于社会和生态的可持续发展。

在经济发展主要依靠于物质资源的条件下，企业的目标基本上以经营目标为主，企业很少考虑其对社会的贡献，社会也很少对企业（特别是私人企业）提出经营以外的目标。随着资源型经济的发展，共同开发和利用资源的社会协作体系逐渐建立，企业的活动客观上是相互影响的。另外，随着企业跨国战略的实施，不同社会文化条件下对目标认识的差异，使跨国企业最先认识到尊重东道国的要求(往往是非经济要求)已成为自己的投资是否能被东道国所接受的先决条件。消费者力量的提高、社会对生活质量认识的加深和对生态平衡的关注，也对企业的目标选择产生影响，使社会目标的作用逐步受到重视。但是，物质资源的稀缺性和资源使用上的非替代性，使经营目标和社会目标之间存在较强的互斥关系，企业仍更为注重经营目标。

当知识作为一种投入对企业的经营发生关键影响时(也就是我们现在所称的知识经济)，社会目标的地位就会日益提高。这是因为，与物质资源相比较，知识具有更强的共享性和可转移性，企业对知识的利用在很大程度上将取决于社会对知识形成和发展所做出的贡献。企业所积累的知识，无论是表现为某些内部职能上的优势，还是与环境的友好关系，抑或是一定的竞争地位，都需要得到社会的认可。从管理上看，传统的对物的管理，利用固定制度的管理，企业与外部各成分之间你输我赢的管理，已让位于对人的管理，组织企业成员之间的相互学习和整体学习，形成知识共享的途径，促进组织创新的管理。由于企业知识与社会知识的同一性，企业管理的效果将更多地取决于企业与环境的关系，受社会环境的支配。因此，社会目标的作用就提高了。

社会目标要求企业的行动不但具有经济性，还越来越多地具有政治性、社会性、文化性、伦理性和生态性。社会目标作用的提高，要求企业认识到经济活动中的非经济性，要求企业承担非经济责任，也要求企业对社会整体发展做出承诺。

思考题

1. 古典企业理论存在哪些缺陷?
2. 企业契约理论的主要内容是什么?
3. 简述企业与产业的关系。
4. 企业有哪些目标?

第三章　产业组织理论

第一节　产业组织理论的形成

一、产业组织理论的萌芽

产业组织理论的思想渊源久远。柏拉图（公元前427—公元前347年）对劳动分工的分析，是经济学体系的一块基石。柏拉图认为专业化会增加生产的思想可以被认为是产业组织理论思想的一粒种子。17～18世纪，由工业革命带来的生产力的快速发展在促进社会进步、经济繁荣的同时也为经济学的研究创造了更加广阔的领域，各种经济学理论学说和经济学文献如雨后春笋般涌现出来。其中，最具代表性的是亚当·斯密在1776年出版的《国富论》。他在书中系统地论述了由竞争机制自发决定的价格体系如何创造出一个理想的市场秩序的思想。他同时指出了企业的市场行为："商人们的利益，在商业或制造业的任何特定的分支机构里都总是在某些方面不同于、甚至对立于公共利益。拓宽市场和减少竞争，总是商人们的利益所在。"可以说，亚当·斯密是最早认识到产业组织核心研究问题的经济学家。但是，亚当·斯密在关注竞争机制的作用及分工协作产生经济效益的同时，忽视了竞争与规模经济之间的关系问题，填补这一空缺的是产业经济学的先驱马歇尔。

马歇尔夫妇在1879年出版的《产业经济学》一书中，将产业组织正式定义为产业内部的结构。马歇尔是最早提出产业组织概念的人，为此马歇尔被认为是产业组织学的创始人。在其1890年出版的《经济学原理》中，马歇尔以大量篇幅讨论了有关产业组织的问题，包括组织与分工、某地区特定产业的集中、大规模生产、企业形态以及规模经济等问题，揭示了竞争与规模经济的矛盾关系，认为高效的组织方式可以降低企业的单位成本，从而提高企业的市场占有率，但企业的市场占有率提高的结果会引起竞争市场中垄断因素的出现，而垄断在降低规模报酬的同时，又会导致市场的效率损失，即"马歇尔冲突"。

20世纪20年代初期，随着美国大型制造业的兴起，以及当时美国出现的并购浪潮，很多产业已经由自由竞争的市场转变为寡头乃至垄断。基于此，经济学家对不完全竞争市场开始了广泛的研究。这些研究在20世纪30年代后继续被深化。如约翰·克拉克，亨利·亚当斯，艾利等的研究为后来产业组织理论的发展奠定了坚实基础。

1933年，哈佛大学教授张伯伦和剑桥大学教授琼·罗宾逊分别发表了《不完全竞争经济学》和《垄断竞争理论》两部著作，提出了"垄断竞争理论"，对垄断竞争问题进行了较深入的理论研究，他们被看作产业组织理论的先驱者。这些早期关于产业组织的研究尽管涉猎了很多领域，很多观点以及提出来的一些概念也在一定程度上奠定了现代产业组织理论基础，但是还没有形成一个较为完整的理论体系。

二、产业组织理论的产生

1938年，梅森教授在哈佛大学成立了一个包括贝恩在内的对美国不同行业市场结构、企业行为进行实证分析的研究小组，该研究小组重视市场结构对厂商行为和绩效的影响，取得了一系列成果。经过20世纪30～50年代梅森和贝恩等人的努力，以哈佛大学为基地，以梅森、贝恩等人为代表的正统产业组织理论基本形成。其诞生的标志是1959年贝恩《产业组织理论》一书的出版，这本书是这一时期产业组织理论研究成果的集中体现，也被称为哈佛学派或正统产业组织理论。正统产业组织理论的基本特征是该著作中提出的SCP分析范式，即"结构—行为—绩效"(Structure - Conduct - Performance)分析范式。

SCP分析范式的基本内容为：产业组织理论由市场结构、市场行为、市场绩效三个基础部分和政府的产业组织政策组成。市场结构是某同一市场上各个企业的构成情况，是对企业间竞争程度及价格形成等产生战略性影响的市场组织特征。决定市场结构的因素主要是市场集中程度、产品差别化程度和进入壁垒的高低等。市场行为指企业在考虑其所在市场中各种情况的基础上，所采取的若干决策行为，包括定价策略、产品与广告策略、研发和排挤竞争对手的行为等。市场绩效指在一定市场结构和市场行为条件下市场运行的最终经济效果。市场绩效评价指标主要有资源配置效率、利润水平、消费规模等。

在SCP分析框架中，作为市场结构指标之一的集中度和作为市场绩效评判标准之一的利润率两者之间的关系研究一直处于核心地位。贝恩对美国主要制造业的调查结果显示，在寡头或者垄断市场中，由于存在少数企业间的共谋、协调行为以及通过市场进入壁垒限制竞争的行为，削弱了市场的竞争性，其结果往往是产生超额利润率、破坏资源配置效率，这就是"集中度-利润率"假说。因此，哈佛学派主张政府要实施反垄断政策，必须对产业采取企业分割、禁止兼并等直接作用于市场结构的产业政策，严格执行对限制性交易的反托拉斯法，以恢复和维护有效的市场竞争秩序。

SCP分析范式从20世纪30～60年代控制着产业组织学的研究阵地，统治了主流产业组织学界近半个世纪，但是SCP分析范式在理论基础上与技术上有不可避免的缺陷。从理论上，SCP分析范式缺乏深刻而明确的理论基础，与30年代就被普遍接受的微观经济学理论不能很好地融合以及它对大型企业的成长与行为和日益突出的产业集中趋势缺乏解释能力，导致SCP分析范式在70年代后期在产业组织理论中的地位不断衰落；从技术上，该范式崇尚跨部门的经验性研究，由于大多数据的口径与绩效衡量等存在很大的问题，加之一些部门之间的相关性也不是很强，导致统计结果解释与模型的失真。

第二节　产业组织理论的发展

一、芝加哥学派对产业组织理论的主要贡献

（一）芝加哥学派的产生

自20世纪50年代正统产业组织理论形成以来，SCP分析范式成为理论界与经济界批评讨论的热点。许多经济学家指出，市场结构、厂商行为和运行绩效之间的关系远不是如

此简单，而是非常错综复杂的。芝加哥大学、普林斯顿大学等许多大学的学者也都展开了对产业组织理论的研究。产业组织理论的芝加哥学派就是在与哈佛学派的争论中崛起的。芝加哥学派形成于20世纪60年代后期对哈佛学派的批判中，主要代表人物有芝加哥大学教授施蒂格勒、波斯纳、德姆塞茨等。该学派在对美国反垄断政策的分析和哈佛学派的论战中，提出了独自的竞争理论与公共政策主张，形成了芝加哥学派的产业组织理论，并逐步取得了主流学派的地位，对20世纪80年代以来的美国里根、布什政府时期的经济政策产生了很大的影响。

（二）芝加哥学派的主要观点

芝加哥学派在经济理论体系上信奉自由主义思想，相信自由市场中竞争机制的作用和"看不见的手"的自我调节力量，认为市场竞争过程是一个适者生存、优胜劣汰的过程，基本理论主张是维护市场竞争机制、鼓励竞争、反对政府干预等。

其主要观点包括：

① 使市场中存在着某些垄断势力或不完全竞争，只要不存在政府的进入规制，这种高集中度产生的高额利润会因为新企业大量进入而消失；

② 如果一个产业持续出现高利润率，这完全可能是该产业中企业高效率和创新的结果，即使市场是垄断的或高集中寡占的，只要市场绩效良好，政府规制就没有必要；

③ 芝加哥学派认为技术和进入自由这两个因素决定市场结构；

④ 除了政府进入规制以外，真正的进入壁垒在实际中几乎不存在；

⑤ 只有自由企业制度和自由的市场竞争秩序，才是提高产业活动效率、保证消费者福利最大化的基本条件。

（三）芝加哥学派与哈佛学派的主要区别

正统的哈佛学派SCP分析范式强调市场结构，认为不同的市场结构会导致不同的市场行为，不同的市场行为进而带来不同的市场绩效。而芝加哥学派强调和重视厂商行为分析，认为某些厂商与其他市场上的竞争厂商相比，由于具有较高的生产效率，从而获得较高的利润，最终厂商规模扩大，市场集中度提高，最终形成以大厂商和高集中度为特征的市场结构，比如寡头与垄断市场。简言之，芝加哥学派认为市场绩效或者市场行为决定了市场结构，而不是市场结构决定市场行为和市场绩效。

在政策主张方面，哈佛学派主张制定严格的反垄断政策，完善维护公平竞争的法律体系；芝加哥学派则主张消极的反托拉斯政策，指出反垄断的目的是为了实现经济效率即社会福利的最大化。

（四）芝加哥学派对产业组织理论的主要贡献

1968年芝加哥大学教授施蒂格勒的著作《产业组织》一书的问世，标志着芝加哥学派在产业组织理论上的成熟。芝加哥学派对产业组织理论的主要贡献体现在以下两个方面：

其一，对进入壁垒理论的完善。正统产业组织理论的主要贡献者贝恩，将进入壁垒作为分析市场竞争激烈程度的一个重要因素。贝恩认为判定一个行业是否具有竞争性的一个重要方面是进入该行业的壁垒是否很高，以至于阻碍了新厂商加入竞争。贝恩对进入壁垒的定义是，和潜在的进入者相比，现存厂商所享有的有利条件，属于进入壁垒的因素，包括规模经济、最低资本需求量和产品差异等。芝加哥学派的代表人物之一施蒂格勒则认为进入壁垒指新进入厂商比老厂商多负担的成本。按照此观点，贝恩所认为的进入壁垒因素就不被芝加哥学派看作是进入壁垒，芝加哥学派强调人为的壁垒，即政府的进入规制。

其二，推动了法学经济学的诞生。在芝加哥学派产业组织理论的形成过程中，芝加哥大学法学院的学者也做出了重要的贡献，其代表人物是波斯纳。1971 年波斯纳的《反托拉斯法：案例、经济学解释和其他材料》一书的出版，对美国的反垄断政策产生了非常重大的影响。他们认为反托拉斯法应该是保护竞争，而不是单纯保护竞争者，市场竞争本来就是优胜劣汰。因此，对企业市场行为的判定关键在于看它是否促进了社会的经济效率，而不在于是否损害了竞争者。这种被称为“反托拉斯的芝加哥学派”的观点得到了芝加哥学派以外的法学家和法官以及政府官员的广泛支持，对 20 世纪七八十年代美国反垄断政策的重大转变产生了重要影响。同时，这些研究也推动了新兴边缘学科法学经济学的诞生。

二、新奥地利学派对产业组织理论的贡献

（一）新奥地利学派的形成

新奥地利学派是芝加哥学派之外又一个非常具有影响力的产业组织理论学派，其代表人物有米塞尔以及米塞尔最重要的学生和追随者哈耶克等。米塞尔在 1996 年出版的《人类行为学》一书中，详细论述了新奥地利学派的方法论。米塞尔主张任何经济现象都应该运用人类行为科学的方法。

（二）新奥地利学派的基本观点

新奥地利学派对传统的哈佛学派的反垄断政策基本持批判态度，和芝加哥学派一样也信奉自由主义，赞赏市场有秩序的结构，但在理解这种结构实际是怎样取得时，又按照自己独自的方法论对市场过程进行剖析，与芝加哥学派相比，其基础理论有很大的区别。

新奥地利学派在理解市场时强调正在进行的经济过程，而不是新古典主义的均衡分析。他们认为现代的竞争均衡所假设存在的情况，其实应该是竞争过程的结果。他们对新古典经济学派价格理论的最核心挑战，就是假定完全竞争概念。在新奥地利学派看来，完全竞争理论从各种假设案件出发是本末倒置，没有对竞争过程做出任何有用的解释。哈耶克指出，完全竞争概念的问题在于它描述了一个均衡的状态，却不谈导致均衡的竞争过程。“竞争”一词的本来含义是为某种利益相互争夺、竞争。本来在现实经济生活中，各企业围绕产品质量、价格、成本和新产品开发你我争夺、互相竞争，这一对抗性过程才是竞争的本意。但是完全竞争概念夺走了企业与动词“竞争”理所当然结合在一起的一切行为过程。在完全竞争模型中，企业不提高或降低价格，不区分产品，不做广告宣传，也不试图针对其竞争者而改变成本结构，或者做一些在动态经济过程中企业应做的任何其他事情。完全竞争理论在其定义中完全排除了所以这些竞争因素，而仅仅描述了作为竞争结果的均衡状态。因此，完全竞争实际上意味着没有一切活动，这一概念本身是有竞争之名而无竞争之实。

新奥地利学派认为，完全竞争理论的这一前提不仅是非现实的，而且还会对人们产生误导。因为如果在现实经济生活中存在完全信息的话，那么可利用资源的有效配置这一最重要的经济问题就可立即迎刃而解。实际上，无论政府也好个人也好，都不可能掌握完备的知识和信息，这不仅因为知识和信息是分散在千百万人的脑海中，同时也因为这些知识和信息是千变万化的。因此，经济运行的根本问题就在于如何发现和利用分散的知识和信息，使资源运用于社会有用度更高的方面，而这只有通过竞争的市场才能实现。哈耶克提出："市场秩序之所以优越，这个秩序之所以照例要取代其他类型的秩序（只要不受到政府权力的压制）确实就在于它在资源配置方面，运用着许多特定事实的知识，这些知识分散地存在于无数人的中间，而任何一个人是掌握不了的。"新奥地利学派把市场看作是分散的知识和信息的发现过程，认为如果不是从知识和信息的不完全性出发，就不可能真正把握市场经济的本质。

新奥地利学派认为竞争性市场过程是分散的知识、信息的发现和利用过程，因而他们特别强调企业家及其创业精神在这一过程中的重要作用，强调在竞争的市场上企业家的行为是如何指导资源的流动以最好地满足消费者的需要。柯兹纳充分发展了米塞尔的人类行为概念，认为经济生活的手段与目的关系并非一成不变，而要受有创造性的人的行为的制约，他将这种创造性的作用定义为创业精神。它在本质上是发现新的然而是人们希望得到的需要，以及满足这些需要的新资源、新技术或其他手段的能力。在要素投入价格低于最终产品价格的市场状态下，本来就存在着获利机会。而企业家就是发现这些市场上已经存在但未被注意的机会，并通过比其他人更好地满足消费者来利用这些机会的人。在柯兹纳看来，市场不均衡是因为市场参与者的无知，即存在着未被发现或者因为信息不完全造成错误决策而失落的利润机会。按照这种观点，市场过程实际上也就是不均衡的调整过程，而企业家则在这一过程中起着维护均衡的作用。良好的经济绩效只有不断通过这一试错过程，通过学习和发现知识才能得以实现。由于这一过程被认为是有益和必需的，因此新奥地利学派的学者们强烈反对政府对产业的过多干预，认为政府的知识和信息也是不完全的，政府的干预反而会扭曲市场调整过程，最终损害经济基础绩效。

（三）新奥地利学派的政策主张

新奥地利学派从市场是对抗性过程这一基本观点出发，对哈佛学派的结构主义政策进行了猛烈抨击。在新奥地利学派看来，竞争的强弱是无法用集中度或企业数和市场占有率这些尺度来衡量的，因为竞争源于企业家的创业精神，而这种创业精神又是其他企业所无法夺去的。因此，只要确保自由的进入机会，充满旺盛的创业精神的市场就能形成充分的竞争压力，而与该市场的集中度高低无关。对于产品差别化，新奥地利学派认为与其把它看作是影响垄断程度的一个因素，倒不如看作是正常竞争的一个重要手段。企业常常是凭借这一手段来发现和利用新的利润机会，消费者也正是借此获得最大的满足。因此，产品差别化是市场过程中不可或缺的重要因素，是竞争的具体体现。对于进入壁垒，新奥地利学派的观点与哈佛学派也存在着很大的分歧：新奥地利学派认为，传统的作为进入壁垒因素的规模经济性、产品差别化和绝对费用等都不能排除竞争，因为新企业能否进入市场根本上取决于企业家的努力。只要新企业的供给符合消费者的需求，进入的大门始终是敞开的，在他们看来，唯一成为进入壁垒的是政府的进入规制政策和行政垄断政策。因此，最有效的促进竞争政策首先应该是废除那些过时的规制政策和不必要的行政垄断。

新奥地利学派和哈佛学派在对待反垄断和规制政策上的分歧也反映在他们对两种不同经济效率的性质和重要性的不同看法上。哈佛学派强调配置效率，即完全竞争标准和平均利润率形成的重要性，而新奥地利学派则认为，人类福利的提高源于生产效率，新产品技术的引入。对企业内部生产效率优势的强调，使新奥地利学派比其他经济学派对大规模的企业组织甚至享有一定垄断势力的企业，持更为宽容的态度。在新奥地利学派看来，市场过程也是自然淘汰的过程，只要不是因为行政干预，垄断企业实际上是经历了市场激烈竞争而生存下来的最有效的企业。哈耶克对画地为牢的垄断和以高效率为基础的垄断加以区分，认为前者的代价超过了必要，但后者并无坏处，因为一个提供相同或类似商品或服务的企业有了更高效率，垄断会消失或者被迫调整，以适应市场条件。他们认为由于来自新企业、新管理和新思维的竞争威胁，即便是垄断企业，其地位也是摇摆不定的。

第三节　新产业组织理论的贡献

20 世纪 70 年代以来，由于可竞争市场理论、交易费用理论和博弈论等新理论、新方法的引入，尤其是博弈论的应用，使产业组织学成为 70 年代中期以来经济学中最富生机、最激动人心的领域。产业组织理论研究的理论基础、分析手段和研究重点等发生了实质性的突破，大大推动了产业组织理论的发展。在冯·诺依曼、摩根斯坦恩以及纳什等研究基础上建立起来的博弈论，20 世纪 70 年代起被一些经济学家，如泽尔腾、海萨尼、泰勒尔、克瑞普斯等引入到企业战略行为的分析中，从而弥补了芝加哥学派在分析工具上的缺陷。博弈论给产业组织理论带来的不仅仅是研究方法上的变化，在研究结论上也与芝加哥学派并不完全一致，有时甚至是否定了芝加哥学派的观点，因此被称之为“新产业组织理论”。传统的观点认为少数几家大企业纵向或者横向兼并会带来垄断弊端，按照新产业组织理论，大企业的兼并会充分发挥规模经济和范围经济的作用，实现资源优化配置，依靠技术进步降低沉没成本，经营会更具有效率。因此政府的竞争政策应该着重于保证充分的潜在竞争压力，消除人为的不必要的进入和退出壁垒，而不是只重视市场结构的反垄断和规制政策。

新产业组织理论具有这样几个特征：在研究方向上，不再强调市场结构，而是突出市场行为，并寻求将产业组织理论与新古典微观经济学更紧密地结合。在研究方法上，主要运用数学方法以及博弈论建立一系列的理论模型，以此来研究企业行为；突破了单向、静态的研究框架，建立了双向、动态的研究框架。如果说经济计量学方法主要适合于实证研究的话，那么博弈论方法则主要适用于理论分析，80 年代以法国学者泰勒尔为代表的西方学者就应用博弈论分析的方法对整个产业组织理论体系进行了再造。现在博弈论已成为产业组织研究中占主导地位的研究工具，常用于研究寡头垄断、不完全市场的定价、企业兼并、反垄断规制等问题。也正是由于博弈论的应用，才使产业经济学成为经济学中进展最为迅速的领域之一，并吸引了一大批一流经济学家投身其中，“我们开始找到一个对丰富多彩的行为的某些方面进行处理的理论方法，……我们现在有了能从策略性行为和信息方面对种种现象给出解释的理论模型，这些现象包括：价格战、不真实广告、限制性定价、各种默契合作与合谋、讨价还价的破裂与协议的延误、担保和服务合同的作用、寡头垄断企业选择的定价方式、供货商与顾客之间的合同性质、各种交易制度的采用等，对这些现象的解释在之前几乎是无法得到的”。

但是博弈论分析方法在不完全竞争中也存在一些不足：产业组织理论毕竟属于应用经济学的范畴，应用经济学的研究价值的高低取决于其对于现实世界的解释能力，博弈模型的演绎在推理上固然没有逻辑性的问题，但是模型对于参与人行为的假设超出了现实人的理性范围。同时，在不完全信息的假设下，多阶段博弈往往存在多重精炼贝叶斯纳什均衡，这使得结果预测上受到了质疑。

一、新制度学派对产业组织理论的贡献

近年来崛起的“制度经济学”从全新的视角理解产业组织，以科斯的交易费用理论为基础，从制度角度研究经济问题的“新制度产业经济学”，也被称为“后 SCP 流派”，其代表人物有科斯、诺斯、威廉姆森、阿尔钦等人。主流产业组织理论注重产业组织之间的关系，新制度经济学则将研究重点深入到产业组织内部(企业内部)，引入交易费用说明企业与市场的边界关系，从而彻底改变了只从技术角度考察企业和只从垄断与竞争角度考察市场的传统观念，从企业（公司）内部产权结构和组织结构的变化来分析企业行为的变异及其对市场运作绩效的影响。

二、实验经济学对产业组织理论的贡献

最近，比较引人瞩目的是实验经济学的兴起。实验经济学正是在人们对理论模型前提假设的怀疑中产生的。用实验方法研究与经济相关的问题，“如果从 1783 年的‘彼得堡悖论’算起有二百多年的历史，但是真正意义上的‘受控实验’还只是近几十年的事情”。史密斯在 1962 年发表了《竞争性市场行为的实验研究》，是实验研究范式的奠基之作。这篇文章体现了实验经济学核心的诱导价值思想和比较制度分析思想等重要的实验理念，主要观点是：竞争性市场上的交易制度是有作用的，它不仅可以影响到市场是否均衡，而且还能够确定市场趋于均衡的路径。此后的学者如普劳特和霍尔特等人在产业组织中，都将市场制度作为实验设计的一个重要控制变量。普劳特的实验方法和 20 世纪 80 年代得到很大发展并被广泛应用到宏观经济学研究中去的时间序列分析方法，是近年来出现的对今后实证研究工作来说很有发展前途的方法。在产业组织学中，实验经济学的研究范畴比较广，以传统的伯川德模型为例，马丁和尤里对经典的伯川德模型提出了质疑，设计了伯川德实验。奥罗拉和 Nilcolews 对实验中的信息披露进行了放松，结果显示伯川德模型存在若干纳什均衡。实验经济学提供了一个可操作的微观经济环境，使得必要的变量控制得以保持，既不同于传统的理论推导也不同于传统的实证分析。但是实验经济学有不足之处：当实验的结构参数和制度参数比较复杂时，实验不能掌握其策略空间，主观交易成本高；非对称的激励设计时，存在实验被试之间以及被试对自身的角色认同问题。但是不可否认的是实验经济学在产业组织学领域会有越来越广的应用范围。

思考题

1. 简述产业组织理论的渊源。
2. 比较芝加哥学派和哈佛学派的区别。
3. 试述产业组织理论的芝加哥学派的主要观点。
4. 哈佛学派是如何将市场结构作为分析重点，来构筑他们的结构主义政策论的？

第四章　市场结构、市场行为与市场绩效

第一节　市 场 结 构

在传统的SCP理论框架中，市场结构是决定性因素，是产业组织理论研究的起点。市场结构决定了该市场中企业的市场行为，企业的各种行为又决定了市场绩效。在现实中，产业的市场结构、市场行为、市场绩效是相互影响、相互作用的。本节主要介绍各种市场结构类型、市场结构的决定因素，主要包括市场集中度、产品差异化、市场进入与退出壁垒等。

一、市场结构的含义及分类

在产业组织理论中，市场结构是市场的卖方相互之间、买方相互之间以及买方和卖方集团之间，以及市场上已有的买方(卖方)与准备进入市场的潜在买方(卖方)之间等诸多关系的因素及其特征。因此，市场结构实质上是一个反映市场垄断与竞争关系的概念。它包括两层含义：① 市场结构指市场的组织特征；② 市场结构指对某一行业中各个企业的市场占有率的描述，主要是通过对集中度的衡量来确定市场的结构类型。

罗宾逊夫人(1933)在《不完全竞争经济学》一书中根据不同产业的市场垄断与竞争程度，将市场分为四种基本的市场结构：完全竞争、完全垄断、垄断竞争、寡头垄断。

(1) 完全竞争市场。它是不存在垄断，竞争程度最高的市场。它的主要特征是：众多企业，产业集中度很低；产品同质；无进入与退出壁垒；完全信息。

(2) 完全垄断市场。完全垄断市场不存在任何竞争，只有一家企业独占市场。它的主要特征是：产业绝对集中度为100%，市场上只有一个提供产品的企业；没有替代产品；进入壁垒非常高。

(3) 垄断竞争市场。垄断竞争介于完全竞争和完全垄断之间，既有竞争性又对价格有一定控制力。它的主要特征是：产业集中度较低；产品有差别；进入和退出壁垒较低。

(4) 寡头垄断市场。寡头垄断是两个及两个以上的少数大企业控制着市场绝大部分市场份额。它的主要特征是：产业集中度高，市场被少数大企业控制，企业之间既相互依赖又相互竞争。

二、市场结构的决定因素

(一) 市场集中度

1. 市场集中度的含义

市场集中度是决定市场结构的重要因素之一，是指某一特定市场中少数几家最大厂商

(通常用前四位或者前八位)所占有的市场份额。市场集中度是市场寡占程度的一个指示器，直接影响着企业之间的竞争程度。

2. 市场集中度的度量

(1) 绝对集中度指标。

绝对集中度指标就是直接计算某市场中前几位企业的市场份额，通常用前几位企业的资产、销售额、利润、职工数等占整个市场的比重来表示。其计算公式为：

$$CR_n = \frac{\sum_{i=1}^{n} X_i}{\sum_{i=1}^{N} X_i}, \quad 0 \leqslant CR_n \leqslant 0$$

式中，CR_n 表示市场中规模前 n 位企业的市场集中度，X_i 为按照某项指标排列的第 i 位企业的指标值，n 表示市场中企业的数量，$\sum_{i=1}^{n} X_i$ 表示前 n 位企业的某项指标值之和。

CR_n 越大，说明市场集中度越高。绝对集中度指标容易测量，且能较好地反映市场集中的情况。但是，该指标只能反映市场中规模前几名企业的综合集中度情况，而不能准确把握产业内全部企业的分布状况，也不能反映前几名企业之间的确切关系。

贝恩根据产业内规模最大的前四位(CR_4)和前八位(CR_8)企业的集中度 CR 值，对不同垄断、竞争结合程度的产业分类，见表 4－1。

表 4－1 贝恩对市场结构进行的分类

集中度 / 市场结构	CR_4 值/%	CR_8 值/%
寡占Ⅰ型	$85 \leqslant CR_4$	$90 \leqslant CR_8$
寡占Ⅱ型	$75 \leqslant CR_4 < 85$	$85 \leqslant CR_8 < 90$
寡占Ⅲ型	$50 \leqslant CR_4 < 75$	$75 \leqslant CR_8 < 85$
寡占Ⅳ型	$35 \leqslant CR_4 < 50$	$45 \leqslant CR_8 < 75$
寡占Ⅴ型	$30 \leqslant CR_4 < 35$	$40 \leqslant CR_8 < 45$
竞争型	$CR_4 < 30$	$CR_8 < 40$

(2) 赫芬达尔-赫希曼指数。

赫芬达尔-赫希曼指数(Herfindahl－Hirschman Index)简称 HHI 或者 H 指数。其计算公式为：

$$HHI = \sum_{i=1}^{n} S_i^2 \text{，其中 } S_i = \frac{X_i}{X}$$

式中，X 表示产业市场的总规模；X_i 表示产业中第 i 位企业的规模；n 表示产业内的企业数；S_i 表示产业中第 i 位企业的市场占有率。取值范围 $0 \leqslant HHI \leqslant 10000$，见表 4－2。

表 4-2　以 HHI 值为基准的市场结构分类

市场结构	高寡占Ⅰ型	高寡占Ⅱ型	低寡占Ⅰ型	低寡占Ⅱ型
HHI 值	HHI≥3000	1800≤HHI＜3000	1400≤HHI＜1800	1000≤HHI＜1400

HHI 的优点：是厂商市场份额的凸函数，对厂商之间市场份额的非均衡分布非常敏感。HHI 包含了所有企业规模信息，能够较准确地反映出集中度的差别——若所有企业相同，则 $HHI=1/n$；当 $n\to\infty$ 时，$HHI\to 0$；若独家垄断时，HHI＝1。由于"平方和"计算的放大性，HHI 对规模最大的前几个企业的市场份额变化反映特别敏感，因此，HHI 指数能够真实地反映市场中企业之间规模上的差异大小。HHI 可以不受企业数量和规模分布的影响，测量全部产业的集中度变化——设某产业中有两个企业 A 和 B，其市场份额分别为 $S_A=\frac{X_A}{X}$ 和 $S_B=\frac{X_B}{X}$，若两企业合并为一个企业，恒有：

$$(S_A+S_B)^2-(S_A{}^2+S_B{}^2)=2S_AS_B>0$$

HHI 的缺点：为了计算某个指定市场的 HHI，必须收集到该市场上所有企业的市场份额信息，工作的成本是比较高的。

(3) 洛伦兹曲线与基尼系数。

洛伦兹曲线是一条描述了某一市场中企业数量的比例与累计市场占有率之间关系的曲线。

基尼系数是建立在洛伦兹曲线上的一个相对集中度指标，其计算公式为：

$$GI=\frac{A}{A+B},\ 0\leqslant GI\leqslant 1$$

基尼系数越大，企业的规模差异越大。基尼系数为 0，表明洛伦兹曲线与均等分布线重合，即所有企业规模完全相等；基尼系数为 1，表明企业的规模分布越来越不均等。

局限性：洛伦兹曲线和基尼系数是对特定市场中企业规模分布情况的一种相对度量，而不是绝对度量；基尼系数并不能代表某一特定市场中唯一的一种企业规模分布的状况。

(二) 产品差异化

1. 产品差异化的概念

产品差异化是指某市场中企业提供的产品与其他企业相比较，在产品质量、款式、性能、销售服务、信息提供及消费者偏好等方面存在着明显的差异，从而具有可区别性和不完全替代性。产品差异化会导致市场竞争的不完全性，直接影响企业之间竞争的激烈程度。一方面，市场中规模较大的在位企业可以通过扩大产品差异化程度，增加企业的市场份额，从而提高市场集中度水平；另一方面，市场上规模较小的下位企业通过产品的差异化，切入细分市场，从而降低上位企业的集中度水平。

2. 产品差异化的形成原因

产品差异化形成的原因主要有：

① 产品的物理性差异，产品的主要功能基本相同，但是款式、包装、性能等不同；

② 买方的主观差异，如消费者的习惯、偏好等不同；

③ 服务差异，如购买体验，送货上门，负责安装、维修和技术服务等不同；

④ 地理位置差异，则购买的便利性不同。

3. 产品差异化的度量

企业通常会通过增强研发力度来改变和优化产品设计、结构、功能、外观、包装等形成产品差异化，也会通过有针对性的广告宣传使消费者对特定品牌的产品形成偏好差异。因此，在产业组织研究中，主要是通过广告费用的有关指标来分析产品差异化程度。日本著名的产业组织学者植草益用广告强度和广告费用的绝对额来衡量产品差异化程度。其公式为：

$$d=\frac{\mathrm{AD}}{\mathrm{SL}}$$

式中，d 表示广告强度，AD 表示广告费用绝对额，SL 表示商品销售额。产品差异化程度的分类见表 4－3。

表 4－3　产品差异化的度量

差异化程度	极高产品差异化	高度产品差异化	中度产品差异化
d	$3.5\%\leqslant d$	$1\%\leqslant d<3.5\%$	$d<1\%$

4. 产品差异化的影响和后果

产品差异化与市场集中度存在着双向的相互影响；产品差异化是形成市场进入壁垒的重要因素之一；产品差异化将影响企业的价格形成；产品差异化给企业间的价格协调带来了困难；产品差异化的存在使得非价格竞争更为激烈；产品差异化导致的价格差别使企业间利润率产生差别，从而影响产业的利润率分布。

（三）进入与退出壁垒

1. 进入壁垒

进入壁垒是指准备进入或正在进入的新企业与产业内已有企业竞争过程中，遇到的障碍或不利因素。可以说，进入壁垒的高低是影响该行业市场垄断和竞争关系的一个重要因素，同时也是对市场结构的直接反映。

经济学中一般把进入壁垒分为三类：

① 结构型进入壁垒，产生于欲进入的产业本身的基本特征，即进入某一特定产业时所遇到的经济障碍以及克服这些障碍所导致成本的提高；

② 策略型进入壁垒，产生于在位厂商的行为，特别是在位者可以采取行动提高结构性进入壁垒，或者扬言一旦进入就采取报复行动；

③ 制度型壁垒，指政府将某些产品的生产经营只对少数特定厂商授予特许权而不允许其他厂商进入，或者由于发明创造获得的专利权保护，以及其他政府管制措施等。

形成进入壁垒的因素主要有：

(1) 规模经济。企业在取得一定市场份额前，不能以最低成本生产。单位产品成本最低时的最小最佳规模（单位生产成本最低时的最小产量）占市场规模（产业需求量）比重很大的产业，往往集中度很高，也是垄断程度较高的产业。新企业的进入不仅需要大量的投资和较高的起始规模，而且难于站稳脚跟。

(2) 必要的资本。必要的资本是指企业进入某一产业时最低限度的资本数量。必要资本量越大，筹措越困难，壁垒就越高。

(3) 绝对费用。既存企业一般都已占有一些稀缺的要素和资源，购买这些要素和资源所付费用是很大的，这就是绝对费用。相对于新企业，既存企业在绝对费用和资源占有方面有很大的优势，包括对资源的占有、技术、销售渠道和市场的垄断，以及对本行业的专家和技术工人的拥有等各个方面，因而生产、经营和研究开发的成本相对比较低。

(4) 产品差异化。产品差异化对企业产品的销路和市场占有率有很大的影响，当由产品差别(设计、广告等)形成的成本对新厂商更高时，产品差异化才成为进入壁垒。消费者对差异化产品的心理上的认同感颇深。对于原有企业来说，他们在广告宣传上只保持原有的力度或稍加改变即可，无需花费巨额的支出。但对于新企业，万事需从头做起，在解决了设计和制造方面的难点之后，还要想方设法使公众相信新企业的产品与众不同，这无疑要比原有企业花费更多的广告和设计费用。例如在汽车和家用电器行业里，原有企业建立了区域性或全国性的推销网和服务网，新企业要建立与之相匹敌的系统不是一朝一夕能做到的。因此原有企业的产品差别程度便成为一道进入壁垒。

(5) 法律规制。所谓法律、行政进入壁垒是指为了保证资源有效配置，采取立法的形式指导和干预企业进入，调整企业关系的公共政策。从现象上看，无论行政性壁垒还是法规性壁垒都要使用一定的强制手段，这是它们的共同之处。在某些行业内存在的实业许可制、认可制，使得其他企业进入的可能性变得很小。例如煤、电、水等行业的垄断性经营就属于此类，而关税、非关税壁垒这些由国家制度形成的贸易障碍是难以用降低成本或增加广告等促销费用的办法来克服的。

(6) 战略阻止。原有企业为了巩固自己在市场上的地位，采取各种对策以阻止和威慑新企业的进入。在卖方高度集中的寡头垄断产业中，原有企业互相协调，把利润率限制到自己产业中相当于进入壁垒高度的程度，采取有效的阻止进入政策，并相应地采取一些阻止进入的行动，如一次性降低价格，重新获得或强化绝对费用壁垒中原有企业的优势。

2. 退出壁垒

退出壁垒是指某个(或某些)企业停止作为卖方而从某个行业撤退的行为，退出方式为转产或宣布破产。退出壁垒是指现有企业在市场前景不好、企业业绩不佳时意欲退出该产业(市场)，资源不能顺利转移出去所遇到的各种阻挠或者不利因素。退出壁垒有两种，即破产时的退出(被动或强制)和向其他产业转移(主动或自觉)时的退出。

形成退出壁垒的因素主要有：

(1) 由埋没费用形成的退出壁垒。企业投资后形成的固定资产，由于特定产品的生产和销售而变得特殊化，形成专用性资产。在很多情况下不容易将专用性很强的固定资产转卖给他人或其他企业。当企业退出某一产业时，不得不放弃一部分设备，这些设备的价值就不能全部收回或完全不能收回。这部分不能收回的费用称为埋没费用或沉没成本，它是企业退出产业时的一种损失，也就构成了企业退出时的障碍。埋没费用越大，退出越难，损失也越大。

(2) 解雇费用形成的退出壁垒。在大多数情况下，企业退出某一产业时要给解雇工人支付退职金和解雇工资。有时为了让工人改行，还需要支付培训费用和行政费用。这些费用是企业退出某一产业时需要付出的代价，也构成了退出壁垒。

（3）固定成本形成的退出壁垒。其主要包括：如果企业准备退出，撕毁原本订立的购买原材料及推销产品的长期合同会被罚款，企业必须支付违约成本；企业的退出会影响职工的情绪，生产能力下降，财务状况容易恶化；退出表明企业没有发展前景，增加了企业转移出去后的融资困难，使企业的信用等级降低，提高了融资成本，等等。

（4）结合生产形成的退出壁垒。结合生产在许多产业中存在，例如，在石油精炼产业中，从汽油到轻油、煤油、重油等多种油品都使用石油作为原料进行结合生产。现在即使重油的市场需求显著下降，但降低重油的产量却有限度。这样，在结合生产的产业，即使一部分市场需求下降，但作为结合生产结果的一部分要单独退出是相当困难的。

（5）政策、法规形成的退出壁垒。政府为了一定的目的，往往通过制定政策和法规来限制生产某些产品的企业从产业内退出。例如在电力、邮电、煤气等提供公共产品的产业中，各国政府都制定相应的政策和法规来限制企业的退出。

第二节 市场行为

市场行为即某市场中的企业为了实现其利润最大化或者更高的市场占有率等目标而采取的适应市场环境要求不断调整战略和策略的行为。市场环境主要是指企业所在产业的市场结构，企业的策略行为因所处市场结构的不同而调整，同时，企业行为也反作用于市场结构。企业的策略行为主要包括定价行为、广告行为、并购行为和创新行为等。

一、定价行为

价格是企业最基本的竞争手段，其他竞争手段如并购、技术、广告等都是价格竞争策略的延伸，一般不能脱离价格而单独存在。价格的高低直接影响着企业的产品竞争力、市场占有率、产量，进而决定着企业的利润。因此定价行为是企业市场行为中最重要的策略。企业的定价行为，又称企业的价格策略。在不完全竞争条件下，企业或多或少具有一定的市场势力，也就是具有一定的价格决定权。产业组织主要是从企业定价的基本理论出发，借助于定价模型讨论不完全竞争市场企业的短期价格行为和长期价格行为。

由于只有在不完全竞争市场中，企业对价格才有一定的控制力，因此企业定价行为着重讨论不完全竞争市场下的企业价格行为。

（一）几种经典寡头模型

1. 古诺模型

1838年，法国经济学家古诺提出了一个只有两个寡头厂商的简单模型，该模型也被称为“双头模型”。当然古诺模型的结论也可以很容易地推广到三个或者三个以上的寡头厂商中。

古诺模型的前提假设：

① 市场中只有两家企业；

② 两家企业生产的产品是同质的；

③ 产品的平均成本一样；

④ 两家企业独自进行产量决策。

两家企业都在已知对方产量的情况下，各自确定能够给自己带来最大利润的产量。即每一个厂商都是消极地以自己的产量去适应对方已确定的产量，最终会得到古诺均衡的产量。即市场的均衡产量为 2/3 的市场总额，每家企业各占 1/3。推广到 n 家企业，市场的均衡产量为$\frac{n}{n+1}$的市场总额，每家企业各占$\frac{1}{n+1}$的市场总额。

古诺模型的数学推导——假设市场反需求函数为：

$$P=a-b(Q_1+Q_2)$$

那么厂商 1 的利润函数为：

$$R_1=[a-b(Q_1+Q_2)]Q_1-cQ_1$$

厂商 1 利润最大化满足的一阶条件为：

$$\frac{\partial R_1}{\partial Q_1}=a-2bQ_1-bQ_2-c=0$$

从而得到厂商 1 的反应函数：

$$Q_1=\frac{a-c-bQ_2}{2b} \tag{1}$$

同理可以得到厂商 2 的反应函数：

$$Q_2=\frac{a-c-bQ_1}{2b} \tag{2}$$

联立式(1)和式(2)，得到：

$$Q_1^*=Q_2^*=\frac{a-c}{3b}\text{（古诺模型均衡产量）}$$

整个行业总供给量：

$$Q=Q_1+Q_2=\frac{2(a-c)}{3b}$$

市场价格：

$$P=\frac{a+2c}{3}$$

2. 伯特兰德模型

伯特兰德模型是由法国经济学家约瑟夫 · 伯特兰德在 1883 年建立的，属于博弈分析中的静态博弈分析。静态博弈分析是指在寡头垄断市场上，各参与人只竞争一次，同时做出决策且各参与人可能有的策略和相应得益都完全了解的竞争模式。古诺模型和下面提到的斯塔克尔伯格模型都是把厂商的产量作为竞争手段，是一种产量竞争模型，而伯特兰德模型是价格竞争模型。

伯特兰德模型的前提假设：① 各寡头厂商通过选择价格进行竞争；② 各寡头厂商生产的产品是同质的，即产品是完全替代品；③ 各寡头厂商之间不存在正式或者非正式的串谋行为。

伯特兰德模型的推导：市场上存在生产同质商品的两个厂商 A 和 B，由于两个厂商生产的产品是完全替代品，因此理性的消费者会选择消费价格较低厂商的产品。若两家厂商价格相等，那么两个厂商平分市场需求。否则，对价格较高者需求为零。

$$Q_i(P_i,P_j)=\begin{cases}Q(P_i), & P_i<P_j\\ \frac{1}{2}Q(P_i), & P_i=P_j\\ 0, & P_i>P_j\end{cases}$$

因此，两家厂商会相互削价以争取更多的消费者，直到价格降到成本 C 时，达到均衡，此时两家厂商都不会轻易改变价格，即达到伯特兰德均衡。

此时，厂商的行为如同在完全竞争市场结构中一样，价格等于边际成本，即 $P=MC$。伯特兰德模型之所以会得出这样的结论，与它的前提假定有关。从模型的假定看至少存在以下两方面的问题：① 假定企业没有生产能力的限制，如果企业的生产能力是有限的，它就无法供应整个市场，价格也不会降到边际成本的水平上；② 假定企业生产的产品是完全替代品，如果企业生产的产品不完全相同，就可以避免直接的价格竞争。

伯特兰德模型的评价：伯特兰德模型假设价格为策略性变量因而更为现实，但是它所推导出的结果却过于极端，由于与现实不甚相符而遭到了很多学者的批评。因此，学者们在研究市场中企业的竞争行为时，更多的是采用古诺模型，即用产量作为企业竞争的决策变量。

3. 斯塔克尔伯格模型

斯塔克尔伯格模型由德国经济学家斯塔克尔伯格在 20 世纪 30 年代提出。在古诺模型和伯特兰德模型里，竞争厂商在市场上的地位是平等的，因而它们的行为是相似的。而且，它们的决策是同时的。当企业甲在做决策时，它并不知道企业乙的决策。但事实上，在有些市场，竞争厂商之间的地位并不是对称的，市场地位的不对称引起了决策次序的不对称。通常，小企业先观察到大企业的行为，再决定自己的对策。德国经济学家斯塔克尔伯格建立的模型就反映了这种不对称的竞争。

斯塔克尔伯格模型的前提假设：主导企业知道跟随企业一定会对它的产量做出反应，因而当它在确定产量时，把跟随企业反应也考虑进去了。因此这个模型也被称为“主导企业模型”。

假设厂商 1 先决定它的产量，然后厂商 2 知道厂商 1 的产量后再做出它的产量决策。因此，在确定自己的产量时，厂商 1 必须考虑厂商 2 将如何做出反应，其他假设与古诺模型相同。

斯塔克尔伯格模型是一个价格领导模型，厂商之间存在着行动次序的区别。产量的决定依据以下次序：领导性厂商决定一个产量，然后跟随厂商可以观察到这个产量，然后根据领导性厂商的产量来决定他自己的产量。需要注意的是，领导性厂商在决定自己的产量的时候，充分了解跟随厂商会如何行动——这意味着领导性厂商可以知道跟随厂商的反应函数。因此，领导性厂商自然会预期到自己决定的产量对跟随厂商的影响。正是在考虑到这种影响的情况下，领导性厂商所决定的产量将是一个以跟随厂商的反应函数为约束的利润最大化产量。在斯塔克尔伯格模型中，领导性厂商的决策不再需要自己的反应函数。

斯塔克尔伯格模型的案例：

某寡头市场有两个厂商，他们生产相同的产品，其中，厂商 1 为领导者，其成本函数为 $TC_1=1.2Q_1^2+6$；厂商 2 为追随者，其成本函数为 $TC_2=1.5Q_2^2+8$。该市场的需求函数为

$Q=100-0.5P$。领导型厂商1首先决定产品的市场价格，然后追随型厂商2接受该价格。

对于追随型厂商2来说，他这是接受厂商1所规定的产品价格P，所以厂商2的利润最大化原则为$MC_2=P$，由此可得$3Q_2=P$，得到厂商2的供给函数为$S_2=\frac{P}{3}$。

对于领导型厂商1来说，由于在任何一个给定市场价格水平上的厂商1所面临的市场需求量都等于市场总需求量减去厂商2所提供的产量，所以厂商1的需求函数为$D_1=D-S_2=100-\frac{5}{6}P$。得到厂商1的反需求函数为$P=120-\frac{6}{5}Q_1$，厂商1的边际收益函数为$MR_1=120-\frac{12}{5}Q_1$。

根据领导型厂商1实现利润最大化原则，有$MR_1=MC_1$，即$MR_1=120-\frac{12}{5}Q_1=2.4Q_1$，由此得领导型厂商1的最优产量为$Q_1=25$，产品的市场价格为$P=90$，厂商2的最优产量为$Q_2=30$。

（二）掠夺性定价

掠夺性定价（Predatory Pricing），又称"驱除对手定价"，是指某在位企业为将竞争对手挤出市场或吓退意欲进入该市场的潜在对手，而采取的降低价格（甚至低于成本）的价格行为，待竞争对手退出市场后再提价。

这里需要特别说明的是：衡量掠夺性定价的成本，不是平均成本，而是平均可变成本。一般意义上讲，只有当一个企业把价格定在自己的平均可变成本之下，并且有明显的排挤竞争对手的动机时，才能断定其实施掠夺性定价。

掠夺性定价行为的主要特征：

（1）发起企业只是暂时性的短期亏损。发起企业会将价格降到成本以下，虽然达到了驱除竞争对手的目的，但自身也要面临亏损，所以将竞争对手挤出市场之后，发起企业往往会把价格恢复到可以获得经济利润的水平之上。

（2）发起企业暂时性降价旨在缩减供应量，而非扩大需求量。因为只有在有效控制供给量的前提下，发起企业才能控制价格，在挤出竞争对手之后提高价格。

（3）通常情况下，发起企业都是市场上实力雄厚的大企业。一是大企业才有雄厚的经济实力忍受暂时的亏损；二是大企业发出的掠夺性定价威胁信号可信程度更高。

如果两个竞争企业是实力相当的，即它们具有完全相同的成本曲线，则其中实施掠夺性定价的发起企业将比对方付出更大的代价。因此，掠夺性定价策略的成功，依赖发起企业必须具备比竞争对手更明显的竞争优势，如规模优势、成本优势、技术优势和品牌优势等。对于现实经济而言，掠夺性定价并不经常发生，大企业可能更愿意通过兼并来消灭竞争对手，因为兼并能使企业避免短期甚至更长时间降低价格带来的亏损，同时更有利于提高企业综合实力。

（三）限制性定价

限制性定价指的是市场中的在位企业为了确保它的市场份额和市场力量，通过制定低于诱发进入的价格来防范潜在进入者的进入。这一价格水平使得在位企业能获得经济利润，但不至于诱发新企业进入。这一价格水平使得潜在进入者意识到一旦进入市场，预期回报与进入成本以及遭到报复所付出的代价正好相抵，无利可图，从而放弃进入。限制性定价是遏制潜在进入者进入的一种非常重要和常见的方法。

最早的限制性定价模型由贝恩和索罗斯·拉比尼建立，早期的静态限制性定价模型是基于索罗斯·拉比尼假定的，其模型假设行业中有一家主导性的在位厂商和一个边缘性的潜在进入者，认为潜在的进入者相信进入发生后在位企业不会改变它的产量。因此，潜在进入者相信，它进入后行业的总产量是它的产量与在位企业现行产量之和，超过需求的产量将导致价格下降。在基于这种假定的早期模型中，在位企业为了达到遏制进入的目的，会调整它的产量水平及相应的价格水平，从而消除导致潜在进入者进入的诱因。

（四）价格歧视

价格歧视又称为价格差别，它是指企业向不同的消费者，以不同的价格出售完全相同的产品。价格歧视是一种非常普遍的市场行为，也是一种非常重要的垄断定价行为。它不仅可以帮助垄断企业通过差别价格，把尽可能多的消费者剩余转化成生产者剩余，从而获取超额利润，而且会使条件相同的若干买主处于不公平的地位，妨碍了它们之间的正当竞争，具有限制竞争的危害。因而，世界各国的反垄断法规基本上都对它做出了限制。

价格歧视要获得有效的实施，必须满足以下三个条件：第一，企业必须具有一定的市场控制力，否则，它就不能夺取高于竞争性价格的价格；第二，企业必须具有区分消费者的能力，即必须能够了解或推断消费者的支付意愿，并对不同的消费者索取不同的价格；第三，企业必须能够阻止或限制低价购买再高价出售给其他消费者的转售行为。其中，限制转售是所有价格歧视成立的必要条件。

根据价格差别的程度，可把价格歧视分为一级价格歧视、二级价格歧视、三级价格歧视等类型。

（1）一级价格歧视，也称为完全价格歧视。它是指对每一单位产品都制定不同的价格，即假定垄断者知道每一个消费者对任何数量的产品所愿意支付的最大货币量，并以此决定其价格，所确定的价格正好等于对产品的需求价格，因而在一级价格歧视中，垄断者获得了每个消费者的全部消费剩余。

一级价格歧视的均衡条件是：$P=\mathrm{MC}$。当消费者为每一单位产品所愿意支付的最高价格大于MC(边际成本)时，企业增加产量就可以增加利润：因为企业为垄断企业，消费者愿意支付的最高价格(即为企业所定的价格)为企业的边际收益，当$\mathrm{MR}>\mathrm{MC}$，企业当然会增加产量，直到$\mathrm{MR}=\mathrm{MC}$为止。消费者剩余全部转化为垄断利润，此时均衡价格和均衡数量完全等同于完全竞争市场上的情况。一级价格歧视下的资源配置是有效率的。尽管此时垄断企业剥夺了全部的消费者剩余。

（2）二级价格歧视，也称为非线性定价。此时垄断企业实行价格歧视的依据不是对不同的消费者收取不同的价格，而是根据消费者的需求曲线，把这种需求曲线分为不同段，根据不同购买量，确定不同价格，垄断者获得一部分而不是全部买主的消费剩余。二级价格歧视是现实生活中常见的价格歧视，公共事业部门普遍采用这种形式的价格歧视，如电力公司实行的分段定价等。二级价格歧视主要适用于那些容易度量和记录的劳务，如煤气、电力、水、电话通信等的出售。其中，数量折扣是最常见的二级价格歧视。许多企业对购买量大的顾客提供低价格。数量折扣通常是一种成功的价格歧视方法，因为随着顾客购买量的增加，对增加一单位购买量的支付意愿减少了。二级价格歧视流行的原因是卖方往往没有单个消费者的支付意愿水平的精确信息。

二级价格歧视实质是按购买量划分市场，它只要求对不同的消费数量段规定不同的价格。实行二级价格歧视的垄断企业利润会增加，部分消费者剩余被垄断者占有。垄断者有可能达到“$P=MC$”的有效率的资源配置的产量。

(3) 三级价格歧视。它是指垄断企业对同一种产品在不同市场上（或对不同的消费者群体）收取不同的价格来实现利润最大化的一种定价行为。在三级价格歧视中，消费者被划分为若干不同的群体，一个垄断者在不止一个市场上销售商品并且这种商品不能从一个市场转移到另一个市场上再销售，因此企业可以在不同市场上制定不同的价格。

在三级价格歧视下，某群体的需求价格弹性越高，企业对其的索价就会越低，价格就越趋向边际成本，即企业向价格敏感的群体要收取一个较低的价格或给予较大的价格折扣，而向需求价格弹性低的群体收取较高的价格。这是日常生活中很常见的一种定价形式。

迄今为止，产业经济学还没有发展出一种比较好的方法来分析三级价格歧视的福利效果。但是我们知道，在三级价格歧视下，价格高于边际成本，因此其效率不如完全竞争和一级价格歧视。同时在三级价格歧视下，消费者的付出要比竞争情况下多，因而可能不利于社会的公正分配。但是另一方面，三级价格歧视下的效率既可能优于非歧视的垄断定价，也可能比它还要差。这主要取决于成本曲线和需求曲线的形态。

二、广告行为

（一）广告与信息披露

广告行为是企业在市场上经常采用的一种主要的非价格竞争的方式。产业组织理论重点探讨广告对市场结构与市场绩效的影响。

对于企业而言，广告最直接的作用就是信息披露，当然也可以通过广告为企业本身、企业的产品和品牌创造良好的公众形象。

广告的信息内容取决于消费者能否在购买之前确定产品的质量。商品在产业组织理论中有“先验品”与“后验品”之分。先验品就是消费者能够通过检查，在购买之前确定产品质量，我们就说这种商品具有“搜寻性品质”，因此先验品也被称为“搜寻商品”，例如家具、服装等可通过视觉或触觉检查而确定的商品。后验品就是消费者必须在消费产品之后，才能确定它的质量，这种商品具有“经验性品质”，因此也被称为“经验商品”，例如加工食品、软件设计和心理治疗等。

对于不同种类的产品，企业会采取不同的广告策略。一般而言，先验品商品的广告应提供有关产品性质的直接信息，比如商品实物图像和相关的文字描述，并且不能包含虚假信息，因为消费者很容易鉴别；对后验品商品而言，企业广告往往不向消费者介绍产品本身，而是通过反复强调企业名称和品牌名称加深消费者的印象，以提高企业和品牌的知名度。

（二）广告与市场结构

企业通过广告告知本企业产品在质量、性能、服务等方面与众不同，因此广告本身也可以被看成是产品差异的一个组成部分，所以企业的广告行为对市场结构会产生一定的影响，主要表现在以下两个方面：

1. 广告与产品差别

广告是企业向消费者传递产品差异信息最重要的手段。因此企业通过广告中的有效诉求，让消费者深刻认识到其产品与众不同的特点，从而与竞争对手的产品区别开来。即使企业提供的产品与竞争对手的产品相比没有显著的差别，它也可以通过做一个创意独到的广告在众多产品中脱颖而出，为消费者所认知。

2. 广告与进入壁垒

市场中的在位企业通过大量的广告投入影响消费者的主观偏好，建立本企业及其产品品牌的知名度。为了克服原有企业所建立的商誉，潜在的进入者必须承担大量的广告投入成本，这无疑将使新进入企业在竞争中处于成本劣势，所以说市场中的在位企业通过广告形成了一定程度的进入壁垒。当然，这种进入壁垒作用的大小取决于广告效果持续的时间。

基于上述分析，企业的广告行为将在一定程度上导致市场集中度的提高。当所有竞争性企业都从事广告活动时，它们的市场份额将随着广告活动的效果而变化。一方面，成功的广告吸引更多消费者，进而提高企业的市场份额；另一方面，在位企业通过大量的广告形成一定的进入壁垒，使得潜在的进入者“望而却步”。因此，广告作用最终会不断提高市场的集中度。大量的实证研究也表明，广告活动是竞争企业市场份额差距扩大的重要原因。

3. 广告与产品市场

针对不同的产品市场，广告对其影响也各不相同。著名的美国产业组织学者凯维斯把产品市场分为耐用消费品、非耐用消费平和工业品，分别对这三种行业市场上企业的广告行为进行了长期研究。

耐用消费品市场上，产品的差异程度主要取决于产品的性能、质量以及销售服务水平，所以广告活动对消费者购买决策的影响程度相对较小。因此，该类型的企业广告费用占总销售费用的比重就相对较小。非耐用消费品市场上，广告对消费者形成的主观偏好影响很大，有利于形成产品差异。因此，该类型的企业往往试图通过大量广告来影响消费者的购买决策。工业品市场上，产品一般比较标准化(差异性小)，或者完全根据客户的需要定制(目标客户)，而且产品的购买者一般都富有经验和鉴别能力，所以，企业投入的广告费用较少。

4. 广告与产品生命周期

产品生命周期是指产品从进入市场到最后被淘汰退出市场的全过程，典型的产品生命周期包括四个阶段：导入期、成长期、成熟期和衰退期。周期长短主要取决定于产品上市后市场需求变化与新老产品的更新换代速度。处于生命周期不同阶段的产品，其市场需求量、市场竞争状况、消费者心理、市场营销策略等都有不同的特点，因此，各阶段的广告策略也应针对不同阶段的特点有所不同。

(1) 产品导入期。产品导入期是新产品正式投放市场销售缓慢增长的时期，消费者对新产品较陌生，由于消费者接受新产品往往需要经历缓慢的试用过程，建立对产品的信任需要一段时间。所以此阶段企业要投入巨额资金对这种全新的产品概念进行宣传，以培育产品市场认知度及提升产品知名度。

(2) 产品成长期。产品成长期是产品销售快速增长和利润大量上升的时期，产品逐渐或迅速被消费者了解并接受，大多数消费者开始追随，产品销售量快速增长，新的竞争者进入市场，市场竞争开始激烈。在此阶段要采取说服性、竞争性广告策略，突出品牌，以品牌广告为主，并巩固产品概念。

(3) 产品成熟期。产品成熟期是产品销售增长减慢，为对抗竞争、维持产品地位，营销费用日益增加，利润下降的时期。此阶段应采取维持性、提醒性及竞争性广告策略，广告宣传重点放在品牌和企业形象的宣传上，培养品牌忠诚者，吸引更多消费者重复购买该产品。

(4) 产品衰退期。产品衰退期是产品销售额下降趋势逐渐增强，利润不断下降最终趋于零，从而退出市场的时期。这时期广告费用应大幅减少，减少到保持坚定忠诚者需求的水平即可。通过低廉的价格、促销活动、良好的售后服务、品牌效应、企业信誉等吸引产品后期购买者。

三、并购行为

(一) 并购的含义

企业并购是现代市场经济中实施资产重组和优化资源配置的有效手段，有助于实现企业规模的迅速扩张，推动产业结构的不断升级。产业经济学理论研究企业并购行为主要包括并购的动因与效应，主要从产业组织角度讨论了横向并购、纵向并购和混合并购三种不同的并购形式。

企业并购是指在市场机制作用下，企业为获得其他企业的控制权而进行的产权交易活动。通常，我们把主兼并或主收购公司称为兼并公司、收购公司、进攻公司、出价公司、标购公司或接管公司等，把被兼并或被收购的公司称为被兼并公司、被收购公司、目标公司、标的公司、被标购公司、被出价公司或被接管公司等。

(二) 并购的分类

在产业组织理论研究中，一般按照被并购双方的产业特征将并购分为横向并购、纵向并购和混合并购。

横向并购又称水平并购，是企业扩张的一种基本形式，指并购双方处于同一行业的并购活动，换言之，横向并购是一种竞争者之间的并购。并购企业与目标企业生产相同的产品或提供相同的服务，并且在其他生产经营、销售环节具有相似性或互补性。企业间通过实施横向并购，能够充分利用并购后企业的规模经济效应来扩大市场竞争力。

纵向并购也称垂直并购，是指处于生产同一(或相似)产品不同生产阶段的企业之间的并购。企业间通过实施纵向并购可以在获得被并购企业的同时得到所需资源，也可以通过纵向并购达到进入某一行业的目的，完成企业的产业扩张。从纵向并购方向来看，有前向并购(前向一体化)和后向并购(后向一体化)之分，前者指生产原材料的企业通过并购进而向经营第二次加工阶段的业务扩展，或者一般制造企业通过并购向经营流通领域等业务扩展；后者指装配或制造企业通过并购向零件或者原材料生产等业务扩展。

混合并购是指既非竞争对手又非现实中或潜在的客户或供应商的企业之间的并购。混合并购有三种形态：在相关产品市场上企业间的产品扩张型并购；对尚未渗透的地区生产同类产品的企业进行市场扩张型并购；生产和经营彼此间毫无相关产品或服务的企业间的纯粹的混合并购。企业进行混合并购的目的主要是为了追求组合效应，降低经营风险。

（三）并购的动机

（1）规模经济效应。规模经济效应是指产品的单位成本随着生产规模的扩大而逐渐降低的现象，可以分为工厂规模经济和企业规模经济两种形式。工厂规模经济主要是在生产同种产品和一定技术装备水平下，伴随着生产能力的扩大而形成的生产成本降低或收益递增。企业规模经济不仅表现在生产上，还表现在由经营规模扩大而带来成本的节约，这种规模经济也称为多厂企业规模经济。获得规模经济的前提条件是该行业中的确存在规模经济且兼并之前的运营规模在规模经济之下。

（2）管理协同效应。所谓管理协同效应就是指当两个管理能力具有差别的企业发生兼并之后，合并企业将受到具有强管理能力企业的影响，表现出大于两个单独企业管理能力总和的现象，其本质是一种合理配置管理资源的效应。特别是一个企业拥有高效率的管理团队，其管理能力又超过管理原企业的需要，那么兼并管理低效的企业，将能提高整个经济的运行效率。

（3）市场势力效应。持有这种动机的企业是想通过横向兼并减少竞争对手来增强对企业经营环境的控制，提高市场支配力，使企业获得某种形式的垄断或寡占以及由此带来的垄断或寡占利润。横向兼并对市场势力的影响主要是通过市场集中度实现的，通过市场集中达到扩大市场势力和操纵市场的目的。其具体途径有：① 通过横向兼并减少竞争对手，形成市场支配力，不仅能有效地降低行业竞争程度，而且可能凭借取得的优势市场地位，不顾其他中小企业而滥用市场势力，提高市场价格，限制产量。② 通过横向兼并将引起市场集中，导致企业间容易形成共谋，可能是非公开的。③ 实现跨地区垄断。一个企业在某一地区经营状况良好，不断积累资本，必然要进一步扩大经营范围，而本地区受市场规模的限制，难以达到扩大经营的目的，于是，把势力打进其他地区同类产业，占据另一地区市场，以达到加强垄断的目的。

（4）交易费用理论。从交易费用的角度理解纵向一体化问题，市场和企业是用以完成一系列相关交易的可供替代选择的工具。有时候经过市场签署和履行复杂契约的费用比较高，当契约的签订、实施以及强制执行的成本非常高昂时，且考虑到不完备的契约是有风险的，企业可能决定避开市场直接兼并收购相关企业，原本可能在市场中进行的交易就会在内部来进行。因为有时内部的激励和控制机制与在市场交换中可以获得的手段相比成本更低更便捷，机会主义认为这种内部的连续性的供给关系，比通过市场进行谈判时更容易些。由此可见，纵向一体化(即把交易由市场转向内部组织)在解决有限理性和机会主义问题方面是有其优势的，当市场作用在企业之间的交换过程中失效时，纵向一体化方式应当首先被考虑到。

（5）降低风险。降低经营风险的观点经常被用来解释混合并购的动因。当企业通过混合并购把经营领域拓展到原经营领域相关性较小的行业，就意味着整个企业在若干不同的领域内经营，这样，当其中的某个领域或行业经营失败时，可以通过其他领域内的成功经营而得到补偿，从而使整个企业的收益率得到保证。

（四）并购行为与市场结构

并购具有潜在的反竞争效果，但是并购可以优化企业资源配置效率、增强规模经济效应、降低交易费用，也会导致整个社会福利的增加。根据欧美反垄断实践来看，并不是所有并购都会遭到限制，尤其自 20 世纪 80 年代以来，横向并购似乎更容易遭到反垄断当局的限制。横向并购的目的是为了迅速扩大生产经营规模，提高规模效益和市场占有率。规模效益主要来源于要素的不可分性，包括固定资产和生产工艺流程的不可分性，以及管理资源的专用性。横向并购的结果是，迅速实现规模经济和提高行业市场集中度。通过市场集中，企业的市场势力得以扩大。可以看出，当市场上的竞争者数目过少，造成市场集中度过高时，行业内成员更容易形成共谋以获得垄断利润，进而威胁到市场的有效竞争。由于横向并购对竞争存在着潜在的负作用，因而一直是反垄断法的管制重点。企业并购行为对市场结构的影响主要表现在以下两个方面：

一是市场支配力量的加强和垄断的出现。大企业之间的横向兼并很可能使兼并后的企业获得更强大的市场支配力量。这种市场力量便于企业提高产品价格，采取行动阻碍新企业进入或者驱逐竞争对手，从而最终形成垄断势力，同时在原材料供给方面大企业又会形成买方垄断。

二是进入壁垒的形成。纵向兼并导致市场上产品的生产过程高度一体化，这样试图进入该市场的新企业要想同在位企业竞争的难度更大，提高了新企业进入市场的资金投入和经营风险，实质上就是一种阻止其进入的壁垒。

四、创新行为

（一）创新的含义

由创新引起的技术进步已成为经济增长、社会发展的重要源泉。研发与创新可以改变企业的市场经营条件，使企业拥有一定的市场控制力，进而获得超额利润。美籍奥地利经济学家熊彼特在其著作《经济发展理论》中把创新界定为一种新的生产函数的建立，是企业家对生产要素的“新组合”。这种新组合包括：① 引进新产品或提供一种产品的新质量；② 采用新技术和新生产方法；③ 开辟新市场；④ 获得原材料的新来源；⑤ 实现企业组织的新形式。随着经济社会的不断发展与技术的不断变革，创新的内涵在进一步拓展，创新的经济学含义也在进一步深化，形成了技术创新理论、制度创新理论和知识创新理论。

产业经济学中的创新一般是指技术创新，即市场主体（主要是企业）以实现长期利润最大化为目标，应用新知识和技术发明开发出新产品或新工艺，并成功实现首次商业化应用，以改善企业在产品市场上的供给和需求条件的活动。创新不同于发明，更不同于模仿，创新强调首次，是把一种生产要素的新组合首次引入生产过程，是发明的首次商业化应用，是从新产品、新工艺的构想、研究、开发到首次商业化的全过程。

（二）创新的分类

按照创新的形态不同，创新可以分为产品创新与过程创新。产品创新，指在市场中首次引入新产品，或对现有产品的十分显著的改进，而产品的生产工艺没有发生变化。产品创新通过创造新的市场使企业获得垄断力量，或通过产品差异化影响市场的需求。过程创新，指引进新的生产方法或对现有生产方法的改进，从而使企业生产原有产品的成本明显下降。过程创新使创新企业获得了成本优势，改善了产品的市场供给条件，使创新企业在市场竞争中处于有利的地位。

按照创新的程度不同，创新可以分为突变创新与渐进创新。突变创新指创新使企业的生产成本发生了大幅度降低，创新者在新的成本水平下的利润最大化价格为市场垄断价格，也即创新者成为一个完全垄断者，它所制定的垄断价格低于竞争对手的边际或平均成本。渐进创新指企业通过创新所获得的成本优势不足以使其完全垄断市场，在新成本下的完全垄断价格高于竞争对手的边际或平均成本。

（三）创新的机理

完全竞争市场中，产品的价格等于平均成本和边际成本，厂商超额利润为零。创新可以使得企业降低成本或者改变价格进而获得超额利润。

其一，创新可以加快工艺的革新，提高企业生产效率，进而降低产品的边际成本，企业以低于其他企业的价格出售产品，进而挤垮对方，提高市场占有率，获得更多利润。

其二，创新可以推动产品的差异化，满足顾客的多层次需求，进而在某个细分市场获得类似垄断的地位，获得超额利润。

其三，创新可以通过专利控制市场。由于工艺创新、产品变革的知识具有"溢出"效应，企业创新的成果很容易被竞争对手模仿，使得研发得不偿失，降低了企业研发的积极性，进而降低了整个社会技术进步的速度。随着知识产权保护制度的完善，专利为厂商获得合法的垄断地位提供了坚实的制度壁垒，因此厂商乐于创新。

（四）企业规模与创新

研发是指为了进行知识创造和知识应用而进行的系统的创造性工作，是人们不断探索、发现和应用新知识的连续过程。研发主要包括三种活动：基础研究、应用研究以及试验性开发。成功的研发与创新不但可以改变企业的市场经营条件，还具有显著的溢出效应，推动整个技术的进步。

熊彼特早年认为，由于创新活动难以预知结果，具有极大的风险性，在完全竞争条件下，没有厂商有足够的利润来承担风险进行支持技术创新，而处于垄断地位的大厂商有超额利润来支撑研发成本，具有承担创新风险的能力，同样由于对超额利润的预期激励着企业创新。因此垄断的市场结构有利于技术创新，这就是所谓的熊彼特假说。熊彼特的追随者加尔布雷斯认为，由少数大企业所组成的现代工业最有利于激励技术创新。因为大型垄断企业所得的利润将是研发与创新经费的主要来源，而这一点将导致这些企业在创新上的卓越地位。1962 年，阿罗提出了与熊彼特和加尔布雷斯不同的观点。他认为，一个完全竞争性的市场结构利于鼓励企业进行研发与创新，从而比垄断市场结构下的企业具有更多的创新活动。

众多学者对于厂商规模与研发活动之间的关系问题一直存在分歧，即大厂商与小厂商相比，哪一个在研发与创新上更有优势。

认为大厂商在研发与创新上更具有优势的原因在于：大厂商有足够的利润来保证研发项目所需的资金投入，且能够承受项目研发不确定性带来的风险；大厂商更容易通过专业化的分工协作从事复杂、高难度的研究项目，并有利于发挥规模经济的优势；大厂商的研发成果可以作用于其生产活动的各个环节，充分实现创新的价值，进而更易提高大厂商研发的积极性。

认为小厂商在研发与创新上更具有优势的原因在于：小厂商能及时适应市场需求，更善于捕捉市场瞬息万变的机会。小厂商由于组织机构简单，因而组织效率高，决策更加有效，创新效率也较高。小厂商面对激烈的市场竞争压力以及对垄断利润的预期，更有动力来进行研发与创新活动。

综上，小厂商的优势主要在于创新动力和效率上，而大厂商的优势主要在于规模经济与研发能力上。

（五）专利、政府激励与创新

研发与创新具有很强的外部性，如果没有知识产权的保护，研发与创新的成果很容易被对手模仿，这样研发投入的大量成本将得不到补偿，降低了厂商研发的积极性。所以，各国基本都有相应的专利制度来保证研发者获得合法的垄断利润，从而激励研发者的积极性，如果垄断厂商首先实现创新，它就维持了它的垄断地位。专利是一项所有权证明，是政府依法向发明者(创新者)授予的，在一定期限内对某项实用新型产品、工艺、物质或设计的独占权利。专利制度的效应可以有效地制约机制，提高了模仿成本，从而鼓励发明信息的披露，提高了发明的速度，实现研发投入的有效配置，但是专利限制了技术扩散，由此专利的期限也不是越长越好。

除了专利制度外，政府还可以采取奖励与补助等措施来激励研发与创新。政府可以设立资金，以奖励那些成功的创新者。如果企业是风险中性的，只要它预期的奖励至少等于企业从事研发的成本，企业就将选择从事研发来赢取奖金。政府还可通过发放补贴降低研发成本来鼓励更多的创新。由于政府通常只有有限信息，很难确定最优的补贴金额和研发合同，所以大部分国家普遍采用专利制度作为创新激励机制。

第三节　市 场 绩 效

市场绩效是指在一定市场结构下，市场各构成要素之间相互作用所达到的某种状态。产业经济学对于市场绩效的研究，一直以贝恩的学说为基础，主要体现在资源配置、技术进步以及产品绩效等方面。具体而言，市场绩效是指在一定市场结构下，企业采取某种市场行为导致某一市场价格、产量、利润以及技术进步等方面所达到的一种状态。

一、市场绩效的评价

产业经济学对市场绩效的评价，主要以经济活动目标为基础，对特定的市场结构和市场行为条件下市场运行的实际效果进行评价。市场绩效评价的主要依据是社会福利水平提高与否。而社会福利目标本身包括了经济活动的效率、社会公平和技术进步等多方面内容，所以对市场绩效的分析应该从多角度进行，评价主要考察资源配置效率、企业内部效率以及技术进步。

（一）资源配置效率

市场经济的主要功能是资源配置，因此资源配置效率的高低是评价市场绩效的最基本指标。在古典经济学中，完全竞争市场能够带来社会福利的最大化(消费者剩余与生产者剩余)，所以完全竞争的市场结构意味着资源的最优配置。这意味着，市场越偏离完全竞争市场，即市场垄断程度越高，资源配置效率越低。

如果市场为一家企业所垄断，垄断企业根据 MR＝MC 的原则确定垄断价格和数量。此时社会总福利(消费者剩余与生产者剩余之和)与完全竞争市场相比损失了资源配置效率。而且，垄断价格越高，社会福利的净损失就越大，资源配置效率也就越低。

(二) 企业内部效率

美国哈佛大学莱本斯坦认为垄断企业内部存在着资源配置的非效率状态，即 X 非效率。X 非效率理论主要涉及三个变量之间的关系：市场环境(ME)、企业组织(EO)和经济效率(EE)，其中经济效率是市场环境和企业组织的函数，即

$$EE = f(ME, EO)$$

在市场环境 ME(即没有市场竞争压力)给定的条件下，经济效率 EE(即 X 非效率的程度)就取决于企业组织 EO(即垄断企业)适应环境的情况。在没有压力的市场环境中，EE 的值一定不是 X 效率，而只能是 X 非效率。X 非效率是指在各个产量水平下，垄断企业产品的平均成本超过了可获得的单位平均成本。导致 X 非效率的具体原因有：

(1) 代理成本的增加。大企业股权一般比较分散，作为所有者的股东，随着企业经营规模越来越大，难以面对复杂的和专业性极强的经营管理工作，由此导致了经营权与所有权的分离，一批具有专业管理知识和才能的职业经理人接受企业所有者的委托，实际掌控企业的日常经营活动。企业所有者与经理人的利益往往是不一致的，比如前者可能更追求企业长期利润，而后者更关心企业短期规模的扩张、市场份额的扩大。由此产生了较高的代理成本，这进一步加重了企业的 X 非效率。

(2) 激励成本的增加。在企业内部，生产经营过程是以团队方式组织的，随着企业规模的扩大，企业经营绩效和每一个员工的实际劳动生产效率关系越来越难以确定，对企业内部员工业绩的考核、激励和监督所花费的成本将越来越高，甚至完全抵消了规模扩大带来的优势。

(3) 管理成本的增加。企业规模越大，企业内部员工以及下属单位越多，企业管理层次越复杂，企业内部交互关系数量也会更快增长，信息在纵向和横向传递过程中发生失真、扭曲的概率也就越大，从而导致决策失误。此外，当企业规模扩张到一定程度，企业中层管理人员用在非生产性活动上的时间和精力进一步增加，从而导致企业管理效率的下降，并且还将大量人力和物质资本耗费在非生产性活动上。

(三) 技术进步

技术进步是经济增长的基本源泉，也是市场绩效评价的主要指标之一。经济学中的技术进步指包括除劳动和资本要素投入以外的能够提高经济发展水平和效率的所有因素。技术进步有狭义与广义之分，狭义的技术进步主要包括新技术的发明、新工艺的改造、新材料的发现与使用等，市场绩效分析中的技术进步是狭义的。广义的技术进步则还包括新的组织与管理制度、规模经济以及教育培训带来的劳动效率的提高等。

二、市场绩效的度量指标

市场绩效是产业组织合理化的基本判别标准，上面介绍了市场绩效大概所涵盖的几个

方面，下面对这几个方面进行度量。随着经济理论的发展，勒纳指数、贝恩指数、托宾 q 值、利润率、技术进步率等几个度量指标逐渐得到主流经济学的认可。但是，由于基础数据的不足与偏差，以及指标本身与经济活动的不完全吻合，在评判市场绩效的时候，需要对这些指标进行综合考量。

（一）勒纳指数

1934 年，经济学家阿巴·勒纳提出了计算垄断势力的方法，即价格减去边际成本再除以价格的加价率，这种方法后来被称为勒纳的“垄断势力度”。勒纳指数是通过价格与边际成本的偏离程度来度量市场绩效的。其计算公式为：

$$L=\frac{(P-\mathrm{MC})}{P}$$

式中，L 表示勒纳指数，P 为价格，MC 为边际成本。

可以看出，勒纳指数的数值在 0～1 之间波动。完全竞争市场中，价格等于边际成本，勒纳指数为 0；垄断市场中，勒纳指数会大一些，但不超过 1。因此勒纳指数越小，则竞争程度越高，垄断程度越低，市场绩效显著；反之，勒纳指数越大，则市场竞争程度越低，垄断性越强，市场绩效越差。

勒纳指数本身反映的是当市场存在支配能力时，价格与边际成本的偏离程度，但是却难以反映企业为了谋取巩固垄断地位而采取的限制性定价和掠夺性定价行为所产生的结果。

（二）贝恩指数

贝恩认为，如果一个市场长期持续获得超额利润，则表明该市场存在垄断势力，且超额利润越高，垄断势力越大。因此，贝恩提出可以通过利润的大小来判定市场垄断势力的大小，进而评价市场绩效。

贝恩把利润分为会计利润和经济利润(超额利润)两种。

会计利润计算公式为：

$$\pi_1=R-C-D$$

式中，π_1 为会计利润，R 是总收益，C 是即期总成本，D 是折旧。

经济利润计算公式为：

$$\pi_2=\pi_1-iv$$

式中，π_2 为经济利润，i 是正常投资收益率，v 是投资总额。

于是贝恩指数公式为：

$$B=\frac{\pi_2}{v}$$

贝恩指数与勒纳指数相比，所要求的基础数据相对比较容易取得，产生系统偏差的可能性就减少了。但是，现实经济生活中，某个市场获得超额利润可能并不一定是垄断因素引起的，还可能是因承担较大风险而获得的风险报酬、技术研发带来的创新利润等因素引起的。这种超额利润一般不会长期持续存在，所以在使用贝恩指数的时候，要注意超额利润是否长期持续存在。

（三）托宾 q 值

托宾 q 值，是美国经济学家詹姆斯·托宾提出的用来度量市场绩效的指标，指一家企业资产的市场价值(通过其已公开发行并售出的股票和债券来衡量)与这家企业资产的重置成本的比率。其计算公式为：

$$q=\frac{R_1+R_2}{Q}$$

式中，q 为托宾指数，R_1 是股票的市值，R_2 是债券的市值，Q 是企业资产的重置成本。

若 $q>1$，即企业的市场价值大于其重置成本，意味着该企业在市场中能获得超额利润，即 q 值越大，该企业在市场中能获得超额利润也就越大，该企业造成的社会福利损失也就越大，则市场绩效也就越低。

相对于勒纳指数与贝恩指数，托宾 q 值的优点是避免了估计收益率或边际成本的困难。但这一指数不如其他方法常用，其理论意义可能要大于实际意义。因为，企业资产的市场价值和企业资产的重置成本都需要精确地衡量，前者数据容易获得，后者取值就要困难得多。

（四）利润率

根据完全竞争市场的假设，市场中的所有厂商长期中只能获得正常利润，超额利润为0。因此，可以通过厂商或者行业能否获得相对稳定的超过市场正常利润的高额利润来判断市场绩效。所以，产业间是否形成了平均利润率是衡量社会资源配置是否达到最优的一个最基本的定量指标。

利润率的一般计算公式是：

$$R=\frac{\pi-t}{E}$$

式中，R 为税后资本收益率(利润率)，π 是税前利润，t 是税收额，E 是自有资本(包括股本或所有者权益)。这里的利润率指标所指的利润是经济利润，要区别于会计利润。

（五）技术进步率

技术进步率即生产效率，也是衡量市场绩效的重要指标。经济学中一般用全要素生产率来度量除劳动以及资本要素外，技术进步率对产出的贡献率，通常用柯布-道格拉斯生产函数作为生产函数的基本形式。

$$Y=AL^{\alpha}K^{\beta}$$

式中，Y 表示总产出，A 表示技术进步，L 表示劳动要素投入量，K 表示资本要素投入量，α、β 分别表示劳动与资本要素对产出的贡献份额(弹性)，即劳动(资本)要素投入每增长1%时，产出增长 $\alpha\%(\beta\%)$。α、β 取值在 0～1 之间。根据柯布与道格拉斯对美国 1899—1922 年间有关经济资料的分析和估算，α 值约为 0.25，β 值约为 0.75。

通过取对数求导，可以得出以下公式：

$$\frac{\Delta Y}{Y}=\frac{\Delta A}{A}+\alpha\frac{\Delta L}{L}+\beta\frac{\Delta K}{K}$$

即经济增长率由技术进步率、劳动要素投入增长率以及资本要素投入增长率三部分构成。则技术进步率即全要素生产率可表示为：

$$\frac{\Delta A}{A}=\frac{\Delta Y}{Y}-\alpha\frac{\Delta L}{L}-\beta\frac{\Delta K}{K}$$

全要素生产率直接反映了技术进步对经济增长的作用，该指标还被应用于研究大量不同方式测算绩效的不同方面。

思考题

1. 决定市场结构的因素主要有哪些？
2. 简述进入壁垒的类别。
3. 试述掠夺性定价和限制性定价行为的主要特征及其对市场结构的影响。
4. 简述广告行为对市场结构的影响。
5. 试论述市场结构、市场行为与市场绩效之间相互作用的关系。

第五章 产业结构理论

第一节 产业结构概述

一、产业结构的概念

产业结构是指国民经济中各产业的构成及其相互关系，基本上可以理解为是产业间的技术经济联系与联系方式。这种产业间的技术经济联系与联系方式存在狭义与广义之分。狭义的产业结构，主要从“质”的角度动态地揭示产业间技术经济联系与联系方式不断发生变化的趋势，揭示经济发展过程中的国民经济各部门，起主导地位的产业部门不断更替的规律及其相应的“结构”效应。广义的产业结构除了以上内容以外，还包括各产业间的数量比例上的关系和在空间上的分布结构，见图 5－1。本章及下一章是狭义的产业结构概念。

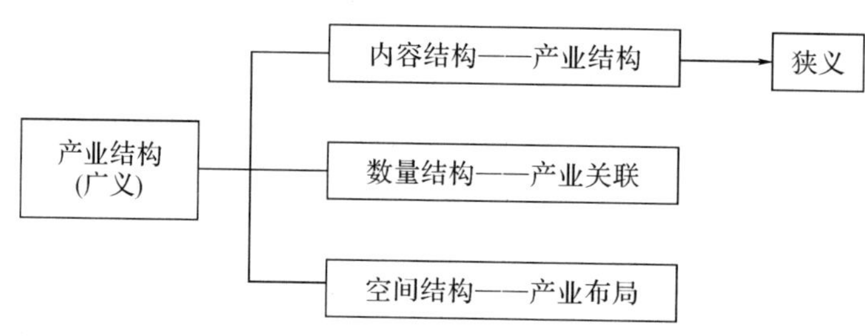

图 5－1 狭义和广义产业结构关系图

二、产业结构的类型

（一）三次产业比重不同的结构类型

按照三次产业在国民经济中所占比重不同的方法将产业结构分类，也可以称为三次产业分类法。这种方法是 1935 年由澳大利亚经济学家费希尔在《安全与进步的冲突》一书中首先提出来的，他以社会生产发展阶段为依据，以资本流向为主要标准，把人类的经济活动发展过程分为三个阶段：初级生产阶段，即人类的生产活动主要是农业与畜牧业；工业阶段，即以机器大工业的迅速发展为标志；20 世纪初至今，大量的资本和劳动力流入非物质生产部门。与此相应，三次产业的划分也随之产生，即与农业相对应的为第一产业、与工业相对应的为第二产业和以服务业为主的第三产业。

三次产业分类法将产业结构分为 1－2－3 型，1－3－2 型，2－1－3 型，2－3－1 型，3－1－2 型，3－2－1 型六种类型。其中，数字 1、2、3 分别代表三次产业，数字越排在前面，代表的产业部门在国民经济中所占的比重就越大。

1－2－3 型产业结构，又称金字塔形产业结构。其中，第一产业在国民经济中所占比重最大，工业和服务业所占比重比较小，工业又以手工业为主，是农业社会或农业国的产业结构。

1－3－2 型产业结构中，第一产业在国民经济中所占比重最大，第三产业次之，第二产业比重最小。3－1－2 型产业结构中，第三产业在国民经济中所占比重最大，第一产业次之，第二产业比重最小。1－3－2 型和 3－1－2 型产业结构又统称为哑铃形，这种特殊的产业结构具有其自身特点：第二产业在国民经济中所占比重与第一、三产业相比较小，一般情况下是对应于部分发展中国家或地区在特定条件下形成的产业结构。

2－1－3 型产业结构中第二产业在国民经济中所占比重最大，第一产业次之，第三产业比重最小，是工业化前期的结构。2－3－1 型产业结构中第二产业在国民经济中所占比重最大，第三产业次之，第一产业比重最小，是工业化后期的结构。2－1－3 型和 2－3－1 型产业结构又统称为鼓(橄榄)形产业结构，其特殊性在于第二产业在国民经济中所占比重最大，也就是以制造业为主，这是工业社会或工业国的产业结构。

3－2－1 型产业结构，又称为倒金字塔形产业结构。其中，第三产业在国民经济中所占比重最大，第二产业次之，第三产业最小。这是后工业化社会或发达的工业化国家以服务业为主的产业结构。三次产业比重不同的产业结构类型见图 5－2 所示。

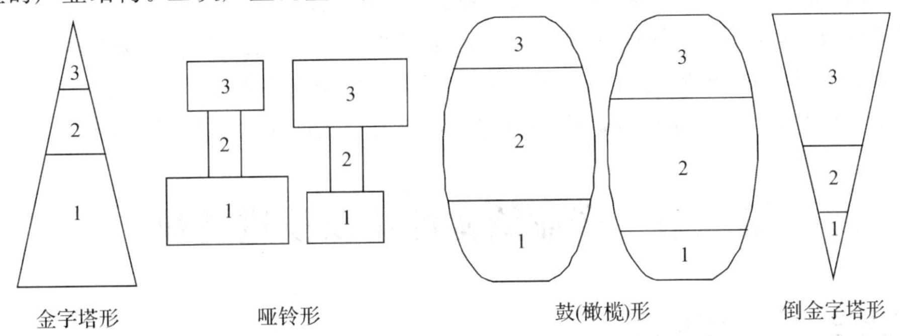

图 5－2　三次产业比重不同的产业结构类型

（二）农轻重地位不同的结构类型

在马克思两大部类分类法的基础上，包括我国在内的一些社会主义国家，在计划经济时代，都长期使用过以物质生产的不同特点为标准的分类方法，即“农轻重分类法”。这种方法按照农业、轻工业、重工业在产业结构中的地位不同，将产业结构分为重型产业结构、轻型产业结构和以农为主型产业结构。

重型产业结构是以重工业为主的产业结构，包括冶炼、钢铁、煤炭、化学、电力等工业，这是处于工业化中后期的大部分国家或者强调发展重工业的国家的产业结构；轻型产业结构是以轻工业为主的产业结构，包括纺织、服装、印刷、食品、家具等工业，这是处于工业化初期的国家的产业结构；以农为主型产业结构，包括种植业、养殖业、畜牧业和渔业等，这是没有实现工业化国家的产业结构。其中，重型产业结构又有两种不同的类型：一是以原材料、燃料、动力、交通运输、基础设施等基础工业为重心的重型结构，这是重工业化前期的产业结构；二是以高加工度制造业为重心的重型结构，这是重工业化后期的产业结构。

（三）生产要素需求不同的结构类型

按照不同产业在生产过程中对生产要素的需求种类和需求依赖度的不同，将产业结构分为劳动集约型产业结构、资本集约型产业结构和技术集约型产业结构。

(1) 劳动集约型产业结构，是指在生产过程中对劳动的需求和依赖度较大、资本的有机构成较低的产业，在生产中主要消耗的是劳动。通常某个产业对劳动力的依赖程度可用产业的就业系数等指标来衡量，例如，食品、纺织、服装等就是典型的劳动集约型产业结构。

(2) 资本集约型产业结构，是指在生产过程中对资本的依赖度较大，资本的有机构成较高的产业，在生产中主要消耗的是物化劳动，例如钢铁、石油等就是公认的典型资本集约型产业结构。

(3) 技术集约型产业结构，指在生产过程中依靠大量科学技术知识和先进的工业技术生产的产业部门，通常具有产品的物耗小而附加值高的特点，例如计算机、航天、生物、高分子、新能源等新兴产业。

(四) 产业层次发展不同的结构类型

按照产业发展程度、技术水平、生产要素密集度、加工程度和附加值大小的不同，产业结构可以分为初级产业结构、中级产业结构、高级产业结构。

初级产业结构，是发展水平最低的产业结构，以技术落后产业、劳动密集型产业、加工度比较低和附加值比较小的产业及第一次产业为主的产业结构；中级产业结构，是发展水平中等的产业结构，以技术水平较高产业、资本密集型产业、加工度比较高和附加值比较大的产业及第二次产业为主的产业结构；高级产业结构，是发展水平最高的产业结构，以高新技术产业、技术密集型产业、高加工度和高附加值的产业及第三次产业为主的产业结构。

第二节　产业结构理论及演进规律

一、马克思主义产业结构理论

按照产品用途不同，马克思将物质生产部门划分为两大部类：第一部类是生产生产资料部门的总和，第二部类是生产消费资料部门的总和。两大部类的生产过程构成了全社会的生产过程。马克思在分析两大部类之间的依存关系时，提出了资本的有机构成提高理论，即随着机器体系的不断进步，总资本中由机器设备及设施等构成的不变资本部分会不断增加，用于劳动力的可变资本部分会不断减少。

列宁把这一理论和社会再生产理论相结合，进一步丰富和发展了马克思主义的社会再生产理论，提出了在技术进步的条件下，生产资料生产优先增长的规律。列宁指出：在社会扩大再生产过程中，增长速度最快的是制造生产资料的生产，然后是制造消费资料所需的生产资料的生产，最后是制造消费资料的生产。这就为我们在坚持产业结构合理化发展的同时，适度地实行倾斜政策提供了重要的理论依据。

二、西方产业结构理论

(一) 产业结构演变趋势理论

1. 配第-克拉克定理

英国资产阶级古典政治经济学创始人配第最早注意到产业结构演变规律，并在 17 世纪就发现了世界各国国民收入水平的差异和经济发展的不同阶段，其关键原因是产业结构的不同。他在《政治算术》一书中，研究了英国、法国、荷兰的经济结构及其形成的原因与政策，指出工业的收入比农业高，而商业的收入又比工业高，说明工业比农业、服务业比工业具有更高的附加价值，这一发现被称为配第定理。英国经济学家克拉克在配第的研究成果基础上，进一步分析了经济发展和劳动力在产业间的分布和变化趋势，指出随着经济的发展，国民收入水平的提高，劳动力首次从第一产业向第二产业移动；当人均收入水平进一步提高时，劳动力便向第三产业移动。劳动力在产业间的分布状况是：第一产业比重不断减少，第二产业和第三产业将顺次不断增加。后来人们把劳动力变化的这一规律称为配第-克拉克定律，即劳动力转移规律。它是研究经济发展中的产业结构演变规律的学说，可以对一国的未来就业需求进行预测，以便制定相应的劳动就业政策。

2. 库兹涅茨人均收入影响论

库兹涅茨在配第、克拉克研究成果的基础上，利用经济统计学原理，结合各国的历史资料，对产业结构变动与经济发展的关系进行了全面的考察，得出了总产值变动和就业人口变动的规律，被称为“库兹涅茨人均收入影响论”。结论如下：

第一，第一产业的相对国民收入在大多数国家都低于 1，而第二产业和第三产业的相对国民收入则大于 1。同时从时间序列分析，农业相对敏感，收入比重的下降程度超过了劳动力相对比重的下降程度。由此可见，大多数国家农业劳动力减少的趋势仍然存在。

第二，第二产业的国民收入水平相对比重的上升是普遍现象，由于各个国家、各个时期的工业化程度不同，就劳动力相对比重的变化而言，综合比较是微增或没有变化。这一现象表明，工业化达到一定水平时，第二产业不可能再大量吸收劳动力；并且由于唯独第二次产业的相对收入是上升的，所以在国家的经济发展中，从国民收入尤其是人均国民收入的增长方面分析，第二产业具有突出的贡献。

第三，第三产业的相对国民收入，从时间序列分析，一般表现为下降趋势，但劳动力的相对比重是上升。这表明第三产业具有很强的劳动力吸纳能力，但是劳动生产率的提高并不快。另外，第三产业一般是三次产业中规模最大的产业，无论是劳动力的相对比重还是国民收入的相对比重，都超过了一半以上。产业发展形态的概括见表 5－1 所示。

表 5－1 产业发展形态的概括

产业	劳动力的相对比重		国民收入的相对比重		相对国民收入＝国民收入的相对比重/劳动力的相对比重	
	时间序列分析	横截面分析	时间序列分析	横截面分析	时间序列分析	横截面分析
第一产业	下降	下降	下降	下降	(1 以下)下降	(1 以下)几乎不变
第二产业	不确定	上升	上升	上升	(1 以上)上升	(1 以上)下降
第三产业	上升	上升	不确定	微升(稳定)	(1 以上)下降	(1 以上)下降

3. 霍夫曼工业化经验法则

德国经济学家霍夫曼在 1931 年出版的《工业化的阶段和类型》一书中，根据近 20 个国家经济发展的时间序列数据，对工业化过程中的工业结构演变规律做了开拓性研究，提出著名的“霍夫曼工业化经验法则”。即在工业化进程中，霍夫曼比例(霍夫曼比例＝消费资料工业的净产值/资本资料工业的净产值)是不断下降的。根据霍夫曼比例，霍夫曼把工业化的过程分成四个发展阶段，见表5-2。在工业化的第一阶段，消费资料工业的生产在制造业中占有主导地位，而资本资料工业的生产在制造业中是不发达的；在工业化的第二阶段，与消费资料工业相比，资本资料工业获得了较快的发展，但消费资料工业的生产规模仍然要比资本资料工业的生产规模大得多；在工业化的第三阶段，资本资料工业的生产继续增长，规模迅速扩大，与消费资料工业的生产处于平衡状态；在工业化的第四阶段，资本资料工业的生产占主导地位，其规模大于消费资料生产规模，基本上实现了工业化。霍夫曼工业化经验法则，在一定程度上是符合工业化进程中工业结构的演变规律的，特别是符合工业化的前期发展趋势，见表5-2所示。

表5-2　霍夫曼工业化阶段及指数

工业化阶段	霍夫曼比例
第一阶段	5±1
第二阶段	2.5±0.5
第三阶段	1±0.5
第四阶段	1以下

4. 钱纳里的“标准产业结构”理论

美国经济学家钱纳里利用101个国家1950—1970年间的统计资料进行归纳分析，构造出一个著名的“世界发展模型”，由发展模型求出一个经济发展的“标准结构”，即经济发展不同阶段所具有的经济结构的标准数值，见表5-3。它为分析和评价不同国家或地区在经济发展过程中产业结构组合是否“正常”提供了参照规范，同时也为不同国家或地区根据经济发展目标制定产业结构转换政策提供了理论依据。应当注意的是，标准产业结构与实际产业结构之间的偏差只能作为判断产业结构状况的参考，而不能作为唯一的衡量标准。

表5-3　人均GDP和产业结构的变化

人均GDP/美元	100～200	300～400	600～1000	2000～3000
第一产业占GDP的份额/(%)	46.4～36.0	30.4～26.7	21.8～18.6	16.3～9.8
第二产业占GDP的份额/(%)	13.5～19.6	23.1～25.5	29.0～31.4	33.2～38.9
第三产业占GDP的份额/(%)	40.1～44.4	46.5～47.8	49.2～50.0	50.5～51.3
劳动力在第一产业中的比重/(%)	68.1～58.7	49.9～43.6	34.8～28.6	23.7～8.3
劳动力在第二产业中的比重/(%)	9.6～16.6	20.5～23.4	27.6～30.7	33.2～40.1
劳动力在第三产业中的比重/(%)	22.3～24.7	29.6～23.0	37.6～40.7	43.1～51.6

（二）产业结构调整理论

1. 刘易斯的二元结构转变理论

美国经济学家刘易斯于1954年在他的《劳动无限供给条件下的经济发展》一文中，提出了解释发展中国家经济问题的二元结构转变理论。他认为发展中国家整个经济由弱小的现代工业部门和强大的传统农业部门组成，可以利用劳动力资源丰富这一优势，加速经济的发展。

二元结构转变理论的基本假设条件是：农业的边际劳动生产率为零或接近零；从农业部门转移出来的劳动力，其工资水平取决于农业的人均产出水平；城市工业利润的储蓄倾向高于农业收入的储蓄倾向。

可见，农业剩余劳动力对城市工业的供给价格是很低的，而且，由于工业生产的边际劳动生产率要远高于农业剩余劳动力的工资水平，所以工业生产可以从农业中得到劳动力的无限供给；而农业的人均产出水平很低，因此从农业中转移出来的劳动力工资水平也远低于工业的边际劳动生产率，工业就可以从劳动力供给价格与边际劳动生产率的差额中获得巨额利润。同时，由于工业利润中的储蓄倾向较高，使城市工业生产对农村剩余劳动力的吸纳能力进一步提高，由此产生一种积累效应。随着农村劳动力向城市工业转移，农村劳动力的边际生产率不断提高，工业劳动力的边际生产率不断降低，这种效应直到工、农业劳动力的边际生产率相等才停止，这时，城市和农村的二元经济结构转变为一元经济结构，实现工、农业经济平衡发展。

2. 罗斯托的主导产业理论

美国经济学家罗斯托在他的《经济成长的过程》和《经济成长的阶段》等著作中，提出了“主导产业扩散效应理论”和“经济成长阶段理论”。罗斯托根据技术标准把经济成长划分为六个阶段，每个阶段都存在起主导作用的产业部门，经济阶段的演进就是以主导产业交替为特征的。这六个阶段分别为：

(1) 传统社会阶段：科学技术水平和生产力水平低下，主导产业部门为农业部门。

(2) 起飞前提阶段：近代科学技术开始在工农业中发挥作用，占人口75%以上的劳动力逐渐从农业中转移到工业、交通运输业、商业、服务业中，投资率的提高明显地超过人口的增长水平。

(3) 起飞阶段：相当于产业革命时期，积累率在国民收入中所占的比例由5%增加到10%以上，由一个或几个经济主导部门带动国民经济的增长。

(4) 成熟挺进阶段：现代科学技术已经有效地应用于生产，投资率在10%～20%之间，由于技术创新和新兴产业的不断涌现和发展，产业结构发生了巨大的变化。

(5) 高额民众消费阶段：工业高度发达，主导部门转移至耐用消费品和服务部门。

(6) 追求生活质量阶段：主导部门从耐用消费品部门转移至提高生活质量的部门，如文教、医疗、保健、福利、娱乐、旅游等部门。

（三）产业结构发展模式理论

1. 平衡发展模式与非平衡发展模式

平衡发展模式与非平衡发展模式是从资源配置的倾斜角度对产业结构发展方式的

归纳。

（1）平衡发展模式。

平衡发展模式认为发展中国家为了摆脱贫困，应在国民经济的各产业进行全面的、大规模的投资，以各产业的平衡增长来实现国家的工业化和国民经济的发展。在主张平衡增长的理论中，以罗森斯坦·罗丹的"大推进理论"和纳克斯的"贫困恶性循环理论"为典型。

在《东欧与东南欧的工业化问题》一文中，罗森斯坦·罗丹认为，发展中国家实现工业化的主要障碍是资本的不足，由于资本的供给、储蓄和市场需求的"不可分性"，小规模的、个别部门的投资不可能从根本上解决问题，因而应当实行"大推进"的发展战略，在各个工业部门全面地进行大量投资，使各工业部门一起发展，才能形成互相依赖、互为市场的局面，克服"不可分性"，最终取得工业化的成功。在进行投资时，应按同一投资率投向各工业部门。因为只有这样，才能避免某些部门发展过快，导致供给大于需求，从而保证各部门之间的发展协调和平衡，以便实现投资的最优格局。

纳克斯的"贫困恶性循环理论"认为，发展中国家之所以不易摆脱贫穷的原因在于其陷入了一个恶性循环的圈子。一方面，从供给的角度看，低收入导致了低储蓄，而较少的储蓄引起了资本的短缺，资本的短缺又造成只能发展生产率不高的产业，而这样的产业发展带来的又只能是较低的收入。另一方面，从需求的角度看，低收入使人们的购买力十分有限，而有限的购买力又使得投资引诱不足，资本数量过小，从而导致生产率低下，最终的结果又回到了较低的收入。要打破这样的循环必须同时对国民经济的各个部门进行投资。如果只对一些行业进行投资，这些行业的发展将受到市场需求的限制，而如果同时投资于不同的行业，将带来市场的全面扩大。

（2）非平衡发展模式。

非平衡发展理论的主要思想是由于资金短缺等方面的原因，发展中国家不可能在所有的产业部门同时进行投资，而应当选择合适的重点产业进行投资，然后通过关联效应和诱发性投资等作用，带动其他产业的发展，最后达到经济发展和产业结构升级的目标。赫希曼认为，发展中国家应当集中有限的资源，首先投资于"诱发投资"效应较大的产业部门，将可带动更多其他产业部门的发展。罗斯托认为，"近代经济增长实质上是一个部门间不断调整的过程"。经济的发展就是充当"领头羊"的主导产业部门首先获得增长，再通过回顾影响、旁侧影响和前瞻影响，对其他产业部门施以诱发作用，最终带动整个经济增长的过程。

2. 雁行发展模式与产品循环发展模式

雁行发展模式与产品循环发展模式分别描述了一些产业在工业化不同阶段国家的发展模式。

雁行发展模式是由日本经济学家赤松要在考察了日本羊毛工业品贸易的发展轨迹后首先提出，以后又由小岛清等人对日本的纺织工业、钢铁工业和汽车工业进行了验证。该模式认为，工业后发国家由于技术和资金等供给方面的原因，无法首先开发和生产一些较为先进的产品，因而最初对这类产品的国内需求，只能通过进口来满足。随着国内对这类产品需求的增加，企业通过引进技术等手段，使技术和资金等供给条件日趋成熟，逐渐具备了以国产化产品取代进口产品的能力，随着市场需求和生产规模的扩大，相应的产业也就逐渐形成了。在国内需求继续扩大和重工业化进程的作用下，规模经济和廉价生产要素的优势不断累积，产业的竞争力也有所上升，最终不但在本国赢得了市场，而且还实现了产品的出口。工业后发国的产业部门，就是依据这样的发展轨迹，最终达到经济发展和产业升级的目的。而这三个不同的发展阶段(进口→国内生产→出口)被称为雁行发展模式，见图 5－3。

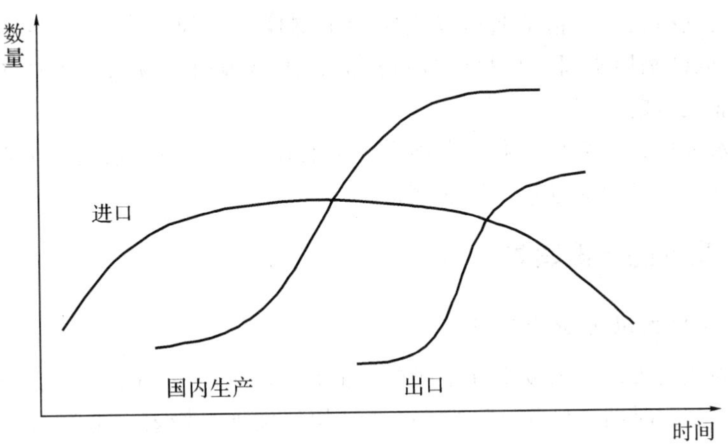

图 5－3　雁行发展模式

产品循环发展模式描述的是工业先行国家产业发展的模式，是由美国经济学家弗农提出的。弗农认为，产品也有生命周期的，可分为“导入期”“成熟期”和“标准化期”。一些工业先行国家，由于技术和资金等方面的优势，率先对新产品进行开发和生产，并迅速进入产品的“导入期”，占领国内市场。随着生产规模的扩大和产业技术的成熟，该产品进入了“成熟期”，开始向工业后发国出口，扩大在国际市场上的份额。随着技术在更广泛的范围扩展，竞争也就越发激烈，工业先行国为了维持在国外的市场份额，开始从产品的出口转向技术的出口，在工业后发国进行就地生产和销售。当产品从“成熟期”进入“标准化期”，由于在国外生产该产品具有成本上的优势，工业先行国家逐渐放弃国内的生产，转而进口该产品来满足国内的市场。自己则研制、生产更新的和更高技术的产品，开始新一轮的产品循环，见图 5－4。

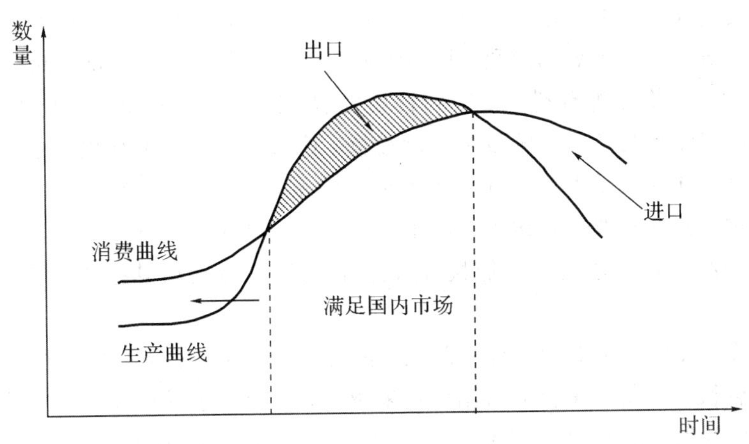

图 5－4　产品循环发展模式

3. 进口替代发展模式与出口导向发展模式

进口替代发展模式与出口导向发展模式是从产业发展和国际贸易间的关系角度描述产业结构的发展轨迹的。

进口替代发展模式一般指工业后发国家为了实现本国的工业化，在一些产业(一般是制造业)领域采取鼓励用本国产品替代进口产品来满足国内市场需求的政策，以支持和扶持本国相应产业发展的模式。

出口导向发展模式一般指工业后发国家为了实现本国经济的增长，支持和鼓励国内产业以国际市场需求为导向而进行发展的模式。

三、产业结构演变的一般趋势

（一）从工业化发展的阶段角度

产业结构的演进可以分成以下几个阶段：前工业化时期、工业化初期、工业化中期、工业化后期和后工业化时期。在不同阶段，产业结构的发展是沿着由低级向高级走向高度现代化的发展进程。在前工业化时期，第一产业占主导地位，第二产业有一定发展，第三产业的地位微乎其微。在工业化初期，第一产业产值在国民经济中的比重逐渐缩小，其地位不断下降；第二产业有较大发展，工业重心从轻工业主导型逐渐转向基础工业主导型，第二产业占主导地位；第三产业也有一定发展，但在国民经济中的比重还比较小。在工业化中期，工业重心由基础工业向高加工度工业转变；第二产业仍居第一位，第三产业逐渐上升。在工业化后期，第二产业比重继续下降；第三产业继续快速发展，其中信息产业增长加快，第三产业产值比重在三次产业中的地位占支配地位，甚至占绝对支配地位。在后工业化时期，产业知识化成为主要特征。

（二）从主导产业的转换角度

产业结构的演进有以农业为主导、轻纺工业为主导、原料和燃料动力等基础工业为重心的重化工业为主导、低度加工型的工业为主导、高加工组装型工业为主导、第三产业为主导、信息产业为主导等几个阶段。在不同阶段产业结构演进的一般规律是：

(1) 在以农业为主导的阶段，农业比重占有绝对地位，第二、三产业的发展均很有限。

(2) 在以轻纺工业为主导的阶段，轻纺工业由于需求拉动、技术要求简单、从第一产业分离出来的劳动力价格低等有利因素得到较快发展；第一产业的发展速度有所下降，地位有所削弱；重化工业和第三产业的发展速度较慢。这时轻纺工业取代农业成为主导产业。

(3) 在以原料和燃料动力等基础工业为重心的重化工业为主导阶段，这些重化工业首先得到较快发展，并逐渐取代轻纺工业的地位成为主导产业。这些基础工业都是重化工业的先行产业或制约产业，必须先行加快发展才不至于成为制约其他重化工业发展的瓶颈产业。

(4) 在以低度加工型工业为主导的阶段，传统型、技术要求不高的机械、钢铁、造船等工业发展速度较快，其在国民经济的比重越来越大，并成为主导产业。

(5) 在以高度加工组装型工业为主导的阶段，由于高新技术的大量应用，传统工业得到改造。技术要求较高的精密机械、精细加工、石油化工、机器人、电子计算机、飞机制造、航天器、汽车及机床等高附加值组装型重化工业有较快发展，成为国民经济增长的主要推动力，其在 GDP 中的比重占有较大份额，同时增幅较大，成为国民经济的主导产业。

（6）在以第三产业为主导的阶段，第二产业的发展速度有所放缓，比重有所下降，特别是传统产业的下降幅度较快；但内部的新兴产业和高新技术产业仍有较快发展。整个第二产业内部结构变化较快，但比重已不占主导地位。第三产业中服装业、运输业、旅游业、商业、房地产业、金融保险业、信息业等的发展速度明显加快，并在 GDP 中占有较大或主要份额，成为国民经济的主导产业。

（7）在以信息产业为主导的阶段，信息产业获得长足发展，特别是信息高速公路的建设或国际互联网的普及，推动了信息业的快速发展。这一时期，信息产业已成为国民经济的支柱产业和主导产业。人们也常把这一阶段称为后工业化社会或工业化后期阶段。

（三）从三次产业比重的变动角度

产业结构的演进是沿着以第一产业为主导到第二产业为主导，再到第三产业为主导的方向发展的。

在第一产业内部，产业结构从技术水平低下的粗放型农业向技术要求较高的集约型农业，再向生物、环境、生化、生态等技术含量较高的绿色农业、生态农业发展；从种植型农业向畜牧型农业、野外型农业向工厂型农业方向发展。

在第二产业内部，产业结构的演进沿着轻纺工业→基础重化工业→加工型重化工业方向发展。从资源结构变动情况来看，产业结构沿着劳动密集型产业→资本密集型产业→知识(包括技术)密集型产业方向演进。从市场导向角度，产业结构沿着封闭性→进口替代型→出口导向型→市场全球化方向演进。

在第三产业内部，产业结构沿着传统性服务业→多元化服务业→现代性服务业→信息产业→知识产业的方向演进。

产业结构由低级向高级发展的各阶段是难以逾越的，但各阶段的发展过程可以缩短。从演进角度分析，后一阶段产业的发展是以前一阶段产业充分发展为基础的，只有第一产业的劳动生产率得到充分发展，第二产业的轻纺产业才能得到应有的发展；第二产业的发展是建立在第一产业劳动生产率大大提高的基础上的，其中加工组装型工业的发展又是建立在原料、燃料、动力等基础工业的发展基础上的；只有第二产业的快速发展，第三产业的发展才具有成熟的条件和坚实的基础。产业结构的超前发展会加速一国经济的发展，但有时也会带来一定的遗留问题。

第三节 产业结构的影响因素

一、供给因素

一般而言，供给因素包括自然条件和资源禀赋、提供劳动力的人口、资金和技术进步等因素。这些因素既决定产业结构成长的基础或出发点，又决定产业结构的选择和性质，所以供给因素对产业结构既有促进又有制约作用。

（一）自然条件和资源禀赋

一国的自然条件和资源禀赋对该国产业结构的形成与变化产生至关重要的影响。自然资源是社会生产过程所依赖的外界自然条件，通常那些自然资源丰富的国家的产业结构或多或少地具有资源开发型的特征。如果一国国土辽阔、资源丰富，那么该国也可能形成资源开发、加工和利用全面发展的产业结构，比如阳光充足、土壤肥沃等自然条件好的国家其农业发展迅速；而资源匮乏的国家就不可能形成资源开发型的产业，最多只能形成资源加工型的产业结构，比如地下资源丰富与否直接影响到采掘业、燃料动力工业以及重工业的结构。由于自然条件和资源禀赋一般是人力因素难以改变的，同时资源禀赋又是一国经济发展的基础因素，因而对一国的产业形成和经济发展具有重要的影响。然而，随着技术的进步，自然资源禀赋并不再是决定一国经济发展的关键性因素。新加坡、日本等自然资源缺乏的国家通过不同的途径走上了工业化发展的道路，跻身于世界经济发展的前列。因此，自然资源状况对产业结构的影响是相对的，受资源制约的国家也可以借助科技的发展和国际贸易克服其资源匮乏的弱点。自然资源禀赋在一国产业结构转换的初、中期阶段制约作用较明显，当初级产品生产的比较优势被制造业所取代，向成熟阶段推进时，其制约作用明显减弱。

（二）人口因素

从供给的角度，人口因素影响劳动力的供给程度和人均资源拥有量以及可供给能力的程度，包括数量和质量两个方面的规定。在工业化发展的初期，劳动力的数量决定了产业结构的转换与升级，比如发达国家在工业化初期曾受到供给力不足的制约。但是从人口、资源平衡的角度，过度的人口增长会过度地把国内的有限资源转化为衣食供给，以满足人们基本的生活需要，这样将导致既减少其他资源的供给，又减慢农业人口向第二产业和第三产业的转移，从而延缓工业化的进程，阻碍产业结构的高度化和合理化。

经济发展到一定水平后，劳动力的质量也就是人力资本开始发挥关键的作用。一般而言，具有较高知识水平和劳动技能的人员越多，新兴产业发展越快；反之，劳动力质量较低的国家往往会停滞于传统产业。劳动力质量较低将对产业结构变动产生两方面的影响：一方面劳动密集型产业主要是轻纺产业，易导致工业结构“轻型化”；另一方面劳动密集型产业多为中小企业，会引起产业组织结构的“小型化”，降低规模经济效益。

因此，保持适度的人口数量和提高人口素质是经济发展和产业结构转换的重要条件。对大多数发展中国家而言，其工业化发展和产业结构转换中的制约因素不是劳动力供给的不足，而是劳动力过剩带来的就业压力和人均资源的减少。

（三）资金供应

资金是重要的生产要素，是产业维持和扩张的重要条件。资金供应状况对产业结构的影响主要包括两个方面：

(1) 资金的充裕程度对产业结构的影响，主要包括经济发展水平、社会发展水平、储蓄率、资本积累等诸多因素，是资金总量方面对产业结构变动的影响。

(2) 资金在不同产业部门的投向偏好对产业结构的影响，主要包括投资倾斜政策、投资者的投资偏好、利率、资金回报率等，是投资结构方面对产业结构变动的影响。在资本有机构成不变的情况下，投入某产业资金的多少，决定该产业的生产规模大小和发展速度快慢。资金的短缺往往成为发展中国家产业结构优化升级的瓶颈，资金越短缺，越妨碍重工业、高新技术产业等有机构成较高的产业发展。

（四）技术进步

技术进步是经济增长的主要因素，也是产业结构变迁的动力。一国的产业结构表现为一定的生产技术结构，生产技术结构的进步与变动都会引起产业结构的相应变动，一旦技术发生变革，产业结构将会发生与之相适应的改变。第一次技术革命促进了纺织、运输、机械工业的兴起，人类社会由农业向工业社会转变；第二次技术革命使得汽车、航空、电力等工业迅速崛起，工业生产进一步集中化，垄断企业不断兴起；第三次技术革命中原子能技术的出现带动了塑料、橡胶、合金材料工业的发展，计算机技术的发展和计算机的广泛应用使得信息产业成为主导产业。20 世纪 80 年代的新技术革命对产业结构升级产生了重大影响，为知识经济的兴起和发展提供了技术基础。

技术水平的不同决定了比较劳动生产率的不同，技术进步又引起比较劳动生产率的变化。产业结构转换的动力来自于比较生产率的差异，主要表现为生产要素从生产率比较低的部门向生产率比较高的部门转移；产业结构的转换和升级，主要取决于部门之间生产率增长速度的差异。那些研究与开发投入强度大、能够最先吸收新技术的部门，往往也是生产率提高最快和产出增长最快的部门，这是由部门内在的技术经济特征所决定的。

（五）商品供应

原料品、中间投入品、零部件、进口品等商品对产业结构变动产生较大的影响。通常，后向关联系数越大的产品对产业结构的影响就越大。广义上，商品供应还可以包括电力、原料、燃料的供应，服务的提供，技术的支持等更广的范围。这些商品的供应在很大程度上取决于基础工业、上游工业、后向关联产业的技术水平和产业发展水平。这些产业的技术水平和发展水平影响产业结构的变动。根据发达国家的实践经验，产业结构的高度化也是在基础产业、上游产业或后向关联系数较大的产业得到一定程度的发展以后，下游产业或前向关联系数较大的产业才能得到比较大的发展。

二、需求因素

需求决定一项经济活动的存在价值，也决定某一产业的存在必要性，当需求发生变化时，必然要影响到产业结构，使其发生相应的变化。从总量角度分析，人口数量的增加和人均收入水平的提高都会扩大消费需求；经济发展水平、社会发展水平、技术水平的不同，消费水平通常也会不同；在不同的经济发展周期，各种消费需求也会出现波动。但从结构的角度分析，个人消费结构、中间需求与最终需求比例、消费与投资比例、投资结构对产业结构的影响更加明显。

（一）个人消费结构

个人消费结构是在需求结构中对产业结构变动影响最大的因素。消费结构直接影响消费资料产业部门的构成，并间接影响给消费资料产业部门提供生产资料的生产部门的构成，从而影响整个产业结构的变动。个人消费结构不仅直接影响最终产品的生产结构和生产规模，而且间接地影响中间产品的需求，进而影响中间产品的产业结构。随着收入水平的提高，不仅消费的需求总量会扩大，而且消费结构也会发生变化，个人需求趋向多层次和多样化，使得第三产业比重不断上升，产业结构不断优化升级。

（二）中间需求与最终需求的比例

中间需求与最终需求的比例是一种重要的需求结构。中间需求是指各个生产部门对把自身价值一次性全部转移到产品中去的生产资料的需求，比如原材料、零部件等。最终需求是指人们对无需再进入生产过程，即可供消费和投资的产品的需求，比如固定投资、个人消费、增加库存、出口、政府采购等。中间需求和最终需求比例变动将会使社会生产的产业结构发生相应变动。决定中间需求与最终需求比例的主要因素包括：专业化协作水平、生产资料利用率、最终产品的性能及制造技术的复杂程度。专业化协作水平越高，相同产出的最终产品对中间产品的依赖程度越大；生产资料利用率越高，相同产出的最终产品对中间产品消费需求越少；制造技术越复杂，对中间产品的需求量就越大。

（三）消费与投资比例

消费与投资的比例关系直接决定消费资料产业和生产资料产业的比例关系，消费与投资比例的变化直接引起消费资料产业与生产资料产业的比例变化。具体来讲，当投资比例较高时，相关的生产资料产业将得到较快发展；当消费比例较高时，扩大的居民需求将刺激生产消费资料产业部门的较快发展，同时将波及相关的生产资料产业部门的需求变化。霍夫曼工业化经验法则很好地诠释并说明消费与投资比例的变化对产业结构变化的影响。

（四）投资结构

投资结构是指资金向不同产业方向投入所形成的投资配置量的比例。投资不仅是构成现实需求的一个重要因素，将形成新的生产能力，也是企业扩大再生产和产业扩张的重要条件之一。不同方向的投资是改变已有产业结构的直接原因。创造新的投资需求，将改变原有的产业结构形成新的产业结构；对部分产业投资，将推动这些产业以更快的速度扩大，促进这些产业的发展，从而影响原有产业结构；对全部产业投资，但投资比例不同，则会引起各产业发展程度的差异，导致产业结构的相应变化。由于投资是影响产业结构的重要因素，政府往往采用一定的投资政策，通过调整投资结构，来达到产业结构调整的目标。

三、国际因素

（一）国际贸易

国际贸易是由于社会分工打破国家界限，导致国与国在资源、产品、技术、劳务等方面的交换。国际贸易是在开放条件下来自外部的影响产业结构变动的因素，对产业结构的影响主要通过国际比较利益机制实现。按照国际分工原理，国际市场对一国具有比较优势的产品需求，往往会通过影响该国出口结构，从而引起生产要素在一国产业体系内部的重新配置，进而影响其产业结构的变动。资源、商品、劳务的出口对本国的相关产业起到推动的作用，国内稀缺资源的进口能够弥补相关产业的不足，各国间产品生产的相对优势变动会引起进出口结构变动，进而带动国内产业结构变动。当然，有些商品出口，也可能会抑制本国某些产业的发展。

（二）国际投资

国际投资包括本国资本的流出和国外资本的流入，对外投资会导致本国产业的对外转移，国外资本的流入则会使国外产业向国内转移。这两方面都会引起国内产业结构的变化，但国外直接投资对国内产业结构的影响更为直接和深远，主要表现在三方面：一是国外直接投资决定了生产方式、生产技术、产品品种和数量，会直接改变一国原有产业结构；二是国外直接投资中间产品的供应结构和最终产品的销售结构的变化导致国内供应结构和需求结构的改变，从而促使国内产业结构发生相应变化；三是外资企业的技术创新和管理模式会对一国的产业结构产生间接影响。

四、政策因素

为了实现政府制定的经济发展目标，政府通过制定产业发展战略和政策扶持或限制某些产业发展，对产业结构的调整加以诱导或强制实施。产业政策是指导产业发展和产业结构调整最主要的依据，政府对产业结构的调整主要就是通过产业政策来实现的。政府可以对影响产业结构变动的诸因素进行调整，包括通过政府投资、管制等措施，通过制定财政、货币等政策，通过立法、协调等手段来调整供给结构、需求结构、国际贸易结构和国际投资结构，进而影响产业结构。

思考题

1. 产业结构有哪些类型？
2. 西方产业结构理论有哪些？其代表人物和主要内容是什么？
3. 决定和影响产业结构的因素有哪些？

第六章　产业结构优化与升级

第一节　产业结构优化概述

一、产业结构优化的含义

产业结构优化是指各产业协调发展、产业总体发展水平不断提高的过程。具体来说，产业结构优化是产业之间的经济技术联系包括数量比例关系由不协调不断走向协调的合理化过程，是产业结构由低层次不断向高层次演进的高度化过程。由此可见，产业结构优化主要包括两个方面的内容：产业结构合理化和产业结构高度化。

合理化与高度化是产业结构优化中缺一不可的两个方面，它们是相互影响、相互依存的。一方面，产业结构合理化反映的是产业结构量上的客观要求，更多地着眼于经济发展的近期利益，体现为产业结构的发展要与一国的社会经济发展水平相适应；产业结构高度化反映的是产业结构质上的客观要求，主要着眼于经济发展的长远利益，体现为产业结构的发展要遵循产业结构演进规律并符合世界产业发展潮流。另一方面，合理化是高度化的基础，没有产业结构合理化，高度化就失去了基础条件，非但达不到产业结构升级的目的，反而有可能发生结构的逆转；而产业结构高度化则是合理化进一步发展的目的，产业结构的合理化本身就是为了使产业结构向更高的层次转换，失去了这一目的，合理化也就失去了存在的意义。

二、产业结构合理化

（一）产业结构合理化的含义和内容

产业结构合理化主要是指产业与产业之间协调能力的加强和关联水平的提高，是一个动态的过程。产业结构合理化要求在一定的经济发展阶段上，根据消费需求和资源条件，对初始不理想的产业结构进行有关变量的调整，理顺结构，使资源在产业间合理配置并有效利用，促进产业结构的动态均衡和产业素质的提高。产业结构合理化的内容主要包括以下几个方面：

第一，各大类产业之间、各大类产业内部的具体产业部门之间数量比例合理，投入产出均衡，过剩和短缺现象没有或者不严重，各产业部门的生产能力能够充分发挥，所需的资源可以得到较好满足，保证社会扩大再生产能够顺利进行。

第二，产业结构与需求结构相适应，并随着需求结构的变化而变化，投资需求和消费需求能够得到较好满足，减少以至消除供不应求、供过于求和二者并存的不合理现象。

第三，产业结构与资源结构相协调，充分有效地利用本国的人力、物力、财力及自然资源和条件，同时尽可能利用可以得到的国际资源和生产要素，弥补本国资源和生产要素的不足，参与国际分工，发挥本国的比较优势，取得比较利益，使比例协调的产业结构建立在更雄厚的资源基础之上，使国民经济在更大的规模上得到更有效的协调发展。

第四，产业结构中的产业类型构成恰当，环保产业和节约、保护、高效利用资源的产业得到适当发展，能够保护环境，节约资源，实现人口、资源、环境与经济发展的良性循环。

（二）产业结构合理化的基准

一个国家的国民经济能否协调发展，从而形成经济的良性循环，取决于这个国家能否建立合理的产业结构。合理的产业结构的判断基准包括：

1. 国际基准

国际基准即以钱纳里等人倡导的产业发展的标准结构为依据，来判断经济发展的不同阶段上的产业结构是否达到了合理化。这种标准结构是在大量历史数据的基础上通过实证分析得到的，它反映了产业结构演变的一般规律。作为大多数国家产业结构演进轨迹的综合描述，可以将其视为判断某一产业结构是否合理的参考系。如果一个产业结构系统偏离了大多数国家发展的共同轨迹，就可大致地认定系统违背了产业结构发展的规律，其结构是不合理的。反之，如果一个产业结构系统在发展到某一特定阶段时，其内部结构与标准结构相符，就可认定这一系统与产业结构发展的共同规律是相吻合的，因此，该产业结构是合理的。

但是，由于标准产业结构是通过各国统一发展阶段上产业结构的统计资料进行回归分析得出的，而各国在不同经济时期和经济发展环境变化较大的情况下很难有统一的发展模式和产业结构，所以这种标准结构至多只能作为判断产业结构是否合理的一种粗略的依据，而不能成为一种绝对的判断标准。

2. 需求结构基准

需求结构基准，即以产业的供给结构和需求结构相适应的程度作为判断产业结构是否合理的标准。随着经济的发展和人民生活水平的提高，需求结构也会不断地提升和变化，而供给结构很难及时适应需求结构的变化，为了满足需求结构不断变化的要求，必须通过调整产业的供给结构来适应需求的变化。两者适应程度越高，则产业结构越合理；相反，两者不适应或很不适应，则产业结构不合理。

记市场的总需求为 D，对第 i 产业的需求为 $D_i(i=1, 2, \cdots, n)$；记市场的总产出为 S，第 i 产业的产出为 $S_i(i=1, 2, \cdots, n)$。$D=\sum_{i=1}^{n}D_i$，$S=\sum_{i=1}^{n}S_i$。

当 $D=S$ 时，称之为供求总量是平衡的；反之，则认为存在总量偏差。当 $D_i=S_i(i=1, 2, \cdots, n)$时，可认为供求结构是平衡的；反之，则认为存在结构偏差。

当存在产业结构偏差时，可以用产业结构相对市场需求结构的适应情况，即适应系数 G 来考察该产业结构系统的合理化程度。

$$G=\sum_{i=1}^{n}\frac{1-\dfrac{|S_i-D_i|}{\max(S_i, D_i)}}{n}$$

G 的值域为(0，1)，G 越接近 1，就表明该系统的产出结构越适应市场需求，也就说明该产业结构系统越合理。

如前所述，畸形的产业结构意味着它同需求结构的严重背离。在这个意义上，此基准有其合理性。但是，单纯以需求结构基准来判断产业结构是否合理具有一定的片面性，因为首先要确定需求是否正常，在需求正常的前提下，才可以对产业结构是否合理进行判断。若需求畸形，则供需之间发生差距是正常的；若产业结构适应畸形的需求而发生变动，则这种产业结构是不合理的。

3. 产业间比例平衡基准

产业间比例平衡基准，即以产业间的比例是否平衡作为判断产业结构合理与否的标准。产业结构作为一个系统，其整体特征要求其组成部分应具有不可分割性。如果产业间比例缺乏平衡，就会极大地削弱经济系统的生产能力和产出水平。理论上，经济增长是在各产业协调发展的基础上进行的，产业之间保持比例平衡是经济增长的基本条件。但是，不能将此基准绝对化，认为无论何时何地产业结构都要保持这种比例平衡才是合理的。

产业间比例平衡基准有两种判断基准：其一是比例平衡度，其二是投入产出表。

"比例平衡度"可用来测度产业结构系统的平衡协调程度。设第 i 产业的实际产出为 $X_i'(i=1, 2, \cdots, n)$，满足全部需求的产出为 $X_i(i=1, 2, \cdots, n)$，则第 i 产业的不平衡量为 $S_i=X_i'-X_i$，定义不平衡系数为 $K_i=\frac{S_i}{X_i}$，则整个产业结构系统的比例不平衡度为 $\alpha=\sum_{i=1}^{n}|K_i|$，那么系统的比例不平衡度为 $b=\frac{1}{1+\alpha}$。b 的值域为(0，1)，b 越接近 0，就说明该产业结构系统的比例不平衡度就越低；反之，b 越接近 1，则说明该系统的比例不平衡度越高。

比例平衡度可用来测量产业结构系统的平衡协调程度，此基准的局限性主要是忽略了经济非均衡增长对产业间比例的积极影响。事实上，在经济的非均衡增长情况下，各产业部门的增长速度是不同的，有的高速增长，有的低速增长，从而导致相互之间的比例发生变化，出现结构不平衡。一般情况下，这是正常的。只有超越了一定界限的结构失衡，才会导致经济不能正常运行，这才是真正的结构不合理。

第二个基准是利用一国或一个地区某一经济年度的投入产出表，考察其大类产业、具体产业间的比例关系来判断产业间是否协调。从理论上说，投入产出分析清晰地反映出国民经济各部门、各产品间的联系，是研究综合平衡的一个重要工具。但投入产出法也存在一些根本缺陷。首先是其指导思想——产业结构协调观。一般而言，各产业的协调发展是经济发展的良好条件，因此，把产业结构和理性的内涵界定为产业间比例的协调均衡具有一定的合理性。但是，经济发展的常态是非均衡增长，产业间比例关系的协调和均衡是经过长期的自动或有意识调整之后的短暂状态。其次，投入产出分析能够指出产业间存在哪些关联关系，但并未对这种关联关系的合理化程度做出判断。最后，投入产出模型把生产函数看成是线性的，这与实际情况不尽相符。

4. 结构效益基准

结构效益基准主要采用结构效益系数这个指标，来表明产业比例关系变动引起的效益变化，它反映总的投入产出关系，是衡量产业结构合理化的综合方法。结构效益系数的计算公式为：

$$S = \sum_{i=1}^{n} \frac{Y_i}{\sum_{i=1}^{n} Y_i} \frac{Y_i^2}{K_i \cdot L_i} - \frac{Y_0^2}{K_0 \cdot L_0}$$

式中，S 为结构效益指数，Y 为产值，K 为资本量，L 为劳动者人数；n 为产业数。

$\sum_{i=1}^{n} \frac{Y_i}{\sum_{i=1}^{n} Y_i} \frac{Y_i^2}{K_i \cdot L_i}$ 为产业结构调整后的总效益，$\frac{Y_0^2}{K_0 \cdot L_0}$ 为产业结构调整前的总效益。如果 S 值上升，说明产业趋于合理化；若 S 值下降，则反映产业结构效益下降，产业结构不合理。

5. 自组织能力基准

产业结构合理化是一个动态、渐进的过程，是不断趋向相对均衡状态之后又不断打破均衡的过程，因而其本质是产业结构的一种自组织能力。如果产业结构的自组织转换能力弱，则结构转换缓慢，表现为各产业间存量结构呈刚性，大量资本和劳动投入得不到合理配置，那么产业结构的经济绩效就必然低下，该产业结构不合理；如果产业结构自组织能力强，从而结构转换能力强，表现为能通过自动学习和搜索，迅速压缩低效率产业比重，提高高效率产业比重，调整、改变产业间的生产能力配置，维护和提高产业间的关联程度及效果，那么产业结构的经济绩效就必然高，该产业结构合理。

经济资源在不同产业间实现最优化配置的结果表现为不同产业边际投资利润率的趋同。由于处于不同生命周期的先导产业、支柱产业和衰退产业始终并存，需求和创新因素导致产业间长期存在增长速度和投资机会的巨大差异，各产业间边际投资利润率的差异是产业结构演进过程中的常态。经济资源如何在具有不同边际投资利润率的产业间自由流动是产业结构自组织能力的核心，也成为产业结构合理化的判断标准。

我们将不同产业边际投资利润率与产业新增投资额增长率之间的相关关系看作产业结构自组织能力的衡量基准，如果两者之间的相关度低，表明经济资源自动向高效率产业流动的机制受到阻滞，产业结构自组织能力低，产业结构不尽合理；如果两者之间的相关度高，则表明经济资源向高效率产业的流动机制相对顺畅，产业结构自组织能力强，产业结构合理化水平高。

三、产业结构高度化

（一）产业结构高度化的含义和内容

产业结构高度化是指遵循产业结构演化规律，通过创新技术进步，使产业结构整体素质和效率向更高层次不断演进的动态过程。产业结构高度化强调技术集约化程度的提高，要求主导产业和支柱产业尽快成长和更替，打破原有的产业结构低水平的均衡，实现少数高科技、高效率产业的超前发展，然后带动相关产业及整个国民经济的发展。产业结构高级化的实质内容包括：结构规模由小变大，结构水平由低变高，结构联系由松变紧。

所谓结构规模由小变大，是指产业部门数量增加，产业关联复杂化，其主要指标是部门之间中间产品的交易规模，即中间产品的使用量。部门之间交易规模的扩大主要通过范围扩张（即参与交易活动的部门增加）和数量增加（即部门之间交易活动的容量增加）这两种方式得以实现。现实经济发展表明，产业结构规模扩大的实质是产业结构借助量的扩张而推动质的提升。这是一种普遍趋势且具有不断强化的趋向，主要由两方面因素引起：一是部门之间购买的增加。随着部门的增加和部门之间联系的密切，中间产品的交易和交易环节不断扩大和增多，从而使生产结构变得比以前更“迂回”了。二是制成品投放对初级产品投入的替代。工业化的历史过程表明，初级产品的中间使用量逐步下降，制成品的中间使用量将迅速上升，这实际上是现代工业发展的结果。

结构水平由低变高，是指以技术密集型为主体的产业关联取代以劳动密集为主体的产业关联，这种产业之间的技术关联是通过中间产品的运动来实现的。即通过中间产品的使用及其消耗程度使产业之间发生相应的生产技术联系。中间产品的直接消耗系数(又称投入系数)反映了各产业部门之间的技术联系。

结构联系由松变紧，是指产业之间的聚合程度提高，关联耦合更加紧密。其主要标志是聚合质量，即产业之间的耦合状态以及由此决定的系统整体性功能，可以从产业系统，从特定产业部门在整个产业链条中所处地位和顺序的角度及这一链条的耦合紧密程度来衡量。

（二）产业结构高度化的衡量标志

产业结构高度化既是一个相对概念，也是一个动态概念，它是需求牵引、科技推动等因素共同作用于产业结构的结果，不同阶段有不同的衡量标准。

1. “标准结构”法

“标准结构”法是将一国的产业结构与世界其他国家产业结构的平均高度进行比较，以确定一国产业结构的高度化程度。库兹涅茨在研究产业结构的演进规律时，不但通过时间序列数据对产业结构的演进规律进行了分析，而且通过横截面的数据对经济发展阶段与产业结构的关系进行了研究。这种截面数据研究产业结构的方法，为了解一国产业结构发展到何等高度提供了可比较的依据。利用这种方法，库兹涅茨提出了经济发展不同阶段的产业“标准结构”。根据“标准结构”就能了解一国经济发展到哪一阶段以及产业结构高度化的程度。“标准结构”法一般采用以下两种指标来衡量产业结构的高度化。

(1) 产值结构。

如果从系统的角度观察产业结构，则该系统的输出就是产业结构的产出，这些产出的构成及其相互间的关系就构成了产出结构，因而产出结构是观察产业结构的一个重要视角；而产值结构则是产出结构在一定价格体系中的表象，所以，可以选取产值结构这个指标来衡量产业结构的高度化。

要注意的是，在利用产值结构对产业结构的高度化进行分析时，若产业结构系统所处的价格体系中各产业产出的比价是不合理的，其所反映的产出结构则是扭曲的，从而在衡量产业结构高度化时就会导致严重的误差。如在我国计划经济体制时期，实行的是工农业产品“剪刀差”的价格体系，在此背景下，就会出现工业产值比重较大的假象，不能真正地反映出当时的产业结构高度化程度。

(2) 劳动力结构。

在劳动力能够自由流动的商品社会里，人们为了获得更高的收入，一般会趋向于收入较高的产业。劳动力在不同产业间的分布，就形成了劳动力结构。较之产值结构，采用劳动力结构来反映产业结构更为直观和更易于观察。

但是，通过劳动力结构来观察产业结构及其高度化，也有一些需要注意的地方。首先，劳动力只是产业结构系统的诸多投入要素之一，它只有和其他要素相结合才能发挥作用。

因此，从理论上讲，仅从劳动力要素一个方面来观察产业结构，继而衡量其高度化，具有片面性。其次，不同的劳动力具有异质性。马克思就曾指出，人类的劳动存在简单劳动和复杂劳动之别，而不同质的劳动在生产活动中所发挥的作用是不同的。最后，劳动力要素市场的充分流动性也是值得考虑的问题之一。如果劳动力要素不能自由流动，那么一个产业的劳动力雇佣人数，就不能真实反映该产业对劳动力要素的需求。

2. 相似性系数法

这是以某一参照国的产业结构为标准，通过相似性系数的计算，将本国产业结构与参照国产业结构进行比较，以确定本国产业结构高度化程度的一种方法。设 A 是被比较的产业结构，B 是参照系，X_{Ai}、X_{Bi} 分别是产业 i 在 A 和 B 中的比重，则产业结构 A 和参照系 B 之间的结构相似系数为：

$$S_{AB}=\frac{\sum_{i=1}^{n}X_{Ai}X_{Bi}}{\left(\sum_{i=1}^{n}X_{Ai}^{2}\sum_{i=1}^{n}X_{Bi}^{2}\right)^{\frac{1}{2}}}$$

3. 高新技术产业比重法

产业结构的高度化，在很大程度上表现为高新技术部门的发展和利用高新技术对传统产业的改造。在工业内部，衡量产业结构高度化程度，可以使用高新技术产业比重法。产业结构高度化过程也是传统比重不断降低和高新技术产业比重不断增大的过程，因此，可以采用高新技术部门或知识密集型产业所占比重指标，从纵向或横向进行比较，分析产业结构高度化的状况和趋势。通过横向比较来衡量发展中国家与发达国家的差距，通过纵向比较来测度工业结构高度化的发展。

衡量资本密集和劳动密集程度通常采用如下指标：

资本-劳动力比率（即有机构成），该指标提高表示产业技术水平相对提高，其产业结构趋向高度化；资本产出比率（即资本系数或加速系数），该系数降低表示经济中各产业的资金使用效率提高，产业结构趋向优化升级；产出-劳动力比率（即劳动生产率），该指标提高表示结构趋向高级化。

衡量技术密集度的指标通常有：R&D 费用/销售额；从事 R&D 活动的科学家、工程技术人员/就业总人数；R&D 费用/从事 R&D 人员数。经济合作与发展组织（OECD）根据 R&D 占销售收入比重来定义技术密集程度并制定了高新技术部门的标准。

四、产业结构优化的路径

一般来说，产业结构优化遵循两条路线：

内向型优化。它是指主要依赖国内市场，根据产业结构合理化的要求来消除本国各产业之间发展的不协调，促进社会供求结构的平衡，并根据本国产业发展的内在要求，沿着产业结构升级的线路，推进产业的质的提升，以实现本国经济的可持续发展。

外向型优化。它是借助国外市场和国外环境，从国际比较优势和产业国际竞争优势的角度出发，优化本国产业在世界产业分工体系中的位置，推动本国产业经济系统和世界产业经济系统的发展，形成良性互动的作用机制。

一国在产业结构的内向型优化和外向型优化的共同作用下，产业结构向基于全球产业经济体系的合理化、高度化和高效化目标逼近。但经济发展在不同阶段选择的不同的结构优化主体模式，将决定一国经济发展的水平和产业结构的高度。

（一）内向型优化路径

内向型产业结构优化路径是嵌入式“国内价值链”模式，是指一国产业经济系统在国内市场导向下，内部各相互关联的产业协调互动，实现本国产业结构合理化、高度化和高效化，并最终实现一国经济可持续发展的过程。内向型产业优化注重于满足国内市场需求，开发国内高端市场和客户，依靠国内市场提高企业创新能力、产业升级优化能力。内向型优化路径实际就是依赖国内价值链，提升本国产业结构的一种自主升级模式。这种升级模式抗波动能力强，自身可以组成一个循环体系，并形成完整的产业配套。

内向型产业结构优化强调本国市场和产业之间的相互匹配，强调通过国内产业之间的互动来推动本国经济的可持续发展。它的主要功能有：

强化技术扩散效应。内向型产业结构优化强调一国国内各个产业发展的技术保持匹配，继而推动产业结构的合理化。此外，内向型优化还将通过国内投资的调节和就业结构的调整，推动国内产业之间在发展中的协调。

强化产业集聚功能。内向型优化将通过国家投资政策鼓励、产业布局引导等政策方式以及市场的自发作用规律，推动国内产业集聚，进而提升国内产业的素质。

提升产业的同度化。内向型优化将通过国内需求的引导，推动国内主导产业的选择和更替，并通过技术创新的作用，提高产业的知识化水平，推动国内三次产业结构间比例的变动。

（二）外向型优化路径

当一国国内需求并不旺盛，而企业有多余的供给能力时，外向型优化机制就成为大多数发展中国家提升产业结构的选择。外向型产业结构优化能推动一国产业经济系统融入世界产业分工体系，分享全球资源和市场，获得更大的成长空间。外向型产业结构优化也叫嵌入式全球价值链模式，是指从国际经济合作中的比较优势及竞争优势出发，把握经济全球化和知识经济时代产业升级的基本趋势及规律，主动将本国产业体系融入世界产业体系中，形成开放型的产业经济体系，改造和提升自身的要素禀赋，以开放促发展，扩大本国比较优势和竞争优势，并最终提升本国产业国际竞争力的过程和结果。

外向型优化在产业机构合理化方面的作用方式是通过推动本国产业产出与世界产业市场保持协调、现代技术在本国产业中的应用以及市场机制的配置作用，将产业资源配置到与世界市场需求相协调的产业中。在产业结构高度化方面，外向型产业结构优化采取的方式是依托世界资源和市场，通过对外合作来加快一国新兴产业的发展和主导产业更迭的步伐，或采取跨越式发展战略直接进入下一阶段的发展，借助世界产业分工格局变动的机会，积极引进新兴产业以推动本国产业结构的高度化演进。

五、产业结构优化的策略

（一）产业空间转移

产业的空间转移是由于资源供给或产品需求条件发生变化后空间的转移，既包括产业从一国国内的一个地区转移至另一个地区，也包括产业从一个国家转移至另一个国家。通常我们所指的产业空间转移更多地是指产业的国际转移。国际产业转移主要是通过要素在产业和区域间的流动，常常以相关国家的投资、贸易以及技术转移活动等形式来实现。它往往开始于劳动密集型产业，然后演进到资本、技术密集型产业，或先由发达国家转移到次发达国家，再转移到发展中国家和地区。国际产业转移是产业结构升级的结果，也是推动产业结构升级的重要手段。一国国内的产业空间转移一般是市场扩张的需要，是产业结构调整的需要和追求经营资源的边际效益最大化以及企业成长的需要。

（二）产品升级换代

产品是产业形成的基础，产品的升级换代是产业发展和优化的一个重要标志。产业结构调整和优化不仅仅要考察产业层面，更应该深入到产品层面中去。产品升级通过引进新产品或改进已有产品，提高单位产品的附加值，如提升质量、降低定价、增强差异化、缩短新产品上市时间等，用以提高自身竞争能力。产品升级属于产业内的产品结构优化，是产业升级的基础，是实现产业结构优化升级的策略之一。

产品升级首先是进行产品技术升级，即改变在短缺经济时代只追求产品数量的做法，而转向注重产品的质量，实现产品从劳动密集型向资本或技术密集型转变。为了实现产品升级，必须通过创新设计、更新设备、进行技术改造，进行生产工艺、生产手段的升级换代。其次是品牌的升级。若想延伸产业的价值链和生产链，关键的一点是注重品牌的培育。在现代市场条件下，市场竞争已初步由产品竞争过渡到资本竞争，再到品牌竞争。品牌竞争日益成为市场经济的主体性竞争形态。特别是传统产业的升级。面对全球化竞争必须重视品牌经营，否则必将在国际市场上逐渐处于弱势地位，最终成为国外品牌的廉价加工厂。再次是功能升级。即从简单的组装发展到“原始设备制造商”，到“原始设计制造商”，再发展到“原始品牌制造商”。

（三）产业链条位置升级

产业链条位置升级是指在同一条产业价值链曲线上，一国产业的变动。可用“微笑曲线”来表示产业链条位置的高低。产业链条位置升级通常指产业从价值链低端向高端演进的过程。如图 6-1 所示，价值链两端分别是产品研发和销售服务，往往代表附加价值较高的部门，一般表示拥有较高的技术水平和较高的利润率。这部分通常为发达国家所占据；而中间部分加工组装环节则通常是技术水平较低、利润率也较低的部门，发展中国家往往处于这个位置，因此在全球价值链中，发展中国家处于被动地位。微笑曲线告诉我们，全球价值链中利润高的环节集中在研究与开发、设计、品牌、营销等“非生产性”环节当中。因此，应该加快产业的升级和转型，尽快在全球产业链分工的微笑曲线中占据有利位置。

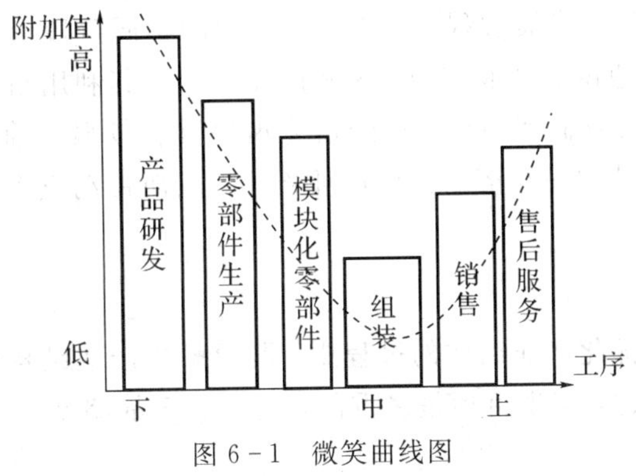

图 6-1　微笑曲线图

（四）“跨越式”链条升级

“跨越式”链条升级也叫产业间优化升级，是从一条产业链条转换到另外一条产业链条的升级方式，这种转换一般都来源于突破性创新。

如图 6-2 是由三组曲线共同构成的产业微笑曲线簇，它是不同行业附加价值的体现。曲线 aa'代表一般制造业，bb'代表中等技术密集型产业，cc'表示高新技术产业。曲线位置的高低、曲线的弯曲度决定了不同产业的技术水平和高度化水平。一般来说，曲线位置越高、曲线的弯曲度越大，表明该曲线所代表的产业是高技术或资本密集型的产业。由图可以看出，位于弯曲曲线中段的动点 A_2、B_2、C_2是三条曲线中附加价值最低的部分，越往两端走，所包含的价值越高。即左端动点 A_1、B_1、C_1与右端动点 A_3、B_3、C_3，拥有较高的附加价值。

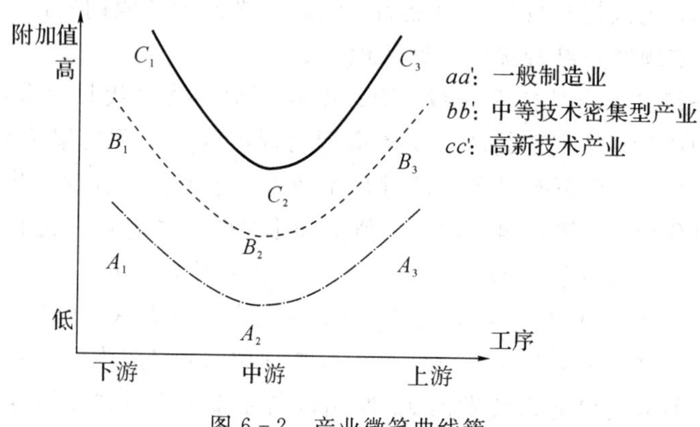

图 6-2 产业微笑曲线簇

“跨越式“链条升级指的是改变整条曲线的位置，使其从曲线 a 向曲线 b 再向曲线 c 跳跃升级。它不是同一个链条上位置的变更，而是完全突破原有链条，重新创建新链条和新产业的全新升级模式。

第二节 主导产业选择

一、主导产业的概念

（一）主导产业的概念和特征

主导产业，是指在经济发展过程中，或在工业化的不同阶段上出现的一些影响全局的在国民经济中居于主导地位的产业部门。这些产业部门因其利用新技术方面的特殊能力而具有很高的增长率，而且它们在整个国民经济发展中具有较强的前后向关联性，因此这些产业部门的发展能够带动国民经济的其他产业部门，从而带动整个经济增长。主导产业具有如下特征：

1. 多层次性

由于发展中国家在优化产业结构的过程中，既要解决产业结构的合理化问题，又要解决产业结构的高级化问题，实现目标是多重的，所以处于战略地位的主导产业群就呈现出多层次的特点。

2. 综合性

由于发展中国家在经济发展中面临的问题是多样的，各产业部门在为发展目标服务时，其作用既各有侧重又互为补充，主要取决于产业部门的特性。部门特性的差异及面临问题的多样性，要求在选择主导产业时综合考虑多种因素，这就决定了主导产业群的综合性。

产业部门的特性主要表现在以下几个方面：

(1) 增长特性，即某产业部门的发展对国民经济增长的贡献大小。

(2) 关联特性，即某产业部门在整个产业链条中是属于推动型，还是属于诱导型。

(3) 需求特性，即某产业部门是服务于最终需求，还是服务于中间需求；是对积累贡献大，还是对消费贡献大。

(4) 资源特性，即某产业部门所体现的各种资源的密集程度。

3. 序列更替性

经济发展的阶段性也决定了主导产业群的序列更替性。特定时期的主导产业，是在具体条件下选择的结果。一旦条件变化，原有的主导产业群对经济的带动作用就会弱化、消失，进而为新的主导产业群所替代。

从经济发展的中短期考虑，由于"瓶颈"作用和"瓶颈"的更替性，主导产业群的选择也要具有序列更替性。不同发展阶段上的主导产业群，既存在替代关系，又存在相互作用。不同阶段的主导产业群的选择并不是随机的，前一主导产业群为后一主导产业群的发展奠定基础。

在此，我们不能把基础产业纳入主导产业，或是把支柱产业等同于主导产业。

基础产业和主导产业是对产业结构从不同角度、不同层次进行划分、考察所得出的不同概念。基础产业是支撑一国或一个地区经济运行的基础部门，它决定着工业、农业、商业等直接生产活动的发展水平。一个国家或地区的基础产业越发达，其经济运行就越顺畅、越有效，人民生活就越便利。一般而言，基础产业是经济社会活动的基础工业和基础设施，前者包括能源工业和基本原材料工业，后者包括交通运输、邮电通讯、港口、机场、桥梁等公共设施。从广义上看，基础产业还应当包括一些提供无形产品或服务的部门，如科学、文化、教育、卫生、法律等部门，有时还特别强调农业是国民经济的基础。主导产业，则是指在产业发展中处于技术领先地位的产业，它代表产业结构演变的基本方向或趋势，对整个国民经济发展具有明显的促进作用，能带动整个产业结构走向高级化。

主导产业与支柱产业有发展程度的差别。支柱产业是指在国民经济中所占比重最大、具有稳定而广泛的资源和产品市场的产业，支柱产业构成一个国家或地区产业体系的主体，提供大部分的国民收入，因而是整个国民经济的支柱。支柱产业的构成及其技术水平决定了产业结构在演变过程中所处的阶段。而主导产业是在一个国家或地区的产业体系中处于技术领先地位的产业，它代表产业结构演变的方向或趋势，是支柱产业发展的前期形态。主导产业的选择主要侧重于国民经济和产业结构的长期目标，强调创新、未来的发展优势和带动效应，而支柱产业的选择则注重于短期或中期目标，注重现实的经济效益，在于培育国民经济增长的主力产业。主导产业在当前经济中可能是影响较小的产业，其资源利用效率可能较低，投入产出比率也可能不尽如人意；而支柱产业则必定是在现实经济中占有较大份额、对国民经济的贡献率较大、投入产出比较好的产业。两者在时间上一般呈现为后者对前者的继起，前一时期的主导产业成为后一时期的支柱产业，而在新的时期又会有另外一些产业替代原来的主导产业。

（二）主导产业与非主导产业的关系

主导产业并不是孤立存在的，它与其他产业部门之间存在着相互促进、相互影响、相互依赖、相互制约的关系。随着技术和经济的发展，各产业部门之间的关系会越来越广泛，越来越复杂。每个产业部门既是其他产业部门存在和发展的一个条件，其自身发展也要受其他产业部门的制约。每个产业部门都需要其他产业提供的产品作为自己的劳动手段、劳动对象和劳动者的生活资料，同时也必须把本部门的产品提供给其他部门使用。因此，各产业部门之间就形成了经常的、大量的、相互交替的技术经济联系。作为国民经济产业部门之一的主导产业，它不能脱离其他部门而独立发展，必须与其他产业部门保持协调发展。

要使包括主导产业在内的各产业协调发展，必须搞清楚各产业部门之间的联系及其联系方式。根据各产业前向联系和后向联系程度的差异对产业部门在国民经济结构中所处的地位和所起的作用进行划分，产业部门可以分为以下四种：

（1）中间需求型产业。部门前向联系和后向联系程度均较高的产业，或中间投入率、中间需求率均较高的产业部门，在社会生产过程中既显著依赖其他部门的投入，又依赖其他部门对本部门中间产品的需求。此类产业部门的产业联系性质属于中间需求型产业。

（2）中间需求型基础产业。部门后向联系水平低、前向联系水平高或中间投入率低、中间需求率高，则表明该产业部门的生产过程对其他部门的投入依赖较低，但却显著依赖于其他产业部门生产过程对该部门中间产品的需求。该产业被称为中间需求型基础产业。

（3）最终需求型产业。后向联系程度高、前向联系程度低或中间投入率高、中间需求率低。这类产业部门的产业联系特点是：显著依赖其他部门中间产品对本部门生产过程的投入，但本部门产品的大多数用于非生产消费，即构成社会最终产品。故这类产业的发展主要依赖其他部门的中间投入量和社会最终产品的需求量，因此称为最终需求型产业。

（4）最终需求型基础产业。前向联系程度和后向联系程度均较低，或中间投入率和中间产业率均较低的产业部门。这类部门产业联系的特点是：生产过程既不显著依赖其他部门的投入，又不显著依赖其他部门的需求。这类产业的产出主要用于最终产品需求，其增长过程不以其他部门有效供给量的增长为前提，因此称为最终需求型基础产业。

根据前向、后向联系的程度对国民经济各产业部门的联系方式进行分类，产业的联系方式主要有以下两种：

（1）基础产业和非基础产业间的联系方式。根据部门后向联系程度或中间投入率的高低，可将国民经济各产业部门划分为基础产业和非基础产业两大类。后向联系程度高或中间投入率高的为基础产业，反之为非基础产业。在国民经济运行中，基础产业部门不以非基础产业的中间产品为基本增长条件，但为非基础产业的发展提供必不可少的投入。因而基础产业和非基础产业间联系方式的基本特征是基础产业应超前发展。

（2）上游产业、中游产业、下游产业的联系方式。所谓上游产业、中游产业、下游产业，是根据各产业部门对资源进行加工的顺序而做出的形象概括。上游产业即中间产品供给型基础产业，中游产业即中间产品供给型产业，下游产业即最终产品供给型产业。上游、中游、下游产业联系的基本特征是：上游产业为中游产业提供初级原料品，中游产业为下游产业提供再加工的原材料。

从世界各国的工业化经验看，在工业化初期，一般是下游产业得到优先发展，在工业化中期或较完整的产业结构形成期，由于部门间联系水平提高，资源加工深度提高，加上技术进步因素的影响，上游产业、中游产业在国民经济中的地位趋向下降。但这种下降趋向并不能等同于工业化初期上游、中游产业的发展不足，而是上游、中游产业生产过剩和生产能力闲置。由此可见，在工业化中期，上游产业和中游产业的发展是从有效供给不足转向过剩的关键时期。世界各国的工业化经验还表明，对于一个不发达国家，特别是人口规模较大的国家来说，在工业化中期，必须认真解决上游产业和中游产业生产能力不足、产品供给不足的"瓶颈"约束问题。

二、主导产业的选择基准

主导产业是经济发展的驱动轮，整个经济和其他各产业部门只有在它的带动下才能高速增长。同时，主导产业也是形成合理和有效的产业结构的契机，产业结构必须以它为核心才能快速向高级化推进。正因为如此，正确选择主导产业就成了各国促进产业结构发展的重要课题。选择主导产业，首先涉及的就是选择标准问题，即主导产业的选择基准。人们已经提出的基准有很多，较常提到的有以下几类基准：

（一）赫希曼基准

赫希曼基准是美国发展经济学家艾伯特·赫希曼在其名著《经济发展战略》中，提出的选择主导产业的基准。赫希曼根据发展中国家的经验指出，在产业关联链中，必然存在一个与其前向产业和后向产业在投入产出关系中产业关联度最高的产业，这个产业的发展对其前、后向产业的发展有较大的促进作用。这种产业可作为主导产业的选择对象。产业关联度，即产业对整个国民经济的影响程度，有方向和大小之分，即前向关联度和后向关联度。在进行主导产业选择研究时，主要利用投入产出法中的感应度系数和影响力系数来衡量、分析和反映产业关联强度。

感应度系数衡量前向关联度的大小，是指国民经济各部门每生产一个单位最终产品时，某一个部门因此而受到的需求感应程度，也就是需要该部门为其他部门生产而提供的产出量。感应度系数大于1，表示该部门所受到的感应程度高于社会平均感应水平(即各部门所受感应的平均值)。感应度系数越大，表示该部门受到的需求感应程度越大。

影响力系数衡量后向关联度的大小，是指某个部门生产一个最终产品时，对国民经济各个部门所产生的生产需求波及程度。影响力系数大于1，则表示该部门生产对其他部门所产生的影响程度超过社会平均影响力水平(即各部门所产生的波及影响的平均值)，影响力系数越大，该部门对其他部门的需求拉动作用越大。

根据赫希曼基准，主导产业应选择具有较大感应度系数和影响力系数的产业，即"双高"产业，只有感应度系数和影响力系数比较大的产业才能带动其他产业的发展。

（二）罗斯托基准

美国经济学家罗斯托在《从起飞进入持续增长的经济学》中将主导产业部门在经济起飞中的作用概括为三个方面：

(1) 后向联系效应。即新部门处于高速增长时期，会对原材料和机器产生新的投入需求，从而带动一批工业部门的迅速发展。

(2) 旁侧效应。即主导部门会引起周围的一系列变化，这些变化趋向于更广泛地推进工业化。

(3) 前向联系效应。即主导部门通过增加有效供给促进经济发展。例如，降低其他工业部门的中间投入成本，为其他部门提供新产品、新服务等。

可见，罗斯托基准是依据产业部门间供给和需求的联系程度来确定主导产业部门的。

赫希曼基准和罗斯托基准都是依据产业间的关联度大小来确定主导产业部门的，它们的着眼点都在于主导产业的带动或推进作用。因此，也有人把这两个基准合称为产业关联度基准。

(三) 筱原基准

筱原基准是20世纪50年代中期日本产业经济学家筱原三代平在其论文《产业结构与投资分配》中提出的基准。筱原基准包括"收入弹性基准"和"生产率上升率基准"两个方面。

(1) 收入弹性基准。收入弹性基准是指从社会需求来看，使产业结构与随着国民收入增长而增长的需求结构相适应的原则。收入弹性，又称需求收入弹性，是在价格不变的前提下某产业的产品(或某一商品)需求的增加率和人均国民收入的增加率之比，反映了该产业的产品社会需求随着国民收入的增长而增长的趋势。收入弹性相对高的产品，其社会需求也相对高。应优先发展收入弹性高的产业和产品，因为产品收入弹性高的产业部门，有着广阔的市场，而广阔的市场正是产业进一步发展的先决条件。

(2) 生产率上升率基准。一般而言，技术进步是造成生产率上升的主要原因。在技术上首先出现突破性进展的产业部门常常会迅速地增长和发展，能保持较高的生产率上升率，所创造的国民收入比重也随之增加。因此，生产率上升率基准就具体表现为技术进步率基准。这个基准反映了主导产业迅速、有效地吸收技术水平的特征。优先发展生产率上升快的产业，不仅有利于技术进步，还有利于提高整个经济资源的使用效率。

筱原基准从供需两个方面对主导产业的选择加以界定，其内容存在着互补关系，是一个有机的统一体。

(四) 环境和劳动内容基准

1971年，日本产业结构审议会提出，在筱原基准之外，再增加"环境基准"和"劳动内容"两条基准。环境基准是指选择污染少，不会造成过度集中问题的产业优先发展；劳动内容基准是指那些能提供安全、舒适和稳定劳动岗位的产业优先发展。当时日本的环境问题变得日益严重，环境和劳动内容基准的提出，是为了实现经济与社会、环境协调发展的目标。

(五) 比较优势基准

比较优势理论由李嘉图提出，我国学者将其拓展到主导产业选择基准研究上。地区主导产业必须建立在地区经济优势的基础上，这种经济优势是同其他相关地区的比较而言的。许多发展中国家选择传统产业并非放弃了筱原基准，而是由于某些传统产业具有比较优势，比较经济优势可以用比较优势系数来表示，它是比较集中率系数、比较输出率系数、比较生产率系数、比较利税率系数的乘积。

当构成比较优势系数的4个因素系数均大于1时，比较优势系数必然大于1；如果4个因素系数都小于1，则比较优势系数必然小于1。显然，作为地区主导产业的候选产业，其比较优势系数值必须大于1，否则，不应予以考虑。当地区内不同产业进行比较时，我们可以按比较优势系数值大小排序，无疑应优先选择比较优势系数值大的产业作为主导产业。

（六）产业协调状态最佳基准

产业协调是优化产业结构的结果，是产业结构合理的表现，是产业结构效率高的源泉。产业结构的协调是整个产业作为整体活动的协调，包括生产、技术、利益、分配等各个方面的协调。当一个国家或地区各个产业部门处于协调状态时，就会使社会的产业在整体结构上产生1+1>2的效果，形成较高的结构生产率和较强的产业配合力，提高产业的经济效益和在产业运动中创造更多的财富，促进社会经济的持续、快速、健康发展。在产业结构运动中，一个产业部门越具有这种功能，在产业结构中的协调性功能就越强，就越有机会成为国民经济的主导部门。

三、主导产业群体及其更替

通过产业部门之间的联系，相关产业组合成一个群体。主导产业实际上也以一个群体出现，主导产业对国民经济的带动作用正是主导产业群整体作用的结果。而且，类似于技术进步和社会供求关系的发展都存在由低到高和由简单到复杂的演变顺序，主导产业群的替代也存在严格的演变顺序。虽然各个经济体具体情况不同和所处的工业化、现代化的历史阶段有所不同，每个演变顺序中的各个环节的时间长短也有明显差别，但主导产业群的演变顺序是由先前的主导产业群向新兴的主导产业群演变。从近代第一次产业革命以来，世界经济的发展总共经历了五次主导产业群的更替，每次更替的主导产业部门都不相同，可归纳为表6-1。

表6-1　主导产业发展的五个历史阶段

阶段	主导产业部门	主导产业群体或综合体
第一阶段	棉纺工业（第一次产业革命）	纺织工业、冶炼工业、采煤工业、早期制造业和交通运输业
第二阶段	钢铁工业、铁路修建业（第一次产业革命成果的延伸应用）	钢铁、采煤、造船、纺织、机器制造、铁路运输、轮船运输等
第三阶段	电力、汽车、化工和钢铁工业（第二次产业革命）	电力、电器、机械制造、化工、汽车等+第二个主导产业群各产业
第四阶段	汽车、石化、钢铁和耐用消费品	耐用消费品、宇航工业、计算机工业、原子能、合成材料等+第三个主导产业群各产业
第五阶段	信息产业（第三次科技革命和高新技术产业化）	新材料工业、新能源工业、生物工程、宇航工业等+第四个主导产业群各产业

主导产业及其群体的更替说明，在产业发展中，主导产业及其群体的历史演进是一个由低级到高级、由简单到复杂、产业总量由小到大的渐进过程。在这个过程中，由于主体需要的满足和主体发展中不同阶段的不可逾越性，以及社会生产力发展中不同技术阶段衔接

的不可间断性，决定了发展中国家在选择和确定主导产业及主导产业群体、进行主导产业及主导产业群体的建设时，一方面必须循序渐进，但某些领域可以“跳跃式”发展，另一方面可以兼收并蓄，综合几次主导产业及其群体的优势，缩短产业建设高级化的时间，在起点低、起步晚的情况下，用较短时间走完产业结构高度化所历经的近 250 年左右的路程，实现产业及其群体的高级化和合理化，实现经济社会的现代化。

第三节　产业价值链优化

一、产业链与产业价值链

（一）产业链的概念

产业链的思想可以追溯到 18 世纪中后期的古典主流经济学家对劳动分工的研究。赫希曼于 1958 年在《经济发展战略》一书中从产业的前向联系和后向联系的角度论述了产业链的概念。最早提出“产业链”一词的是我国学者傅国华，他在 1990—1993 年从事海南热带农业发展课题研究时，受到海南热带农业发展成功经验的启迪，提出了热带农产品产业链，促进海南热带农业发展的观点。产业链是一种产业组织形式，描述的是厂商内部和厂商之间为生产最终交易的产品或服务所经历的增加价值的活动过程，它涵盖了商品或服务在创造过程中所经历的从原材料到最终消费品的所有阶段。

（二）价值链的含义

波特在研究企业竞争优势时，首次提出价值链的概念，即“每一个企业都是用来进行设计、生产、营销、交货以及对产品起辅助作用的各种活动的集合，所有这些活动都可以用价值链表示”。基本的价值链包括企业基础设施、人力资源管理、技术开发和采购四种辅助活动以及内部后勤、生产经营、外部后勤、市场营销和服务五种基本活动，每一个企业的价值链都是由以独特方式连接在一起的这九种基本的活动类别构成的。同一产业内的企业有相似的价值链，但是，因为每一个企业的价值创造环节的重要性不同，从而构成企业各自的潜在或特有的竞争优势。同时企业价值链还体现在价值系统的更广泛的系列活动中，即供应商价值链、企业价值链、渠道价值链和买方价值链构成的价值系统。企业之间的竞争不只是某个环节的竞争，而是整个价值链的竞争。价值链在经济活动中无处不在，企业内部各业务单元的联系构成了企业的价值链，上下游关联的企业与企业之间存在产业价值链。

（三）产业价值链的含义

产业价值链是产业链背后所蕴藏的价值组织及创造的结构形式，产业价值链代表了产业链的价值属性，决定产业链的经营战略和竞争优势。产业价值链的形成有效地实现整个产业链的价值，反映价值的转移和创造。如果说产业链描述了产业内各类企业的职能定位及其相互关系，说明产业市场的结构形态，那么，产业价值链的概念则更加突出了“创造价值”这一最终目标，描述了价值在产业链中的传递、转移和增值过程。产业价值链的形成正是在产业链的结构下遵循价值的发现和再创造过程，充分整合产业链中各企业的价值链，持续地对产业链价值系统进行设计和再设计。

产业价值链的主要特征是：

(1) 构成产业价值链的各个组成部分是一个有机的整体，相互联动、相互制约、相互依存。每个环节都是由大量的同类企业构成，上游环节和下游环节之间存在着大量的信息、物质、资金方面的交换关系，是一个价值递增过程。

(2) 增值性是产业价值链的一个主要特征。

(3) 产业价值链具有循环性的特点。价值增值实现的过程是一个不断循环的过程。

(4) 产业价值链的各个环节技术关联性强且在技术上具有层次性。

(5) 产业价值链的各个环节存在着增加值与盈利水平的差异性。

(6) 产业价值链的各个环节对要素条件的需求存在差异性。不同的环节，对于技术、人力、资本、规模等要求不同，因而具有不同的区位偏好。

根据波特的价值理论，把产业价值链描述为：某一行业中从最初原材料到初步加工、再从精加工到最终产品以及到达消费者手中为止的整个过程中价值的分布和关联。产业价值链实质上是产业链的价值的转移和创造，它反映了产业链更深层的价值含义。

产业价值链存在两维属性：结构属性和价值属性。从结构属性上看，产业价值链是指一种产品的“生产→流通→消费”全过程所涉及的各个相关环节和组织载体构成的一个网络状链式结构，可简称产业链。从价值属性上看，产业价值链是在此产业链中大量存在着上下游关系和相互价值的交换，上游环节向下游环节输送产品或服务，下游环节向上游环节反馈信息的过程。从现代工业的产业价值链环节来看，一个完整的产业价值链包括原材料加工、中间产品生产、制成品组装、销售、服务等多个环节，不同环节上有不同的参与角色，发挥着不同的作用，并获得相应的利益。产业价值链上各个环节的活动都直接影响整个产业的价值活动，而每个环节又包括众多类似的企业，它们的价值创造活动具有相似性。

产业链、价值链和产业价值链三者互为关系。产业价值链代表了产业链的价值属性，它是由产业链内各个企业的价值链整合而成。产业链是一个产业成长发展的必然产物。产业链是随着该产业的形成而自然形成的，因此，根据产业的特性不同，不同的产业链具有不同的价值链，其产业价值链构成往往存在差异性，而且处于动态变化之中。

二、产业链分工

产业链是产业活动的一种分工。随着技术的进步、市场规模的扩大以及需求的多样化，原来由企业承担的部分职能开始发生分离，企业所承担的职能越来越趋向于专业化。随着各个环节从事同一分工的企业不断增多，随之形成的产业纵向分工也越来越细。比较典型的是，伴随着信息技术的发展以及全球市场的形成，企业的纵向分离、外包、外购中间产品或中间服务开始大量出现。此时，单个企业的生产不仅受到自身能力的制约，还受到上下游企业的制约。随着产业中分工的不断深化和演变，企业之间的关系也不断演变，既有相互之间的合作与互补，也有相互竞争和制约，产业链的雏形就显现出来了。产业链就是一种以收益递增为特征的纵向产业内分工和以比较优势为特征的横向产业间分工为主导且相互交织的产业组织形式。因此，分工的深化是产业链发展和市场扩大的过程，这个过程表现为“迂回生产”的延伸和价值链的拉长。分工所带来的产业链结构中新增的节点或中间环节，既是价值的新增长点，也为技术进步和经济增长提供了更大的空间。

市场容量和产业链的联结密度是产业链分工变化的直接原因。在产业发展的过程中，分工之所以能够不断进步，是因为产业链所属空间的联结密度的恒定增加和市场容量的扩大。市场容量大，分工未必发展。市场容量只是分工的一个附加因素。只有产业链所属空间的联结密度在同样的时间、同样的程度上不断增加的时候，市场容量的增加才能促进劳动分工的发展。

三、产业链整合

（一）产业链整合的含义

产业链整合是指企业把主要精力放在提升核心竞争力上，其他非核心业务则由产业链上其他企业协作完成，利用企业外部资源快速响应市场需求。只要是产业链上的企业能够直接或间接控制链上其他企业的决策，使之产生期望的协作行为，就视为产生了某种程度的"整合"。产业链整合有助于链上各成员提升企业核心竞争力，改善企业绩效。在变化的环境中，产业链整合成为更新企业能力的战略工具。

（二）产业链整合的模式

产业链整合通常是围绕主导企业进行的，整合目标是产业链上企业产生协同运作的效果。在进行整合的过程中要以信息共享为基础，并且实现风险、成本和利益共担。产业链包含纵向的链状形态和横向的行业形态两个维度。

1. 产业链的纵向整合

产业链的纵向整合就是对产业链纵向形态上的战略性资源进行整理、协同、综合、系统化、集成和融合，形成对战略性资源和能力的有效控制，是培育核心竞争力，保持竞争优势的战略性行为。产业链纵向整合的目的是通过确定产业链各环节创造价值的大小及其重要性，识别产业链的关键环节和主导环节，占据产业链发展的优势地位，实现对整个产业链资源的控制和优化。其表现通常是产业链的延伸和拓展，以及产业链的接通。产业链中主导企业通过多种途径将其生产经营业务分别向上下游的相关部门延伸，逐渐掌握和控制产业链的关键环节。产业链纵向整合的方式有纵向合并和纵向约束两种。

纵向合并就是企业将产业链上存在上下游关系的企业合并，组合成新的企业整体。通常将产业链下游合并称为前向合并，目的是获得生产经营所需的原材料的投入；将产业链上游合并称为后向合并，目的是提高产品需求的稳定性。

这种方式最大的优点就是节约了交易成本，尤其是在专用性资产投资的情况下，资产的专用性越强，所带来的投资沉淀成本就越高，供应商和重复购买者就有强烈的合并动机来避免沉淀资本投资所带来的潜在损失。当然，通过纵向合并，新的企业整体会在市场获得更多的谈判优势和议价优势，或者至少避免了谈判劣势。纵向合并将原来多个企业的市场分工转变成一个新企业的内部分工，并没有影响产业价值链的增值方式。

当然，也可以产业链的某一环节为中心沿双向进行产业链整合，只不过整合的方向取决于相对于该环节的位置而已，因此，后向或前向合并的划分并不是绝对的。

纵向约束是指产业链上的企业可以通过对上下游企业施加约束，比如主导企业通过技术控制、资本控制和渗透、契约约束等机制使得其他企业接受一体化合约，通过价格或产量控制实现纵向上产业链垄断利润的最大化。纵向约束与产业链横向整合中的横向战略联盟有着本质上的相似之处。

按照产业链各环节整合控制的紧密程度，纵向约束可分为紧密型约束和松散型约束。

产业链各环节之间的联系密切，关联程度高，相互之间的影响大，主导企业的控制能力强，则为紧密型约束；反之，产业链各环节之间的联系较少，关联程度较低，相互影响也较小，主导企业的控制能力较弱，则为松散型约束。紧密型约束对产业链的控制能力和支配能力强，能够更好地统筹、协调产业链的资源配置和运行，通常是对关键技术环节的整合，代表了产业链的核心竞争力。松散型约束对产业链的控制和资源配置能力较弱，一般用来整合相关的非核心的业务。

2. 产业链的横向整合

产业链的横向整合围绕产业链上的主导环节或关键环节展开，主要是为了增加产业链的"宽度"，扩大产业链环节的规模，增强核心企业实力；在增强主导环节或关键环节核心竞争力的同时，也提高薄弱环节能力，提升整体产业链的竞争力和运行的稳定性。产业链横向整合的目的主要是整合企业各项技能、提升企业核心能力、扩大企业规模、提升企业规模竞争优势、提高企业市场占有份额，避免行业内的散乱竞争。

产业链横向整合的方式主要有整合企业能力、建立衡量企业联盟，以及进行横向合并三种。

第一，整合企业能力。企业能力是指企业通过资源配置发挥其生产、竞争作用的能力，来源于企业生产、制造、技术、销售、资金、管理等有形资源和无形资源以及组织资源的整合。因而对产业链上的关键企业能力进行整合，就是促使其形成核心竞争力，增强自身以及所在产业链环节的持续竞争优势。对企业能力进行整合可以从强化制度管理、建立企业信息管理系统、实施业务流程再造、培养良好的企业文化氛围等方面入手。

第二，建立横向企业联盟。建立横向企业联盟主要是为了提高链环的市场势力，在保持各企业独立自主性的前提下，以一致的战略目标和合作协议为约束实现联盟，提高对市场价格调整的控制力，便于联盟获得更高的垄断利润。但由于联盟内部企业之间存在信息不对称和囚徒博弈困境，使得联盟的长期稳定性不容易维持。常见的横向企业联盟方式为价格联盟。价格联盟是链环上的企业通过共同协议对价格予以控制以达到提高利润的目的，但这种方式很容易带来消费者福利和社会福利的损失，存在一定的市场风险。

第三，进行横向合并。通过企业横向合并，能提高市场集中度和市场势力，合并后的企业能更好地实现规模经济，促进行业的有效竞争。同时，进行横向合并，提高产业市场集中度也有助于在位厂商，或者与其他在位厂商联合构建进入壁垒，阻止潜在进入者的进入，避免产业的过度竞争。常见的横向合并方式有收购、兼并等。

3. 产业链的综合整合

产业链的综合整合是指产业链之间的相互整合，即产业链之间突破单一产业链的限制，相互渗透、相互影响，形成产业之间以及地理空间上的相互融合，构成一个复杂的相互交织的网状组织，从而将产业链的范围进一步扩大，形成产业网。这个产业网无论是地理空间还是产业空间都极大地向外拓展，资本、知识渗透到各个产业中，成为相互联系的纽带。特别是随着产业链整合进程的不断深入，知识、技术成为产业链之间的内在逻辑联系，资本和知识的外溢推动产业链不断地向外扩张，寻求具有可持续发展的资源优势和技术优势，综合利用各种技术、资本、自然资源，建立产业链之间的联系，构建长期可持续发展优势。这种整合着眼于不同性质的产业链间整合，其实质是产业整合，增加了跨产业链整合的难度。因此，需要借助于公共服务平台，通过资本和技术等来整合物流、金融、信息等服务配套产业，实现对产业链的网络化、多功能化的扩展，甚至向其他优势产业转型，避免出现产业链同构造成的恶性竞争与资源浪费。在这个综合整合的过程中，要综合考虑国家的产业政策和产业结构调整，在国家政策的指导下，制定产业链综合整合的战略和措施，在市场机制的主导作用下，进行产业链的综合整合。

四、产业链优化

（一）产业链优化的含义

产业链优化是指产业链不断运动和变化，从而由低级形态向高级形态转变，由不协调向协调转变，由低效率向高效率转变。产业链是基于产业关联形成的特殊经济系统，产业链优化就是产业链的结构更加合理有效、产业环节之间的联系更加紧密协调，进而不断提高产业链的运行效率和价值实现的转变过程。

现代经济是快速发展中的经济，在经济全球化、贸易自由化和国民收入增加、消费结构不断变化的作用下，市场对各类产品的需求也呈现出多维性、复杂性和可变性，由此决定了作为市场主体的产业链群体内的各个产业部门不断调整自身经济行为，表现为产业链的适应性调整。这些调整包括产业链环节的增删、产业链主体运行路线的改变，以及产业链的空间分布的变更等。产业链优化就是要以这种动态调整为基础，使整个产业链向协调、有序和高效转化。

（二）产业链优化的内容和途径

根据产业链优化的内涵与目的，优化内容主要体现在三个方面，即产业链延伸、产业链提升和产业链整合，这也是实现产业链优化的主要途径。

1. 产业链延伸

产业链延伸是指产业迂回程度的提高，它是产业结构调整的高度化中所要求的高加工度化的体现，包括三种情形：向前延伸、向后延伸和增加中间环节。通常所说的延伸是产业链的后续产业环节得以增加，或是得以增生扩张以获取追加收益的过程。加工环节的增加，由于追加了劳动、资本和技术，往往可以获得更多的附加价值。产业链的延伸有全国和地方两个层次。从全国宏观层次来看，产业链一般比较完整，构成产业链的环节是经过长期的演变所形成，而一旦形成则不是短期内可以随意改变的，因而可以认为短期内不存在产业链的延伸问题。但从区域层次来看，一定区域内由于受自然、地理、经济等各方面影响，它往往只具有产业链中的一个和几个环节，其他环节没有或相对弱小，因而需要构建完整的产业链条。区域层次内的产业链延伸可以促进地区经济结构的高度化，通过后续产业环节的增加带来本区域的高附加价值化，使产业链的增值保留在本区域之中。

2. 产业链提升

产业链提升是指产业链整体素质的提高，即产业链的各环节向高技术化、高知识化、高资本密集化和高附加价值化的演进。它也是产业结构高度化在产业链中的体现。这是产业链优化中的一个重要方面，对于提高产业链的竞争力至为关键，但在产业链优化中较少提及。实际上，这个优化内容既不同于产业链的延伸（环节多少或路线长短），也不同于产业链整合（环节之间的连接合作、协调合理），而是各个链环的知识含量、技术层次、资本密集程度和附加价值水平的不断提高，其中尤以技术素质至为重要。

3. 产业链整合

产业链整合是产业链环之间的连接、合作与协调，它根据社会资源状况和市场需求状况的变化，在产业链环之间合理配置生产要素，协调各产业链环之间的比例关系，产生出协同效应和聚合质量。产业链的整合有许多内容：从产业链形态要素来看，有物流的整合、信息流的整合和价值流的整合，以及经营主体的整合等。从产业链的时空分布来看，有宏观层次内的产业链整合、区域内的产业链整合和跨区域的产业链整合等。因此，应以产业链中微观主体之间的合作机制和伙伴关系为基础，加强产业链环之间的衔接与合作。

产业链优化各项内容之间存在着紧密联系，只有达到三者的统一才能有效实现产业链的优化和升级。

思考题

1. 用什么方法衡量产业结构的合理化？
2. 用什么方法判断产业结构的高度化？
3. 主导产业有哪些特征？
4. 主导产业的选择基准有哪些？
5. 世界经济发展经历的五次主导产业群更替中的主导产业分别有哪些？
6. 产业链整合主要有什么模式？
7. 简述产业链优化的内容和途径。

第七章　产业关联

第一节　产业关联概述

一、产业关联的含义

产业关联是指在经济活动中，各产业之间存在的广泛的、复杂的和密切的技术经济联系。这种联系指的是投入产出的关系，是以各种中间产品消耗为纽带的。这里的投入具体指的是产品生产消耗的原材料、燃料、动力、固定资产折旧和劳动力，产出具体指的是产品生产出来后所分配的去向、流向，以及使用方向和数量。因此，通过中间产品的消耗，产业之间在投入跟产出活动过程中建立的技术经济联系就是产业关联。

二、产业关联的纽带

产业关联的纽带是指不同产业之间是以什么为依托连接起来，这种产业间连接的不同依托就构成了产业间联系的实质性内容。伴随着诸如产品和服务等在产业之间的流动，产业之间形成了很多联系。

（一）产品、劳务关联

产品、劳务关联是产业间最基本的联系。所谓产品或劳务关联是指在社会再生产过程中，一些产业为另一些产业提供产品或劳务，或者产业间相互提供产品或劳务。某一产业的产品结构、产品的技术含量、产品的生产方式、产业的规模和服务内容等某一方面或多方面发生变化，会引起相关产业的产品结构、产品技术含量、产品的生产方式、产业规模和服务内容等某一或多方面发生相应的变化。由于产业间其他方面的关联，如生产技术关联、价格关联、劳动就业关联、投资关联等都是在产品、劳务关联基础上派生出来的，因此产品或劳务关联是产业间发生的最广泛、最基本的关联。例如：农业与工业产业关联中的产品、劳务关联如图 7－1 所示。

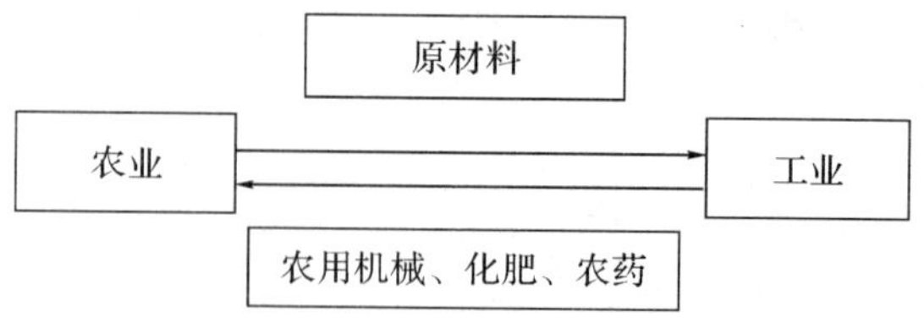

图 7－1　农业与工业产业关联中的产品、劳务关联

（二）生产技术关联

生产技术关联是指一些产业为另一些产业提供满足技术性能要求的机器设备、产品零部件、原材料以及劳务等。技术进步是产业结构变动的最活跃、最积极的因素。在生产过程中，一个产业不是被动地接受其他相关产业的产品或劳务，而是依据本产业的生产技术特点、产品结构特性，对所需相关产业的产品和劳务提出各种工艺、技术标准和质量等特定要求，以保证本产业的产品质量和技术性能。这一要求导致产业之间的生产工艺、操作技术等方面有着必然的联系。一般来说，这种生产技术关联是与各产业间产品和劳务的供求紧密联系在一起的。生产技术作为产业间联系的重要依托，其发展变化不仅直接影响产业间产品和劳务的供求比例关系，而且还会使某一产业在生产过程中和与其有产品和劳务联系的产业发生变换，或者依存度发生变化。例如随着化纤技术的发展，使得纺织业原先的投入品棉花被逐步替代，使得纺织业对棉花种植业的依存度减少，同时还建立了纺织业与化纤工业的产品联系。

（三）价格关联

产品和服务的关联可以通过实物形态来表现，也可以通过价值形态来表现。从实物形态来说，产业之间相互提供中间产品的数量是以中间产品的实物量表示的；而从价值形态来看，产业之间相互提供中间产品的数量是以中间产品的价值量来表示的。价值形态的联系主要指某产业中间产品价格的变化不仅影响了自身的价值，还会影响相关产业产品的价格。产业间价格关联实质上是产业间产品和劳务关联价值量的货币表现。产业间价格关联使不同产业间不同质的产品或劳务联系，可用价格形式来统一度量和比较，从而为投入产出价值模型的建立铺平了道路，进而为产业结构变动分析、产业间比例关系分析等提供了有效的计量手段。

（四）劳动就业关联

劳动就业关联指在技术水平保持不变的基础上，某一产业的扩张发展会带动相关产业的发展，从而增加相关产业的劳动就业机会。劳动就业关联会引起关联产业人力资源配置状况产生相应的变化。

（五）投资关联

为促进某一产业发展，必须要对该产业增加一定量的投资，但由于该产业发展受到相关产业的制约，如投入品的生产行业，因而必然增加对相关产业的投资。这种某一产业的直接投资必然导致相关产业的投资，就是产业间投资关联的表现。

在上述五个纽带中，产业或劳务关联是产业之间最基本的一种联系，生产技术关联、价格关联和劳动就业关联等其他方面的关联都是在产品或劳务关联的基础上派生出来的关联。由于产业间存在着上述关系，某一产业的发展变化必然会影响到并波及与其相关的其他产业。

案例一：2016 年乳业遭遇多事之秋 行业洗牌加速

2016 年对于乳业来说是不寻常的一年。一线龙头乳企遭遇多事之秋，上游养殖企业 50%以上亏损，而婴幼儿配方奶粉板块内企业在高库存压力下，出现业绩下滑、亏损等现象。随着奶粉新政“注册制”的深入实施，国内奶粉市场必将迎来一波新的洗牌。处于行业寒冬中的乳企如何在竞争中存活，将成为乳企不得不面对的问题。未来国内乳制品行业的竞争将进入白热化，奶价回升对养殖企业带来利好的同时，必将增加乳制品加工企业的成本，跨境购、进口大包粉及液态奶依然充斥着国内市场。预计 2017 年，整个乳制品行业总体要好于 2016 年，但困难依然存在，而婴幼儿配方奶粉行业随着行业洗牌的加剧，也将迎来行业的拐点。

2016 年上半年，《证券日报》记者走访大包粉加工企业，它们每天都是满负荷生产加工大包粉，有的乳业收购的原奶，在不能全部加工成乳制品的情况下，不得不将收购的原奶加工成大包粉储存，也有养殖企业将卖不掉的鲜牛奶进行加工储存。但是，每加工一吨奶粉，都会给企业带来损失。记者走访的山东、河北等市场，因奶价低迷，很多奶农不得不卖掉或杀掉一部分奶牛，特别是有贷款压力的奶农，他们的日子更是艰难，不少小规模型牧场最终以倒闭收场。在一个相对缺奶的国家，竟然出现"奶剩"。究其原因，一方面来自进口大包粉的冲击，另一方面受经济下滑、国内消费疲软等因素影响，乳制品的销售情况并不乐观，这就导致了乳企对原奶的需求在下降。另外，在"奶荒"时，不少乳企进口了大量的大包粉进行储备，这也导致乳企对原奶的需求有所下降。不过，随着国内奶牛数量的减少，国际奶价的回升，国内奶价自 9 月份以后开始出现回升。据一位业内人士透露，今年受原奶价格下降的影响，不少养殖企业处理了一部分奶牛，而这个数量大约在 80 万～100 万头。目前，国内大约有 500 万～600 万头奶牛，奶牛数量的下降直接影响鲜奶量的下降，使得不少奶牛养殖企业日子相对好过了一些。

三、产业关联的方式

产业关联的方式是指产业部门间发生联系的依托或基础，以及产业间相互依存的不同类型。在一个国家或地区的经济运行过程中，产业关联的方向及程度是各种各样的，比如在关联方向上，正常是上游产业向下游产业提供投入品，但也有些特殊情况下是下游向上游提供。在关联程度上，两个产业可能存在直接联系，也可能存在间接联系。具体分类如下：

（一）按产业间关联的方向不同分类

1. 前向关联

根据赫希曼编写的《经济发展战略》一书中对前向关联的解释，前向就是某一产业的产品成为其他产业的中间投入，也就是通过供给联系与其他产业发生的关联。当 A 产业为 B 产业提供产出作为中间投入（A→B），对 A 产业来说，与 B 的关联便是前向关联。形象地说，顺箭头方向便是前向关联。例如，化肥工业与食品工业的关联是前向关联，见图 7－2。

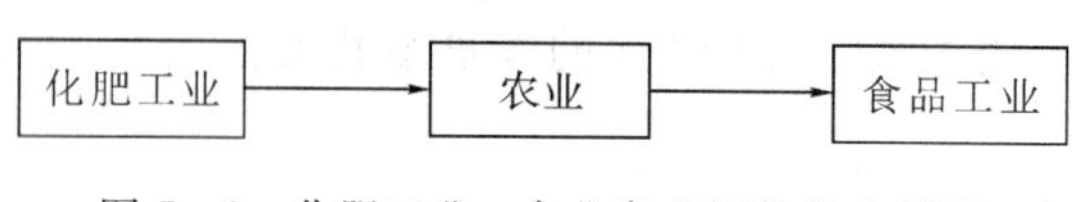

图 7－2 化肥工业、农业产业间的前向关联

2. 后向关联

后向关联是指某一产业在生产过程中需要从其他产业获得投入品所形成的依赖关系，即通过需求联系与其他产业发生的关联。A 产业为 B 产业提供产出作为中间投入（A→B），

对B产业来说，与A的关联便是后向关联。形象地说，逆箭头方向便是后向关联。例如，食品工业与化肥工业的关联是后向关联，见图7－3。

图7－3　化肥工业、农业产业间的后向关联

3. 环向关联

经济活动中的各产业依据前向关联、后向关联联系组成了产业链。产业链通过复杂的技术经济联系往往会形成一个“环”。例如，煤炭采掘业与采矿设备制造业形成环状的产业关联，一般称为产业间的环向关联，见图7－4。

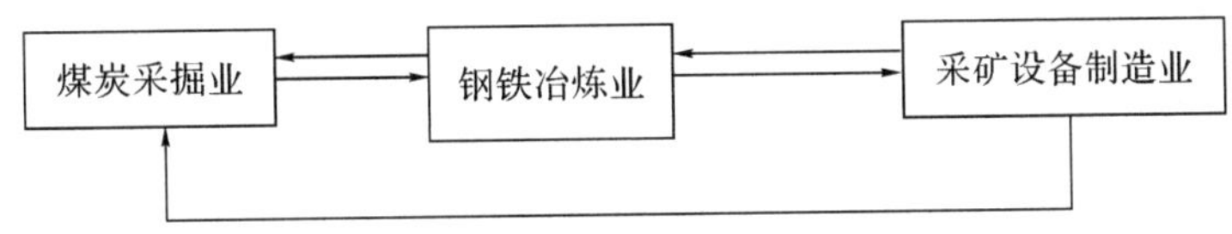

图7－4　煤炭采掘业与采矿设备制造业产业间的环向关联

（二）按产业间技术工艺的方向和特点分类

1. 单向关联

单向关联指一系列产业之间，先行产业为后续产业提供产品，以供其生产时的直接消耗，但后续产业的产品不再返回先行产业的生产过程。其特点是：产品在各相关产业间不断深加工，最后脱离生产领域进入消费，因而投入产出的联系方向是单一的。例如，棉花与服装产业间的技术工艺就是单向关联，见图7－5。

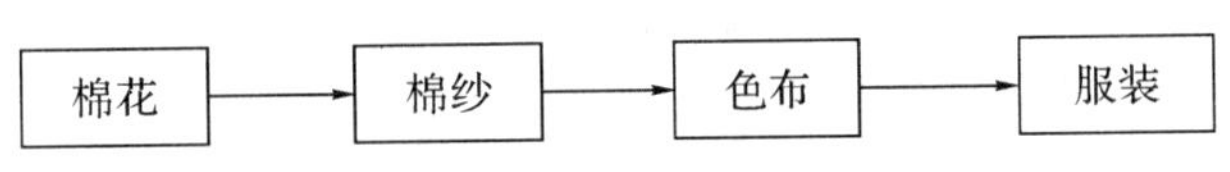

图7－5　棉花与服装产业间技术工艺的单向关联

2. 双向关联

一系列产业之间，先行产业为后续产业提供产品，以供其生产时直接消耗，同时后续产业也为其先行产业提供产品，与先行产业发生前向关联，这种关联便是双向关联。例如煤炭产业为电力产业提供燃料，而电力产业也为煤炭产业的生产提供电力作为动力源，即煤炭→电力，这是产业间的双向关联，见图7－6。

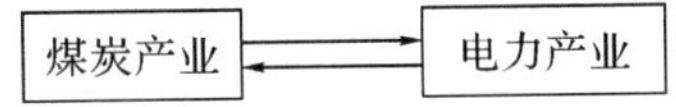

图7－6　煤炭与电力产业间技术工艺双向关联

（三）按产业间的依赖程度分类

1. 直接关联

所谓直接关联，是指两个产业之间存在着直接提供和被提供产品、服务、技术等方面的联系。例如，奥运会产业活动拉动了旅游产业的发展，它们之间的联系就是直接关联。

2. 间接关联

所谓间接关联，是指两个产业之间本身不发生直接的生产技术联系，而是通过其他一些产业的中介而产生技术经济方面的联系。例如，奥运会产业活动与绿色食品业之间并无直接联系，但它们实际上仍有一定的联系，这种联系就是由于奥运会产业活动拉动了旅游，而旅游与餐饮有关，餐饮又与绿色食品有关，这样奥运会产业的发展就会通过上述中介产业，最后影响到绿色食品业的发展，这就是奥运会产业与绿色食品业之间的间接关联，见图 7－7。

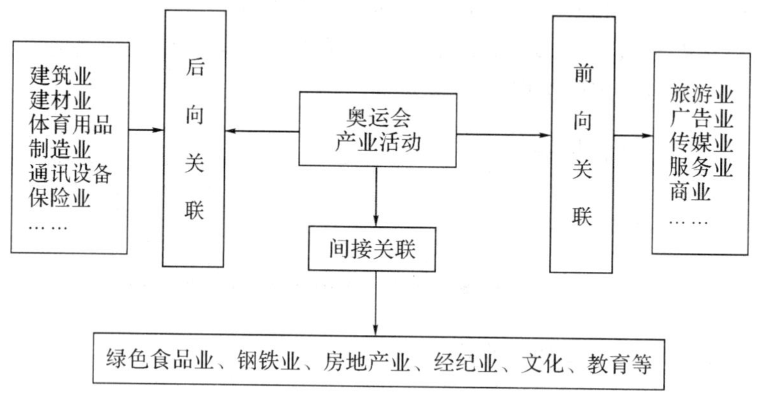

图 7－7　奥运会产业活动关联产业

案例二：2016 关于会展业与城市产业发展的互动效应分析

会展业是伴随着现代经济的快速发展、产业发展和分工日趋成熟以及国际经济交往日益频繁而迅速发展起来的一个新兴产业类别。一般说来，会展业既是某一地区产业集聚的必然结果，又是第三产业和现代服务业发展的“引擎”。

（1）城市产业发展为会展业提供了基础和动力。

会展业对城市以及周边的产业依赖性极强，它必须以相关产业发展为基础，并对产业进行集中的展示。特别是一些专业性会展，完全依赖于相关产业群、产业链和产业体系的支撑，如果没有产业的发展做基础，要运作专业性会展几乎是不可能的。首先，城市产业的聚集产生了对会展市场的需求。其次，城市产业的分化与专业化丰富了会展的内容。再次，城市产业的国际化提升了会展的国际知名度。最后，城市服务业的发展为会展提供了优良的环境。

（2）会展业对城市产业发展的巨大拉动。

① 经济带动效应。

会展业具有较高的利润，本身就能产生较好的经济效益。国外的一个统计数据表明，会展业的利润通常在 25%左右。作为一种新兴的现代服务业，会展业还能带动城市其他相关产业产生良好的商机和效益。据一些专家测算，会展对城市其他产业的拉动效应为1∶9。会展业对城市服务产业以及相关行业所产生的牵连效应和后续效应，可以带来可观的经济效益。在中国，据上海税务部门预测，2016 年上海和会展经济相关的各服务行业中，仅场地出租、货运、广告等几个行业的收入就高达 1.5 亿元，产生税收在 8 万元左右。

② 资源配置效应。

过去，区域间或国际间的企业缺乏交流与合作，供求双方的交流不畅，导致了市场的稀缺性和产品的互补性得不到有效的解决。城市通过举办展会，可以充分发挥市场的资源配置效应，促进信息交流、实现产业优势互补。

③ 信息传播效应。

会展无疑是一种具有独特传播功能的综合性传播媒介，会展不仅可以通过信息的交流与传播协助企业了解市场行情、把握市场动态，而且可以通过其放大效应，展现所在城市和区域的优势与形象。因此，会展作为信息传播平台，具有其他传播方式所不具备的独特优势。

④ 产业规模化效应。

会展作为一个完善的展销市场，可以有效地打通产业内部行业之间、产业与产业之间的链条，为企业交流信息、实现优势互补、达成相互合作创造平台，从而形成以区域龙头企业为轴心，其他中小企业共同分工合作的产业规模化布局，逐步形成产业聚集化、专业化、规模化的发展模式。

⑤ 国际化效应。

会展作为一个非常有效的现代国际交流的互动平台，它促使各国或地区积极参与国际分工与合作，形成相互依存、相互联系的全球产业经济一体化。尤其是国际性会展，不仅可以促进产品和生产要素实现国际交换和交易，还促使国内企业就技术、管理、营销和未来发展战略等问题与国际同行展开国际交流与对话。例如，法兰克福国际消费品展是全球消费品行业内最具影响力的国际性展览会之一，2017 年春季，该展览的展出面积就达 33 万平方米，来自 89 个国家和地区的 4724 家客商参展，接待专业买家 14 万多人，其中约一半的客商来自国外。

⑥ 标准化效应。

会展在产业标准的制定、修订、宣传和推广方面都发挥着独特的作用。例如，在会展期间，产业标准制定组织或人员可以集思广益，充分听取客户、生产者、大专院校和科研机构的广泛意见，进而确定切实可行的技术指标；同时，还可以了解到关于生产环境、生产技术和国内外需求状况的最新动态，及时做好产业标准的修订工作，以保证标准的实用性、持续性和可操作性。此外，会展还是宣传产业标准的快捷而高效的途径，因为参展商和观众大多都是业内人士，是产业标准的主要宣传对象。通过举办高质量、国际化、专业化的会展，与会的参展商可以相互学习、相互借鉴一些成功的标准化做法，这无疑有利于推动标准的制定和推广，提升行业发展的标准化程度，推动产业的升级和提高产业竞争力。

（案例来源：看准网经济论文频道）

第二节　投入产出分析法

一、投入产出分析法概述

投入产出分析，又称部门平衡分析，或称产业联系分析，最早由美国经济学家瓦·里昂惕夫提出。里昂惕夫早年在柏林大学学习时编写题为《俄国经济的平衡——一个方法论的研究》的短文，首次提出了投入产出方法论的基本思想。1936 年，里昂惕夫在美国发表的论文《美国经济体系中投入产出的数量关系》中已经明确提出了投入产出分析方法，但没有当即引起美国各界的重视。直到 1941 年，投入产出分析理论和方法同运筹学、计量经济学一同登上了世界经济的舞台。之后美国官方为了研究战后生产和就业相关问题，聘任里昂惕夫担任顾问组织、指导编制了美国年投入产出表。这是美国官方编制的第一张美国的投入产出表。在 20 世纪四五十年代，投入产出表的编制与分析方法传播到除美以外的加拿大、英国、意大利等国家；50 年代传入前苏联和东欧；60 年代传入我国，之后又陆续推广到东南亚、非洲和拉美等国度。至此，投入产出分析已经确立了其在世界经济舞台中重要的经济分析方法的地位。

投入产出分析法主要通过编制投入产出表及建立相应的数学模型，反映经济系统各个部门(产业）之间的相互关系。自 20 世纪 60 年代以来，这种方法就被地理学家广泛地应用于区域产业构成分析、区域相互作用分析，以及资源利用与环境保护研究等各个方面。在现代经济地理学中，投入产出分析方法是必不可少的方法之一。

二、投入产出表

投入产出表是应用投入产出分析法的必备基础，它是一个数据资料库，能够详尽地反映经济系统各要素间相互的关系。投入产出表其实质是一张表现投入来源和产出去向的平衡表，也称为产业联系表或者里昂惕夫表。其形式为矩阵形，反映一个经济系统在一定时期内各部门之间发生的产品或服务流量和交换关系。投入产出表可以分为实物型投入产出表和价值型投入产出表。实物型投入产出表使用各产品的实物量单位为计量单位，其优点是简单、明了，可操作性强。其缺点是不能应用于超出物质产品的范围，并且因为计量单位的限制，只能对同一产品相关部分进行计算，即只能进行计算，而不能对列数据进行计算(列数据涉及不同部门的不同产品，其计量单位通常不同)。因此，实物投入产出模型并不能完全反映全部的经济活动。价值型投入产出表是以价值量，即产品的货币表现作为计量单位，表中的数据由于不受到计量单位的限制，因此可以做行和列的数据计算，从而大大扩大了价值型投入产出模型的应用范围，可以研究物资、非物质、有形或无形的各种经济产出。但是价值型投入产出表的缺点也来自于价值型的计量单位，因为货币表现的价值很大程度上受到价格变动的影响，因此在应用时需要关注价格波动的影响。

投入产出表是建立在一定假设基础之上的，这些假设包括：① 假定每个产业只生产一种特定的同质产品。产业之间的投入产出关系就由物质技术因素决定。② 假定每个产业产品的产出量与对它的各种投入量成固定比例。③ 假定各产业的生产活动互不影响。④ 假定消耗系数在一定时期相对稳定。这样，投入产出分析就可以运用于经济预测。⑤ 假定用某一个年度的数据来计算消耗系数。这样，就使生产时间上的差异问题被简化了。

（一）实物型投入产出表

按各种产品的实物单位来进行计量的就是实物型投入产出表。一般地说，可以假设国民经济是由 n 个生产产品的产业所组成，它们分别被称为第 1 产品产业、第 2 产品产业……第 n 产品产业。任何一个产业在生产过程中都必须要以其他产业的产品和本产业的产品作为投入物，任何一个产业的产品都可以作为其他产业和木产业的投入物，并且还有部分作为满足社会的最终需求，包括消费需求、积累需求以及出口国外。表 7 - 1 表示在一定时期内产业间的这种投入产出关系，也就是通常所说的投入产出表。

在表 7 - 1 中，X_{ij} 表示 j 产业产品在生产过程中对 i 产业产品的消耗量，也称 i 产业产

品分配到 j 产业的流量；Y_i 表示 i 产业的最终产品数量；X_i 表示 i 产业的总产品量；n 表示所划分的产业数。

表 7－1　实物型投入产出表

产出 投入	中间产品					最终产品				总产品
	产业1	产业2	…	产业n	小计	积累	消费	净出口	小计	
产业 1	X_{11}	X_{12}	…	X_{1n}	$\sum_{j=1}^{n} X_{1j}$				Y_1	X_1
产业 2	X_{21}	X_{22}	…	X_{2n}	$\sum_{j=1}^{n} X_{2j}$				Y_2	X_2
…	…	…	…	…	…				…	…
产业 n	X_{n1}	X_{n2}	…	X_{nn}	$\sum_{j=1}^{n} X_{nj}$				Y_n	X_n
劳动力	L_1	L_2	…	L_n						L

可以把实物型投入产出表分为两部分来理解，中间产品部分是基本部分，也可以称为产业间产品的流量表。这部分的“行”和“列”数目相同，产业分类的名称和顺序也完全一致。这一部分里的数字表示在本期生产的而又在本期生产过程中被消耗了的产品量，故也被称为中间产品。这些消耗量数字实质上反映的是产业间的物质技术联系，数字的大小是由产业的工艺技术结构决定的。最终产品是本期生产的而在本期不再加工的，可用于最终使用的产品。最终产品在各个用途上的分配主要是由社会经济因素决定的。

整个投入产出表横向来看，表中每一行的数字表示该产业生产的产品作为中间产品卖给了哪些产业，卖了多少，又有多少产品作为最终产品满足了各项最终需求。对于每一个产业，由于总产品＝中间产品＋最终产品，故根据表 7－1，可得线性方程组：

$$\begin{cases} X_{11}+X_{12}+\cdots+X_{1n}+Y_1=X_1 \\ X_{21}+X_{22}+\cdots+X_{2n}+Y_2=X_2 \\ \cdots \\ X_{n1}+X_{n2}+\cdots+X_{nn}+Y_n=X_n \end{cases} \tag{7-1}$$

劳动力总量等于各产品生产投入的劳动力数量之和，用公式表示为：

$$L=\sum_{j=1}^{n} L_j \quad (j=1,2,\cdots,n)$$

纵向来看，表中每一列的数字表示该产业进行生产所必需的包括本产业在内的各个产业购进多少中间产品作为投入，以及最终产品的实物构成。在实物型表中，每一列的各个数字由于计量单位不同，不能直接相加。

实物型投入产出表描述的是产业间的生产技术关系，且计量值不受价格波动的影响。因此，它比较适合于用来研究国民经济中主要产品的生产和使用情况，以及研究产品之间的生产技术联系。但它的每列数字不能加总，故不能得到每种产品生产过程中的物质消耗

（投入）总量，加之实物性的统计资料收集较为困难等因素，使它在经济分析中的应用受到了一定的限制。

（二）价值型投入产出表

价值型投入产出表记录了全部用货币计量的中间产品价值、最终产品价值、毛附加价值以及总产值。表 7－2 是价值型投入产出表，它是在实物型投入产出表基础上所作的扩充。

表 7－2　价值型投入产出表

投入＼产出		中间产品					最终产品					总产品
		产业1	产业2	…	产业n	小计	固定资产更新	积累	消费	净出口	小计	
物质消耗	产业 1	X_{11}	X_{12}	…	X_{1n}						Y_1	X_1
	产业 2	X_{21}	X_{22}	…	X_{2n}						Y_2	X_2
	…	…	…	…	…						…	…
	产业 n	X_{n1}	X_{n2}	…	X_{nn}						Y_n	X_n
毛附加值	折旧	D_1	D_2	…	D_n							
	劳动报酬	V_1	V_2	…	V_n							
	社会纯收入	M_1	M_2	…	M_n							
	小　计	Z_1	Z_2	…	Z_n							
总　产　值		X_1	X_2	…	X_n							

表 7－2 中，X_{ij}表示 j 产业生产过程中消耗 i 产业产品的价值量，Y_i表示 i 产业最终产品的价值量，X_i表示 i 产业的总产值，D_i表示 i 产业的固定资产折旧额，V_i表示 i 产业的劳动报酬，M_i表示 i 产业向社会提供的纯收入，Z_i 表示 i 产业的毛附加值。

表 7－2 中第一、第二部分同实物型表相对应，只是数字反映的不是实物量而是价值量，增加的左下方第三部分包括折旧和净产值。这一部分从纵向来看，每一列的数字反映了每个产业的毛附加价值的构成情况；横向来看，每一行的数字反映了毛附加价值每一项是由哪些产业提供的。由于增加了第三部分，且统一用货币计量，故每一列的数字可以加总，这样就可以得到以下一些线性方程。

(1) 横向看，各产业的总产值＝各产业提供的中间产品价值＋各产业最终产品价值。

$$\begin{cases} X_{11}+X_{12}+\cdots+X_{1n}+Y_1=X_1 \\ X_{21}+X_{22}+\cdots+X_{2n}+Y_2=X_2 \\ \cdots \\ X_{n1}+X_{n2}+\cdots+X_{nn}+Y_n=X_n \end{cases}$$

简记为：

$$\sum_{j=1}^{n} X_{ij}+Y_i=X_i(i=1,\ 2,\ \cdots,\ n) \tag{7－2}$$

（2）纵向看，各产业的总产值＝各产业消耗的中间产品价值＋各产业的毛附加价值。

$$\begin{cases} X_{11}+X_{12}+\cdots+X_{1n}+Z_1=X_1 \\ X_{21}+X_{22}+\cdots+X_{2n}+Z_2=X_2 \\ \cdots \\ X_{n1}+X_{n2}+\cdots+X_{nn}+Z_n=X_n \end{cases}$$

简记为：

$$\sum_{j=1}^{n} X_{ji} + Z_i = X_i \qquad (i=1,2,\cdots,n) \tag{7-3}$$

（3）把一个产业的横向数字和纵向数字联系起来看，由(7－2)式和(7－3)式可得：

$$\sum_{j=1}^{n} X_{ij} + Y_i = \sum_{j=1}^{n} X_{ji} + Z_i \quad (i,j=1,2,\cdots,n) \tag{7-4}$$

（4）就整个国民经济来说，横向看的总产值和纵向看的总产值必然相等。也就是把以上 n 个方程(i，$j=1$，2，…，n)连加起来，即

$$\sum_{i=1}^{n}\left(\sum_{j=1}^{n} X_{ij} + Y_i\right) = \sum_{i=1}^{n}\left(\sum_{j=1}^{n} X_{ji} + Z_i\right) \quad (i=1,2,\cdots,n)$$

即

$$\sum_{i=1}^{n} Y_i = \sum_{i=1}^{n} (Z_i) \quad (i=1,2,\cdots,n) \tag{7-5}$$

三、投入产出模型

通过对投入产出表进行分析，对产业间的投入产出关系以及表中的各种平衡关系有了详细的了解。至此，我们可以依据这些平衡等式来建立经济变量间的函数关系。比如，产出与最终产出之间的函数关系，总投入与毛附加值之间的关系，探讨投入产出关系中变量之间的相互影响。

（一）直接消耗系数及经济模型

1. 直接消耗系数

直接消耗系数是指生产单位产品对某一产业产品的直接消耗量。如果用 a_{ij} 表示第 j 产业产品对第 i 产业产品的直接消耗系数，即生产单位 j 产业产品所消耗的 i 产业产品的数量，那么有：

$$a_{ij} = \frac{x_{ij}}{X_j} \quad (i,j=1,2,\cdots,n) \tag{7-6}$$

由实物型投入产出表可以确定实物直接消耗系数，由价值型投入产出表可以确定价值直接消耗系数。根据表 7－1 和表 7－2 中的数据，可以计算出全部直接消耗系数。它们可以排列成两个系数矩阵。

$$\text{实物直接消耗系数矩阵 } \mathbf{A} = \begin{bmatrix} \bar{a}_{11} & \bar{a}_{12} & \cdots & \bar{a}_{1n} \\ \bar{a}_{21} & \bar{a}_{22} & \cdots & \bar{a}_{2n} \\ \cdots & \cdots & \cdots & \cdots \\ \bar{a}_{n1} & \bar{a}_{n2} & \cdots & \bar{a}_{nn} \end{bmatrix} \tag{7-7}$$

$$\text{价值直接消耗系数矩阵 } \boldsymbol{A}=\begin{bmatrix} a_{11} & a_{12} & \cdots & a_{1n} \\ a_{21} & a_{22} & \cdots & a_{2n} \\ \cdots & \cdots & \cdots & \cdots \\ a_{n1} & a_{n2} & \cdots & a_{nn} \end{bmatrix} \tag{7-8}$$

例 1　已知某经济系统在一个生产周期内投入产出情况见表 7－3，试求直接消耗系数矩阵。

表 7－3　某经济系统在一个生产周期内投入产出情况

投入＼产出		中间消耗			最终产品	总产出
		1	2	3		
中间投入	1	100	25	30		400
	2	80	50	30		250
	3	40	25	60		300
净产值						
总投入		400	250	300		

解：由直接消耗系数的定义 $a_{ij}=\dfrac{x_{ij}}{x_j}$，得直接消耗系数矩阵

$$\boldsymbol{A}=\begin{bmatrix} 0.25 & 0.10 & 0.10 \\ 0.20 & 0.20 & 0.10 \\ 0.10 & 0.10 & 0.20 \end{bmatrix}$$

由公式(7－6)可得直接消耗系数 $a_{ij}(i,\ j=1,2,\cdots,n)$具有下面重要性质：

(1) $0\leqslant a_{ij}\leqslant 1\ (i,j=1,2,\cdots,n)$

(2) $\sum\limits_{i=1}^{n} a_{ij}\leqslant 1\ (j=1,2,\cdots,n)$

2. 根据行平衡关系构建的经济模型

(1) 由直接消耗系数的定义 $x_{ij}=a_{ij}x_j$，代入平衡方程(7－2)，得

$$\begin{cases} a_{11}x_1+a_{12}x_2+\cdots+a_{1n}x_n+y_1=x_1 \\ a_{21}x_1+a_{22}x_2+\cdots+a_{2n}x_n+y_2=x_2 \\ \cdots \\ a_{n1}x_1+a_{n2}x_2+\cdots+a_{nn}x_n+y_n=x_n \end{cases} \tag{7-9}$$

令

$$\boldsymbol{X}=(x_1\quad x_2\quad \cdots\quad x_n)^{\mathrm{T}},\ \boldsymbol{Y}=(y_1\quad y_2\quad \cdots\quad y_n)^{\mathrm{T}}$$

式(7－9)可表示为

$$\boldsymbol{AX}+\boldsymbol{Y}=\boldsymbol{X}\ \text{或}\ \boldsymbol{Y}=\boldsymbol{X}-\boldsymbol{AX}=(\boldsymbol{E}-\boldsymbol{A})\boldsymbol{X} \tag{7-10}$$

这里称矩阵 $\boldsymbol{E}-\boldsymbol{A}$ 为里昂惕夫矩阵，反映了总产出与最终产出之间的相互关系。里昂惕夫矩阵 $\boldsymbol{E}-\boldsymbol{A}$ 是可逆的，$(\boldsymbol{E}-\boldsymbol{A})^{-1}$ 称之为里昂惕夫逆阵。如果各部门的最终需求 $\boldsymbol{Y}=(y_1 \quad y_2 \quad \cdots \quad y_n)^{\mathrm{T}}$ 已知，则由上可知，方程(7-10)存在唯一解 $\boldsymbol{X}=(x_1 \quad x_2 \quad \cdots \quad x_n)^{\mathrm{T}}$。

例 2　设某工厂有三个车间，在某一个生产周期内各车间之间的直接消耗系数及最终需求如表 7-4 所示，求各车间的总产值。

表 7-4　某一个生产周期内各车间之间的直接消耗系数及最终需求

车间（行）＼直耗系数＼车间（列）	Ⅰ	Ⅱ	Ⅲ	最终需求
Ⅰ	0.25	0.1	0.1	235
Ⅱ	0.2	0.2	0.1	125
Ⅲ	0.1	0.1	0.2	210

解：

$$\boldsymbol{E}-\boldsymbol{A}=\begin{bmatrix}0.75 & -0.1 & -0.1\\ -0.2 & 0.8 & -0.1\\ -0.1 & -0.1 & 0.8\end{bmatrix}$$

$$(\boldsymbol{E}-\boldsymbol{A})^{-1}=\frac{1}{0.4455}\begin{bmatrix}0.63 & 0.09 & 0.09\\ 0.17 & 0.59 & 0.095\\ 0.1 & 0.085 & 0.58\end{bmatrix}$$

$$\boldsymbol{X}=(\boldsymbol{E}-\boldsymbol{A})^{-1}\boldsymbol{Y}=\frac{1}{0.4455}\begin{bmatrix}0.63 & 0.09 & 0.09\\ 0.17 & 0.59 & 0.095\\ 0.1 & 0.085 & 0.58\end{bmatrix}\begin{bmatrix}235\\125\\210\end{bmatrix}=\begin{bmatrix}400\\300\\350\end{bmatrix}$$

即三个车间的总产值分别为 400，300，350。

(2) 类似地把 $x_{ij}=a_{ij}x_j$ 代入平衡方程(7-3)得到

$$\begin{cases}a_{11}x_1+a_{21}x_2+\cdots+a_{n1}x_n+z_1=x_1\\ a_{12}x_1+a_{22}x_2+\cdots+a_{n2}x_n+z_2=x_2\\ \cdots\\ a_{1n}x_1+a_{2n}x_2+\cdots+a_{nn}x_n+z_n=x_n\end{cases} \tag{7-11}$$

写成矩阵形式为：

$$\boldsymbol{X}=\boldsymbol{D}\boldsymbol{X}+\boldsymbol{Z} \text{ 或 } (\boldsymbol{E}-\boldsymbol{D})\boldsymbol{X}=\boldsymbol{Z} \tag{7-12}$$

其中，

$$\boldsymbol{D}=\mathrm{diag}\left(\sum_{i=1}^{n}a_{i1} \quad \sum_{i=1}^{n}a_{i2} \quad \cdots \quad \sum_{i=1}^{n}a_{in}\right),\ \boldsymbol{Z}=(z_1 \quad z_2 \quad \cdots \quad z_n)^{\mathrm{T}}$$

与里昂惕夫矩阵一样，方程 $(\boldsymbol{E}-\boldsymbol{D})\boldsymbol{X}=\boldsymbol{Z}$ 的系数矩阵 $\boldsymbol{E}-\boldsymbol{D}$ 也是可逆的。

3. 完全消耗系数及其模型

直接消耗系数反映的是两个产业间的产品直接消耗关系。但一种产品对另一种产品的消耗不仅有直接消耗，而且还有间接消耗。例如生产汽车除了直接消耗电力外，还同时消耗钢铁、轮胎、木材等产品，而生产这些产品也需要消耗电力，这是汽车对电力的第一次间接消耗。进一步分析，在炼钢、制造轮胎、采伐木材的过程中需要消耗生铁、焦炭、橡胶、工具和设备等产品，而生产这些产品也需要消耗电力，这就是汽车对电力的第二次间接消耗。这个过程还可以继续推导下去。一般来说，一个产品发生多少次间接消耗，根据各产品工艺技术特点的不同而不同。

一种产品对某种产品的直接消耗和全部间接消耗的总和被称为完全消耗，相应地，直接消耗系数和全部间接消耗系数的总和就是完全消耗系数，以 b_{ij} $(i,j=1,2,\cdots,n)$来表示 j 产业产品对 i 产业产品的完全消耗系数。由 b_{ij} 构成的 n 阶方阵 $B=(b_{ij})$称为各部门间的完全消耗系数矩阵。

下面用一个简单的实例来说明完全消耗系数的计算公式。假设国民经济只有农业(1)和工业(2)两个部门，并知它们之间的直接消耗矩阵，即为 $\boldsymbol{A}=\begin{pmatrix} a_{11} & a_{12} \\ a_{21} & a_{22} \end{pmatrix}$。农业产品对农业产品的一次间接消耗为 $a_{11}^2+a_{12}a_{21}$，农业产品对工业产品的一次间接消耗为 $a_{11}a_{21}+a_{21}a_{22}$，工业产品对农业产品的一次间接消耗为 $a_{12}a_{11}+a_{22}a_{12}$，工业产品对工业产品的一次间接消耗为 $a_{12}a_{21}+a_{22}^2$。根据上面的分析和结果，我们就可以找到某种规律，由此得到这两个部门的一次间接消耗的系数矩阵为：

$$\boldsymbol{A}^2=\begin{pmatrix} a_{11}^2+a_{12}a_{21} & a_{11}a_{12}+a_{12}a_{22} \\ a_{11}a_{21}+a_{21}a_{22} & a_{12}a_{21}+a_{22}^2 \end{pmatrix}$$

农业产品对农业产品的二次间接消耗为：

$$a_{11}^3+a_{11}a_{12}a_{21}+a_{12}a_{21}a_{11}+a_{12}a_{22}a_{21}\cdots$$

其他二次间接消耗的计算省略。同样，我们仍可找到某种规律性，并得到二次间接消耗系数矩阵为：

$$\boldsymbol{A}^3=\begin{pmatrix} a^3{}_{11}+2a_{11}a_{12}a_{21}+a_{12}a_{21}a_{22} & \Delta \\ \Delta & \Delta \end{pmatrix}$$

由此我们还可以类似地计算出 $\boldsymbol{A}^4$，$\boldsymbol{A}^5$，…，等，得到三次、四次……间接消耗系数的结果。所以，我们最终得到完全消耗系数矩阵应为：

$$\boldsymbol{B}=\boldsymbol{A}+\boldsymbol{A}^2+\boldsymbol{A}^3+\cdots+\boldsymbol{A}^k+\cdots$$

$$\boldsymbol{B}+\boldsymbol{E}=\boldsymbol{E}+\boldsymbol{A}+\boldsymbol{A}^2+\boldsymbol{A}^3+\cdots+\boldsymbol{A}^k+\cdots$$

而

$$(\boldsymbol{E}-\boldsymbol{A})(\boldsymbol{E}+\boldsymbol{A}+\boldsymbol{A}^2+\cdots+\boldsymbol{A}^k+\cdots)=\boldsymbol{E}-\boldsymbol{A}^k(k\rightarrow\infty)\approx\boldsymbol{E}$$

所以得到

$$\boldsymbol{B}+\boldsymbol{E}=(\boldsymbol{E}-\boldsymbol{A})^{-1}$$

即

$$\boldsymbol{B}=(\boldsymbol{E}-\boldsymbol{A})^{-1}-\boldsymbol{E} \qquad (7-13)$$

这就是完全消耗系数的计算公式。

表示成方程形式为：

$$b_{ij}=a_{ij}+\sum_{k=1}^{n}b_{ik}a_{kj}\quad(i,j=1,2,\cdots,n)\tag{7-14}$$

例 3　假设某公司三个生产部门间的报告价值型投入产出表如表 7－5，求各部门间的完全消耗系数矩阵。

表 7－5　某公司三个生产部门间的报告价值型投入产出表

投入＼产出		中间消耗			最终产品	总产出
		1	2	3		
中间投入	1	1500	0	600	400	2500
	2	0	610	600	1840	3050
	3	250	1525	3600	625	6000

解： 依次用各部门的总产值去除中间消耗栏中各列，得到直接消耗系数矩阵为：

$$\boldsymbol{A}=\begin{bmatrix}0.6&0&0.1\\0&0.2&0.1\\0.1&0.5&0.6\end{bmatrix}=\frac{1}{10}\begin{bmatrix}6&0&1\\0&2&1\\1&5&6\end{bmatrix}$$

$$\boldsymbol{E}-\boldsymbol{A}=\frac{1}{10}\begin{bmatrix}4&0&-1\\0&8&-1\\-1&-5&4\end{bmatrix}$$

$$(\boldsymbol{E}-\boldsymbol{A})^{-1}=\frac{1}{10}\begin{bmatrix}27&5&8\\1&15&4\\8&20&32\end{bmatrix}$$

故所求完全消耗系数矩阵为：

$$\boldsymbol{B}=(\boldsymbol{E}-\boldsymbol{A})^{-1}-\boldsymbol{E}=\begin{bmatrix}1.7&0.5&0.8\\0.1&0.5&0.4\\0.8&2&2.2\end{bmatrix}$$

由此例可知，完全消耗系数矩阵的值比直接消耗系数矩阵的值要大得多。

如果第 j 部门最终需求增加 Δy_j，而其他部门的最终需求不变，那么部门总产出 $\boldsymbol{X}$ 的增量为：

$$\Delta\boldsymbol{X}=\Delta y_j(B_j+e_j)\tag{7-15}$$

其中 $\Delta\boldsymbol{X}=(\Delta x_1\ \Delta x_2\ \cdots\Delta x_n)^{\mathrm{T}}$，$\boldsymbol{B}_j=(b_{1j}\,b_{2j}\cdots b_{nj})^{\mathrm{T}}$，$\boldsymbol{e}_j$ 为单位坐标向量。

证明如下：

由于 $\boldsymbol{B}=(\boldsymbol{E}-\boldsymbol{A})^{-1}-\boldsymbol{E}$，将此关系代入方程 $(\boldsymbol{E}-\boldsymbol{A})\boldsymbol{X}=\boldsymbol{Y}$，得

$$\boldsymbol{X}=(\boldsymbol{E}-\boldsymbol{A})^{-1}\boldsymbol{Y}=(\boldsymbol{B}+\boldsymbol{E})\boldsymbol{Y}=\boldsymbol{BY}+\boldsymbol{Y}$$

由上述假定可知，部门最终需求增量：

$$\Delta\boldsymbol{Y}=(0,\cdots,0,\Delta y_j,0,\cdots,0)^{\mathrm{T}}=\Delta y_j\boldsymbol{e}_j$$

于是 $\Delta\boldsymbol{X}=\boldsymbol{B}\Delta\boldsymbol{Y}+\Delta\boldsymbol{Y}=\boldsymbol{B}\Delta y_j\boldsymbol{e}_j+\Delta y_j\boldsymbol{e}_j=\Delta y_j\boldsymbol{B}\boldsymbol{e}_j+\Delta y_j\boldsymbol{e}_j=\Delta y_j(\boldsymbol{B}_j+\boldsymbol{e}_j)$

由式(7－15)表明，由第 j 部门最终需求的增加(其他部门的最终需求不变)，引起了各部门总产值的增加。$\Delta y_j(\boldsymbol{B}_j+\boldsymbol{e}_j)$从数量上表示了各部门的增加量。如果没有这些追加，第 j 部门要完成增加 Δy_j 最终需求的任务就不能实现。

式(7－15)用分量表示如下：

$$\Delta x_i=\begin{cases}\Delta y_j b_{ij}, & i\neq j\\ \Delta y_j(b_{ij}+e_j), & i=j\end{cases}(i,\ j=1,2,\cdots,n) \tag{7-16}$$

特别取 $\Delta y_j=1$，则有 $\Delta x_i=\begin{cases}b_{ij}, & i\neq j,\\ b_{ij}+1, & i=j,\end{cases}\quad(i=1,2,\cdots,n)$

上式的经济意义是，当第 j 部门的最终需求增加一个单位，而其他部门最终需求不变时，第 i 部门总产值的增加量为 b_{ij}；当第 i 部门的最终需求增加一个单位而其他部门的最终需求不变时，第 i 部门总产值的增加量为 $b_{ij}+1$。

若令：

$$c_{ij}=\begin{cases}b_{ij}, & i\neq j\\ b_{ij}+1, & i=j\end{cases}(i,j=1,2,\cdots,n)$$

用矩阵表示为：

$$\boldsymbol{C}=\boldsymbol{B}+\boldsymbol{E}$$

将 $\boldsymbol{B}=(\boldsymbol{E}-\boldsymbol{A})^{-1}-\boldsymbol{E}$ 代入上式，则

$$\boldsymbol{C}=(\boldsymbol{E}-\boldsymbol{A})^{-1} \tag{7-17}$$

例 4　利用例 1 中的数据，求完全消耗系数矩阵 $\boldsymbol{B}$。

解：由例 1 知直接消耗系数矩阵：

$$\boldsymbol{A}=\begin{bmatrix}0.25 & 0.10 & 0.10\\ 0.20 & 0.20 & 0.10\\ 0.10 & 0.10 & 0.20\end{bmatrix}$$

于是有：

$$\boldsymbol{E}-\boldsymbol{A}=\begin{bmatrix}0.75 & -0.10 & -0.10\\ -0.20 & 0.80 & -0.10\\ -0.10 & -0.10 & 0.80\end{bmatrix}$$

$$(\boldsymbol{E}-\boldsymbol{A})^{-1}=\begin{bmatrix}1.4141 & 0.2020 & 0.2020\\ 0.3817 & 1.3244 & 0.2132\\ 0.2245 & 0.1908 & 1.3019\end{bmatrix}$$

最后得完全消耗系数矩阵：

$$\boldsymbol{B}=(\boldsymbol{E}-\boldsymbol{A})^{-1}-\boldsymbol{E}=\begin{bmatrix}0.4141 & 0.2020 & 0.2020\\ 0.3817 & 0.3244 & 0.2132\\ 0.2245 & 0.1908 & 0.3019\end{bmatrix}$$

四、投入产出分析的应用

投入产出法可以用来分析产业之间的关系结构，也可以用于对错综复杂的经济现象的分析，本节就是讨论投入产出法的实际应用问题。

（一）结构分析

结构分析就是运用投入产出法来研究产业之间关系结构的特征及比例关系。

(1) 在投入产出表中，从横向来看，每个产业的总产品都由中间产品和最终产品这两部分构成。或者从对产品的需求角度说，对每个产业产品的总需求由所有产业对它的需求(中间需求)和消费、积累以及出口的需要(最终需求)所构成。总需求中中间需求和最终需求的构成比例是反映产业技术经济特征的一个重要数据，可以用中间需求率来表示。i 产业中间需求率(L_i)就是 i 产业的中间需求 $\sum_{j=1}^{n} X_{ij}$ 和 i 产业的总需求 X_i 之比，即

$$L_i = \frac{\sum_{j=1}^{n} X_{ij}}{X_i} \quad (i = 1, 2, \cdots, n) \tag{7-18}$$

中间需求率指标反映了各个产业的产品有多少作为原料(中间需求)为其他产业产品的生产所需要。中间需求率越高，这个产业就越带有原材料产业的性质。相应地有：

最终需求率＝1－中间需求率

一个产业的最终需求率越高，这个产业就越带有提供最终产品的性质。

(2) 从投入产出表的纵向来看，各个产业的总投入等于中间投入和最初投入(毛附加价值)之和。可以用中间投入率指标反映它们之间的构成比例关系。j 产业的中间投入率(L_j)就是 j 产业的中间投入 $\sum_{i=1}^{n} X_{ij}$ 和 j 产业的总投入 X_j之比，即

$$L_j = \frac{\sum_{i=1}^{n} X_{ij}}{X_j} \quad (j = 1, 2, \cdots, n) \tag{7-19}$$

这个指标就是生产单位产值的产品需要从其他产业购进的原材料在其中所占的比重。相应地有：

1－中间投入率＝附加价值率(把折旧作为中间投入)

所以中间投入率越高，附加价值率就越低。反之，附加价值率越高，中间投入率就越低。国外有人根据各产业的中间需求率和中间投入率的差异做了如下归类，见表 7－6。

表 7－6 中，Ⅰ部分多为第一产业；Ⅱ和Ⅲ部分大体为第二产业；Ⅳ部分则是第三产业。这四个部分在社会再生产过程中形成一个立体结构。其中Ⅰ、Ⅱ、Ⅲ部分是一国经济的物质生产部门。Ⅰ、Ⅱ部分基本是生产中间产品的产业，这些产业的产品中的大部分是作为Ⅲ部分中产业的投入，Ⅲ部分中的产业加工来自Ⅰ、Ⅱ部分产业的中间产品，然后投放到最终需求中去。Ⅳ部分中的产业是产品移动的中介产业(渔业除外)。

表 7－6　各产业的中间需求率和中间投入率的差异

	中间需求率小	中间需求率大
中间投入率大	Ⅲ 最终需求型产业 日用杂货、造船、皮革及皮革制品、食品加工、粮食加工、运输设备、机械、木材、木材加工、非金属矿物制品、其他制造业	Ⅱ 中间产品型产业 钢铁、纸及纸制品、石油产品、有色金属冶炼、化学煤炭加工、橡胶制品、纺织、印刷及出版

续表

	中间需求率小	中间需求率大
中间投入率小	Ⅳ 最终需求型基础产业 渔业、运输业、商业、服务业	Ⅰ 中间产品型基础产业 农业、林业、煤炭、金属采矿、石油及天然气、非金属采矿、电力

资料来源：转引自杨治.产业经济学导论.北京：中国人民大学出版社，2000.

（二）产业间相互联系的类型

产业间相互联系的类型可以分为两种：一是单向联结关系，例如，棉花种植→纺织产业→服装产业；二是多向循环联结关系，例如，煤炭产业→钢铁产业→矿山机械产业→煤炭产业。为了更准确地把握整个国民经济中各产业之间存在的这种关系，我们可通过重新排列和整理投入产出表中的产业排列顺序，做进一步的观察。

具体方法观察图 7－8，我们假设以中间投入率为横坐标，而且在横轴上由左至右中间投入率从大到小排列，以中间需求率为纵坐标，在纵轴上由上至下中间需求率由小到大。由此，我们就建立了各种中间需求率和中间投入率组合的平面图。在此基础上，我们以完全相同的顺序在横轴和纵轴上列出产业序号，不同的序号所代表的产业就有一组不同的中间需求率和中间投入率。比如，在图中序号 1 代表产业 1 具有最大的中间投入率和最小的中间需求率；而序号 n 表示的是产业 n 具有最小的中间投入率和最大的中间需求率。

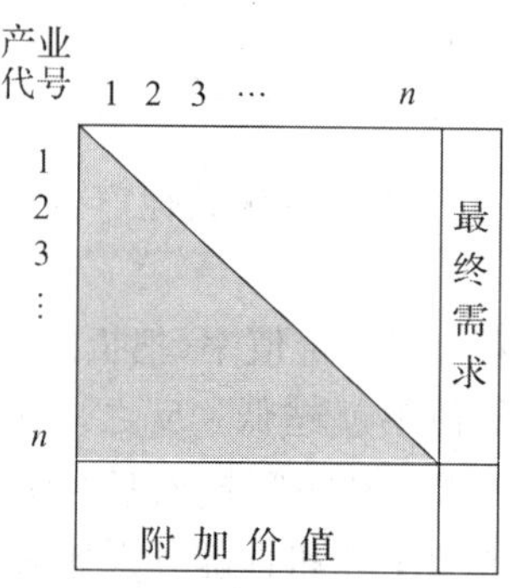

7－8　三角形配置投入产出表

如果产业之间的联结是单向的，那在产业链中只有上游产业向下游产业提供投入品，而下游产业的产品不再返回上游产业。同时越接近最初产品生产的产业，它的中间投入率就越小，中间需求率就越大；相反，越接近最终产品生产的产业，中间投入率越大，中间需求率越小。这种情况用图 7－8 表述就是：对产业 1 的总需求中没有任何中间需求，其全部产品都是最终产品；同时它将从 2，3，…，n 的所有产业购进中间产品。产业 2 只有产业 1 对其有中间需求，其他产业对其均无中间需求，同时它要从除产业 1 以外的所有产业购进中间产品。以下依此类推。产业 n 的产品则全部都是中间产品，同时无需从其他产业购进任何中间产品。所以在上述三角形配置投入产出表中单向联结的产业在对角线下方的三角形里。

如果产业之间的联结是多向循环的，那么在上述三角形配置投入产出表中，由多向循环联结造成的产业间流量就会出现在对角线上方的三角形里。根据已有的研究(周振华)表明，在2003年许多国家的产业单向联结的性质大大地超过多向循环联结，由多向循环联结所造成的交易量占全部交易量的比重很低，其中意大利为4.3%，挪威为8.8%，日本为11.6%，美国为12.7%。

处于图7-8中阴影三角形底部的产业，即中间需求率大而中间投入率小的产业一般被称为基础产业，表7-6中的Ⅰ部分中的产业大多数是基础产业。如果把表7-6中的四组产业群按图7-8的顺排列起来，则中间产品型基础产业Ⅰ同最终需求型产业Ⅲ之间带有明显的单向联结特征，而且从产业排序上Ⅲ一般要比Ⅰ靠前；中间产品产业Ⅱ同Ⅲ在产业排列顺序上是错杂在一起的，而且在Ⅱ中包含许多多向联结产业，从而说明Ⅱ部分产业的产品用途是多种多样的。

第三节　产业波及效果分析

一、产业波及效果

所谓产业波及效果，简单地说就是在一定的产业间联系的状态下，某一些产业发展变化导致其他产业部门变化的状况，这样一种某一变化会导致其他方面的变化就称为波及。产业波及效果分析，就是分析某一些产业发展变化可能会导致其他部门怎样的变化与影响。在利用投入产出表和投入产出模型的前提下，产业波及效果分析又具体为对投入产出表中某些数据的变化会导致其他数据变化可能的状况研究。如果说对产业间联系的分析是产业关联分析的重要内容的话，那么产业波及效果分析，则是产业关联分析中能够反映什么样的联系结构下的具体联系。换句话说，前者只是对产业间联系的静态方式、结构、比例的一种分析，后者则是看在特定的产业间联系状态下，某些产业的发展变化如何通过这种联系影响到其他产业。这是产业关联分析中另一个重要内容，是非常实用的内容。

利用投入产出分析法，不仅可对产业间的关系进行静态的结构分析，还可以利用投入产出表中的系数，对产业间的关系进行动态的波及效果分析：研究当表中某些数据发生变化时，对其他数据产生什么样的影响。由于经济系统中各产业部门间存在着或多或少的联系，因而在某一产业部门的生产技术水平、产品价格、工资水平等因素中间，任一因素的变化都会沿着不同的产业关联方式，直接影响与该产业有直接供求关系的产业部门的变化(如产品的供求量、成本与价格的变化等)，依次传递，并进而影响到另外的产业部门。随着传递的进行，影响力越来越弱。

所谓产业波及效果分析是指当投入产出表中的某些数据发生变化时，对表中其他数据可能产生影响的分析。一个产业的初始变化通过投入品需求的变化，从而影响到投入品生产行业的产出变化，而这些变化了的行业又会影响到为其提供投入品行业的变化。也就是说，一个产业的初始变化，通过直接或间接联系，会引起中间产品产量的变化，最终引起各个产业产出的变化，乃至整个国民经济的变化。

一般地，我们称产生产业波及效果的原因为产业波及源。波及效果主要有两种形式：

一是当最终需求(具体指某一产业的某一个或各最终需求项目，如消费需求、投资需求、出口需求等)发生变化时，对整个国民经济系统所产生的影响。因为一定的最终需求与各产业部门一定的生产水平相联系、相对应，所以当产业的最终需求发生变化时，必将导致包括这些产业在内的所有产业部门各自产出水平的变化。

二是当某个或某些产业的毛附加价值(折旧费＋净产值)发生变化时，对经济系统所产生的影响。具体来讲，就是当某产业的毛附加价值发生变化时，包括折旧、工资、利润等发生或将要发生变化，对各产业部门的产出水平发生或将要发生或大或小、或多或少的影响。这种影响既可以看作由于在分配方面的变化(如提高工资水平)导致其对其他产业部门的产出水平的影响，也可以看作由于价格的变化导致对其他产业部门产出的影响。

上述两种波及效果都是通过已有的产业间联系状态所发生的，那么这些波及效果必然是依产业间的联系方式和联系种类所规定的线路一轮轮地影响下去。例如，有一些波及沿产业间的单向联系线路进行，有一些则是沿双向联系线路进行，还有一些可能是逆向波及，即沿产业间逆向联系线路进行波及。可见，产业间联系的方式规定了产业间波及效果所具体通过的线路所得到的总效果。由于产业间联系方式不同，任一产业无论是由于最终需求项目中发生了变化导致波及，还是毛附加价值项目中发生了变化导致波及，其效果是各种各样的，其引起国民经济其他产业产出水平的变化也是不一样的，但却与该产业和其他产业的联系方式有关，与该产业和其他产业的联系程度和广度有关。

从产业联系的种类来说，产业间的波及效果必然也会在产业联系的各个类型上反映出来，不然这波及效果就无法衡量。具体地说，某一产业发展变化，它必将导致本产业部门生产技术产品的技术性能、成本开支、价格水平等各方面的变化，哪怕是细微的变化；而这些变化就会依据产业间存在着的生产技术、价格等方面的联系波及其他产业部门中去，于是就有技术波及效果、价格波及效果等。

二、产业波及效果的分析工具

一般而言，进行产业波及效果分析的基本工具有三个，它们分别是：投入产出表、投入系数表和里昂惕夫逆阵系数表。其中，投入产出表是该经济系统在一定时期内经济活动的综合反映。本节内容我们主要研究后两种，即投入系数表和里昂惕夫逆矩阵系数表。

(一) 投入系数表

投入系数表反映各个产业之间生产技术上的联系，见图 7－9。

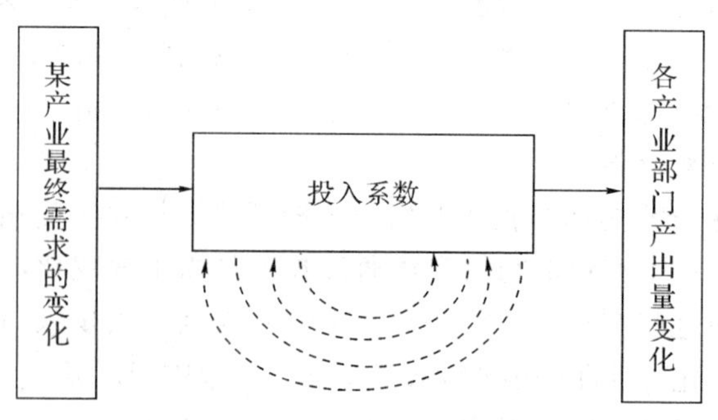

图 7－9　产业间中间需求的波及

某一产业最终需求变化对各产业生产的波及与影响，是通过投入系数这一工具的指示功能的指向，逐层跟踪推进，并随之确定各产业产出的相应变化量。这里面的投入产出关系包括直接联系和间接联系，相应的消耗系数为直接消耗系数和间接消耗系数。也就是说，一个产业最终需求的变化，会通过直接联系方式和间接联系方式引起投入品生产行为的变化，受到影响的产业也以同样的方式影响其投入品生产行业的变化，这样，各产业依靠这个通道和线路一轮一轮地影响下去。那么，这个过程是一个无限的过程吗？会不会收敛呢？我们认为，随着产业波及的进行，产业影响力将不断减弱，最终消失。

（二）里昂惕夫逆矩阵系数表

里昂惕夫逆矩阵系数可以反映当某一产业发生一个单位变化时，导致各产业部门由此引起的直接和间接使产出水平发生变化的总和。

里昂惕夫逆矩阵如下：

$$(\boldsymbol{E}-\boldsymbol{A})^{-1}=\begin{pmatrix} b_{11}+1 & b_{12} & \cdots & b_{1n} \\ b_{21} & b_{22}+1 & \cdots & b_{2n} \\ & \cdots & \cdots & \\ b_{n1} & b_{n2} & \cdots & b_{nn}+1 \end{pmatrix} \tag{7-20}$$

利用里昂惕夫逆矩阵，我们可以建立模型 $\boldsymbol{X}=(\boldsymbol{E}-\boldsymbol{A})^{-1}\boldsymbol{Y}$，该模型可以用来分析产业波及效果。我们可以建立模型的矩阵形式如下：

$$\boldsymbol{X}=(\boldsymbol{E}-\boldsymbol{A})^{-1}\boldsymbol{Y}=\begin{pmatrix} b_{11}+1 & b_{12} & \cdots & b_{1n} \\ b_{21} & b_{22}+1 & \cdots & b_{2n} \\ & \cdots & \cdots & \\ b_{n1} & b_{n2} & \cdots & b_{nn}+1 \end{pmatrix}\begin{pmatrix} Y_1 \\ Y_2 \\ \vdots \\ Y_n \end{pmatrix}=\begin{pmatrix} \sum_{j=1}^{n} b_{1j}Y_j+Y_1 \\ \sum_{j=1}^{n} b_{2j}Y_j+Y_2 \\ \vdots \\ \sum_{j=1}^{n} b_{nj}Y_j+Y_n \end{pmatrix}=\begin{pmatrix} X_1 \\ X_2 \\ \vdots \\ X_n \end{pmatrix} \tag{7-21}$$

以上逆矩阵函数的经济意义是：最终产出的最初变化量通过完全消耗关系引起中间产品产出的变化，进而引起各产业总产出的变化。其变化程度取决于完全消耗系数的大小。因此，如果已知各部门的最终产出，要求这些部门的总产出时，我们就可以用里昂惕夫逆矩阵来求解。

三、产业波及效果现状分析

现状分析是运用逆矩阵系数从投入产出表提供的数据中引申出有关系数，来认识产业波及现状的有关规律。一个产业受到其他产业影响的程度称为该产业的感应度，一个产业影响其他产业的程度称为该产业的影响力。产业的感应度和影响力的大小，分别用感应度系数和影响力系数来表示。

（一）感应度系数和影响力系数

一般而言，在产业结构这一系统中，某产业在生产过程中的任何变化，都将通过产业间的关联关系而对其他产业发生波及作用。通常，把一个产业受其他产业的波及作用称为感应度，而把它影响其他产业的波及作用称为影响力。显然，不同的产业，其感应度和影响力一般也是不同的。那些感应度和影响力都较大的产业，在经济发展中具有举足轻重的地位，这也是制定产业政策时确定主导产业的主要依据之一。

在对产业结构的研究中，感应度和影响力的强度是可以度量的。在逆矩阵系数表上，行向量的值即反映了该行所对应的产业在经济活动中受其他产业影响的波及程度，也就是感应度的大小。而列向量值则反映了该列所对应的产业在经济活动中对其他产业的波及程度，即影响力的程度。横行系数的平均值可看作该产业受其他产业波及的一般的平均的趋势；纵列系数的平均值是该产业对其他产业施加影响程度的一般的平均的趋势。

（1）某产业的感应度系数，用公式表示为：

$$S_i = \frac{\frac{1}{n}\sum_{j=1}^{n}\bar{b}_{ij}}{\frac{1}{n^2}\sum_{i=1}^{n}\sum_{j=1}^{n}\bar{b}_{ij}} \quad (i, j = 1, 2, \cdots, n) \tag{7-22}$$

式中，$S>1$，该产业感应度在全部产业中处于平均水平之上；$S=1$，该产业感应度在全部产业中处于平均水平；$S<1$，该产业感应度在全部产业中处于平均水平之下。

该公式的文字表述是：

$$\text{某产业的感应度系数}=\frac{\text{该产业在里昂惕夫逆矩阵中的行系数均值}}{\text{全部产业在里昂惕夫逆矩阵中的行系数均值的平均}}$$

（2）某产业的影响力系数，用公式表示为：

$$T_i = \frac{\frac{1}{n}\sum_{i=1}^{n}\bar{b}_{ij}}{\frac{1}{n^2}\sum_{j=1}^{n}\sum_{i=1}^{n}\bar{b}_{ij}} \quad (i, j = 1, 2, \cdots, n) \tag{7-23}$$

式中，$T>1$，该产业影响力在全部产业中处于平均水平之上；$T=1$，该产业影响力在全部产业中处于平均水平；$T<1$，该产业影响力在全部产业中处于平均水平之下。

该公示的文字表述是：

$$\text{某产业的影响力系数}=\frac{\text{该产业在里昂惕夫逆矩阵中的列系数均值}}{\text{全部产业在里昂惕夫逆矩阵中的列系数均值的平均}}$$

（3）各产业的感应度系数和影响力系数具有以下规律：

① 各产业的感应度系数和影响力系数，在工业化不同阶段是不同的。但也有一种趋向，即在工业化过程中，一般重工业都表现为感应度系数较高，而轻工业大都表现为影响力系数较高。

② 在经济增长率较高时，感应度系数较高的重工业一般表现发展较快，而影响力系数较高的轻工业的发展对重工业及其他产业发展起推动作用。

③ 那些感应度系数和影响力系数都大于1的产业，往往是对经济增长速度最敏感的产业，表明这些产业在经济发展中一般处在战略地位。比如机械工业，不管经济增长上升还是下降，机械工业都有强烈的反映。20世纪80年代初我国的纺织工业、冶金工业、重化学工业、重机械工业等产业就具有这种明显的效应，这就充分证明对产业间的波及效应的上述分析，对制定正确的产业政策具有极其重要的作用。

表7-7列出了2007年中国产业的感应度和感应度系数以及影响力和影响力系数。

表 7－7　2007 年各产业的感应度和感应度系数以及影响力和影响力系数

产　业	感应度	感应度系数	影响力	影响力系数
制造业	18.8889	7.1902	3.5722	1.3598
供应业	3.3807	1.2869	3.1937	1.21
采选业	3.0452	1.1592	2.6602	1.0126
农林牧渔业	2.7861	1.0606	2.2078	0.8404
交通运输、仓储和邮政业	2.4438	0.9302	2.6776	1.0192
金融业	2.0989	0.7989	1.8128	0.6900
批发和零售业	1.8431	0.7016	2.1249	0.8088
住宿和餐饮业	1.7206	0.6550	2.9037	1.1053
租赁和商务服务业	1.7012	0.6476	3.1506	1.1993
居民服务和其他服务业	1.4077	0.5358	2.6965	1.0265
信息传输、计算机服务和软件业	1.3707	0.5218	2.2086	0.8407
房地产业	1.3319	0.5070	1.4899	0.5672
科研和技术服务业	1.2884	0.4905	2.5097	0.9553
文化、体育和娱乐业	1.1906	0.4532	2.7792	1.0579
建筑业	1.1566	0.4403	3.5612	1.3556
教育	1.1073	0.4215	2.3257	0.8853
水利、环境和公共设施管理业	1.0728	0.4084	2.4798	0.9439
卫生、社会保障和社会福利业	1.0695	0.4071	3.1981	1.2174
公共管理和社会组织	1.0098	0.3844	2.3618	0.8990

（二）生产诱发系数及生产的最终依赖度

利用里昂惕夫逆矩阵，不但可以对各产业进行感应度和影响力的分析，还可以对各产业的生产诱发额、生产诱发系数以及最终依赖度进行分析。

1. 生产诱发额与生产诱发系数

生产诱发额是指对于某产业的一个最终需求量，由产业间的波及效果所激发的全部生产额。计算公式为：

$$\boldsymbol{U}=(\boldsymbol{E}-\boldsymbol{A})^{-1}\boldsymbol{H} \tag{7-24}$$

式中，$\boldsymbol{H}$ 为某产业的最终需求量，$\boldsymbol{U}$ 为生产诱发额。根据同一原理，将最终需求量 $\boldsymbol{H}$ 改为某一最终需求项 $\boldsymbol{H}_L$，即可定义某一最终需求项 $\boldsymbol{H}_L$ 的生产诱发额。

生产诱发系数用于测算各产业部门的各最终需求项目（如消费、投资等）对生产的诱导作用程度。通过投入产出表计算得到的相应的生产诱发系数表可以揭示和认识一国各最终需求项目对诱导各个产业部门作用的大小程度。生产的最终依赖度是用来测量各产业部门的生产对最终需求项目的依赖程度大小，就是说最终需求对各产业生产的直接或间接的影响程度就是生产的最终依赖度。所谓某产业的生产诱发系数是指该产业的各种最终需求项目的生产诱发额除以相应的最终需求项目的合计所得的商，用公式表示为：

$$W_{iL}=\frac{U_{iL}}{Y_L} \quad (i,\ L=1,\ 2,\ \cdots,\ n) \tag{7-25}$$

式中，W_{iL} 为第 i 产业部门的最终需求 L 项目的生产诱发系数，U_{iL} 为第 i 产业部门对最终需求 L 项目的生产诱发额，Y_L 为各产业对最终需求 L 项目的合计数额。

用同样的办法可以计算产业的投资生产诱发系数、出口诱发系数和产业各最终需求项目合计的生产诱发系数。通过求出每一产业的某项目的最终需求的生产诱发系数，便可得到有关该最终需求项目的一张生产诱发系数表。该表揭示了最终需求项目对各产业部门的生产“诱发”作用的大小。

2. 最终依赖度

利用生产诱发系数可以对某一产业最终需求的各项目进行最终需求依赖度的计算。某一产业的最终依赖度是指该产业的生产对各最终需求项目（消费、投资、出口等）的依赖程度。这里既包括该产业生产对某最终需求项目的直接依赖，也包括间接依赖。其计算方法是，将该产业各最终需求项目的生产诱发额除以该产业各最终需求项目的生产诱发额之和所得的商，便是该产业对各最终需求项目的依赖度，即依赖系数。其公式为：

$$Q_{iL}=\frac{U_{iL}}{\sum_{L=1}^{n}U_{iL}} \quad (i,\ L=1,\ 2,\ \cdots,\ n) \tag{7-26}$$

式中，Q_{iL} 为 i 产业部门生产对最终需求 L 项目的依赖度，U_{iL} 为 i 产业部门最终需求项目的生产诱发额。

该公式的文字表述是：

$$\text{某部门的生产对最终需求项目的依赖度}=\frac{\text{该产业最终需求项目（消费、投资、出口等）的生产诱发额}}{\text{该产业各最终需求项目生产诱发额合计}}$$

计算每一个产业的生产对各最终需求项目的依赖度，形成生产依赖系数表，即最终依赖度系数表。

对最终依赖度系数表进行分析、归类，我们可以发现：

（1）有些从直接关系上同消费似乎毫无关系的产业部门，最终通过间接关系，竟有相当部分生产量是依赖于消费的，比如钢铁，约有10%的生产量是间接依赖消费的。

（2）通过该表可以了解各个产业的生产最终依赖于消费还是投资，或是依赖出口。据此，可将各产业部门分类为依赖消费型产业、依赖投资型产业和依赖出口型产业。

四、产业波及效果分析的具体应用

(一) 大型投资项目的可行性分析

对于某些特大型的投资项目而言，其波及的产业众多，且影响也大，如果受到较大波及的产业生产能力没有得到相应发展，则该大型投资会造成物资供应短缺、价格上涨等问题，最终影响投资效果。

(二) 特定产业波及效果的预测分析

对特定产业波及效果的预测分析可以正确进行产业扶持，帮助选择、决策主导产业、战略产业。

(三) 价格波及效果的预测分析

可以预测某一产业价格变动对其他产业的影响；可以预测若干个产业价格变动带来的影响；还可以预测某一产业利润、工资、折旧、税金等因素变动带来的影响。

1. 价格波及效果的预测分析

(1) 当一种产品的价格发生变动时，必然会引起其他产业产品价格发生连锁效应的变动。一种产品价格调整对其他产品价格影响的计算公式为：

$$\begin{bmatrix} \Delta p_1 \\ \Delta p_2 \\ \vdots \\ \Delta p_{n-1} \end{bmatrix} = [(\boldsymbol{E}-\boldsymbol{A}_{n-1})^{-1}]^{\mathrm{T}} \begin{bmatrix} a_{n1} \\ a_{n2} \\ \vdots \\ a_{n,n-1} \end{bmatrix} \Delta p_n \tag{7-27}$$

式中，Δp 为某产品价格变动的幅度，$[(\boldsymbol{E}-\boldsymbol{A})^{-1}]^{\mathrm{T}}$ 为逆矩阵系数的转置矩阵。式(7-27)反映当某产品价格提高 Δp 时，其他各种产品价格提高的幅度。

(2) 若干个产业部门(k 种)产品价格变动，对其他($n-k$)种产品的价格影响的计算公式为：

$$\begin{bmatrix} \Delta p_1 \\ \Delta p_2 \\ \vdots \\ \Delta p_{n-1} \end{bmatrix} = [(\boldsymbol{E}-\boldsymbol{A}_{n-1})^{-1}]^{\mathrm{T}} \begin{bmatrix} a_{n-k+1,1} & a_{n-k,1} & \cdots & a_{n1} \\ a_{n-k+1,2} & a_{n-k,2} & \cdots & a_{n2} \\ \vdots & \cdots & \cdots & \vdots \\ a_{n-k+1,n-k} & a_{n-k,n-k} & \cdots & a_{n,n-k} \end{bmatrix} \begin{bmatrix} \Delta p_{n-k+1} \\ \Delta p_{n-k+2} \\ \vdots \\ \Delta p_n \end{bmatrix} \tag{7-28}$$

式中，a_{n-k} 为原直接消耗系数矩阵 A 中的一个由($n-k$)行($n-k$)列组成的子矩阵。

2. 价格波及效果的计算公式

某一产业部门的工资、利润、折旧、税金等要素价格变动对产品价格影响的计算公式为(纵向)：

$$\begin{bmatrix} \Delta p_1 \\ \Delta p_2 \\ \vdots \\ \Delta p_n \end{bmatrix} = [(\boldsymbol{E}-\boldsymbol{A}_{n-1})^{-1}]^{\mathrm{T}} \left[\begin{bmatrix} \Delta d_1 \\ \Delta d_2 \\ \vdots \\ \Delta d_n \end{bmatrix} + \begin{bmatrix} \Delta v_1 \\ \Delta v_2 \\ \vdots \\ \Delta v_n \end{bmatrix} + \begin{bmatrix} \Delta m_1 \\ \Delta m_2 \\ \vdots \\ \Delta m_n \end{bmatrix} \right] \tag{7-29}$$

式中，d、v、m 分别代表各部门的折旧率、劳动报酬率及企业利税率的列向量，Δd、Δv、Δm 分别代表各部门折旧率、劳动报酬率和企业利税率的增量，Δp 代表价格增量。

思考题

1. 简述产业关联的含义、产业关联方式和类型。
2. 简述实物型、价值型投入产业表及其平衡关系。
3. 什么是直接消耗系数、完全消耗系数？其经济含义是什么？
4. 产业波及效果分析的基本工具有哪些？
5. 简述价格波及效果的含义。怎样进行价格波及效果的预测分析？

第八章　产业布局

第一节　产业布局理论

产业布局是指产业部门、各环节在一国或地区范围内的空间分布和组合，是国民经济各部门发展运动规律的具体表现。产业布局合理与否，将影响到该国或该地区经济优势的发挥及经济的发展速度。产业布局是一个多层次、多目标、多部门布局、多因素影响、多方案比较的具有全局性和长远性的国民经济建设战略部署，其实质是通过区域主导产业的确立，围绕主导产业的产前、产中、产后的有机协调等发展相关产业，形成高效率的一定空间范围内的经济有机体。

产业布局是产业经济学和区域经济学研究的交叉领域，自 19 世纪初至 20 世纪中叶，资本主义生产力迅速发展，地区间的经济联系空前扩大的同时，经济危机也频繁爆发，如何合理布局产业成为经济学迫切需要研究的课题，随之形成了产业布局的不同理论观点。

一、产业布局理论的形成和发展

（一）产业布局理论起源

1. 古典经济学中的产业布局理论

产业布局思想最早可追溯到古典经济学家亚当·斯密的绝对优势理论。他在 1776 年出版的《国民财富的性质和原因的研究》一书中论证了地域范围内的分工可以提高劳动生产率和增加社会财富。斯密的绝对优势理论也成为一国或地区产业布局的理论依据，为大卫·李嘉图的比较优势理论奠定了基础。

李嘉图在 1817 年出版的《政治经济学及赋税原理》一书中认为：两国产品的交换，取决于生产这两种产品的比较（或相对）优势，而不是由生产这两种产品耗费的绝对优势所决定。如果各国或地区都把劳动用于最有利于生产和出口相对有利的商品，进口相对不利的商品，即“两优取重，两劣取轻”，或“优中选优，劣中选优”，这将使各国或地区资源都得到有效利用，使贸易双方获得比较利益。李嘉图的比较优势理论是经典的产业布局的区域分工和贸易理论的源泉。

2. 杜能的农业区位理论

德国经济学家杜能在 1826 年出版的《孤立国同农业和国民经济的关系》一书中，系统地提出了农业布局的区位理论，开创了产业布局区位理论研究的先河。他在书中提及的中心思想是：农业土地经营方式与农业部门地域分布随距离市场远近而变化，这种变化取决于运费的大小。其实质是在探讨和揭示土地利用所能达到的最大纯利益，也就是揭示在距离市场远近不同的土地上，由于不同的农业分布与经营所能获得的地租(即级差地租)数量。

杜能在进行农业区位理论研究时，将复杂的社会假设为一个简单的孤立国，提出“杜能圈”模型。其假设条件如下：

第一，孤立国中唯一的城市位于沃野平原的中央，周围为其农业腹地，与其他地区隔绝。

第二，城市是腹地多余产品的唯一市场，完全自给自足。

第三，马车是孤立国内唯一的交通工具，平原上没有可通航河流。

第四，孤立国内土壤肥力、气候等地理环境相同，农业经营者能力、技术、水利都一样。

第五，孤立国内的农作物经营以谋取最大利润为目的，并且有按市场的供求关系调节农业经营类型的农民。

第六，运费与市场距离成正比，并且由农民负担。

杜能设计的孤立国六层农业圈(如图 8-1)：第一圈层为自由农作圈，主要生产鲜菜、牛奶；第二圈层为林业圈，主要生产木材；第三圈层为轮作农业圈，主要生产谷物；第四圈层为谷草农作圈，主要生产谷物、畜产品，以谷物为重点；第五圈层为三圃农作圈，主要生产谷物、牧产品，以畜牧为重点；第五圈层以外即第六圈层是荒野。

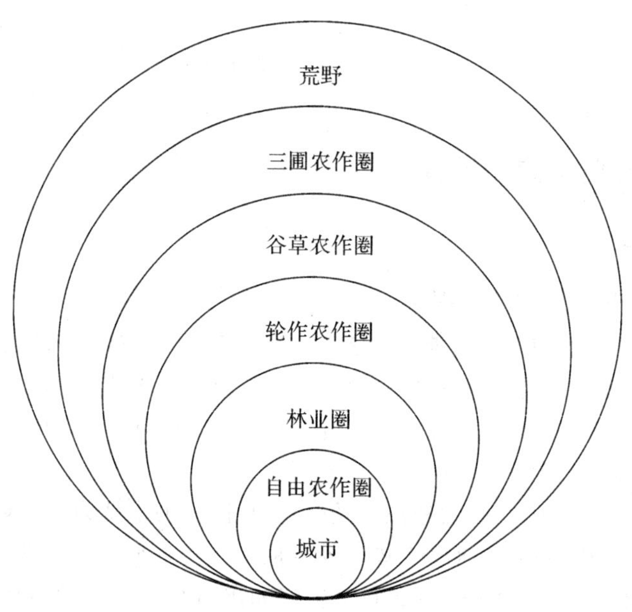

图 8-1　杜能农业圈层理论

资料来源：苏东水.《产业经济学(第四版)》[M]. 236 页，北京：高等教育出版社，2016.

尔后，杜能为使他的区位理论建立在自然条件地域差异的基础之上，他论证了河流、小城市对农业区位的影响。如果有一条可通航河流流经平原中的小城市，将使土地合理利用的图形发生变更。如果在孤立国内有一个较小城市，大小城市会在农产品市场上展开竞争，其结果是小城市也形成类似的程度较小的同心圈层。20 世纪 80 年代初的北京市郊就犹如杜能圈的现实反映：近郊区——蔬菜、鲜奶蛋品；远郊区内侧——粮食和生猪；远郊区外侧——粮食、鲜瓜果和林木；外围山区——林业、放牧和干果。

杜能的农业区位理论尽管忽视了农业生产的自然条件，也没有扩展到其他产业的布局，但他的理论给西方许多工业区位理论的研究者以深刻的启发，因此也被誉为产业布局的鼻祖。

3．韦伯的工业区位理论

德国经济学家韦伯在 1909 年出版的《工业区位论》一书中系统地论述了工业区位理论。其中心思想就是区位因子决定生产区位，将生产吸引到生产费用最小的地点。韦伯为简化工业寻求最优区位工作的研究，做了如下假定：

第一，假定分析对象是一个孤立的国家或特定的地区，对工业区位只探讨其经济因素。

第二，假定分析对象国或地区的气候、地质、地形、民族、工人技艺均相同。

第三，工业原料、燃料产地为已知点，生产条件和埋藏状况不变；消费地为已知点，需求量不变；劳动力供给地为已知点，供给情况不变，工资固定。

第四，生产和交易均就同一品种进行讨论。

第五，运输费用是重量和距离的函数；运输方式为火车。

韦伯把影响工业区位的经济因素称为区位因子，并根据不同标准，将区位因子做了如下分类：

第一，按区位因子的作用范围分为一般区位因子和特殊区位因子。一般因子是指对所有工业的区位都产生影响的因子，如劳动力费用、运输费用、地租等。特殊因子是指对特定工业区位产生影响的因子，如水质、空气湿度等。

第二，按区位因子的作用方式分为地方因子和集聚因子。地方因子是使工业固定于一定地点的因素，如因运费而使工厂的原始分布趋向于某些特定的地方，它决定工业区位的基本格局。集聚因子是在工业固定于某些特定地点后，又会产生一些伴生的区位因子，使工业趋向于集中或分散的因素。两者均在区位论考虑之列。

第三，按区位因子的属性分为自然技术因子和社会文化因子。自然技术因子是由于自然条件、资源和技术水平的特殊性使企业取得效益的因素。社会文化因子是由于社会经济形态和一定文化水平而使企业取得效益的因素。韦伯在区位分析中主要考虑了自然技术因子，抽象掉了社会文化因子。

韦伯经反复分析、筛选，确定了运费、劳动力、集聚是决定工业区位的因子，是作为“纯”理论研究的出发点。他认为合理的工业区位应位于三个指向总费用最小的地方。

杜能农业区位论和韦伯工业区位论的特点是立足于单一的企业或中心，着眼于成本、运费最省，但均不考虑市场消费因素和产品销售问题。因此，二者的区位理论常被称为西方区位理论的成本学派。

（二）产业布局理论形成和发展

产业布局理论自产生以来，随着科技革命和社会生产力的发展及国际经济联系的加强而不断发展变化，特别是在第三次产业革命与世界经济格局变化的影响下，经历了一个异常的发展过程，形成了不同的理论流派。

1．成本学派

成本学派是最早的产业布局学派，其理论的核心是以生产成本最低为准则来确定产业的最优区位。该学派最早的代表人物是龙哈特，主要代表人物是韦伯，其后的重要代表人物是胡佛、赖利和艾萨德等。

胡佛是美国学者，在1931年和1948年分别写了《区位理论与皮革制鞋工业》和《经济活动的区位》两部著作，提出运输成本由两部分构成：一是线路运营费，二是站场费用。前者是距离的函数，后者则不一定。在此基础上，他对韦伯的理论加以修改：① 若企业用一种原料生产一种产品，在一个市场出售，且在原料与市场之间有直达运输，则企业布局在交通线的起终点最佳，因为中间设工厂将增加站场费用。这就是胡佛的终点区位优于中间区位的理论。他认为这是大城市工业集中的重要原因之一。② 如果原料地和市场之间无直达运输线，原料又是地方失重原料，则港口或其他转运点是最小运输成本区位。这就是转运点区位论，这一理论为人们在港口布局工业提供了理论依据。

赖利对产品交换的不同价格政策对运输费用的影响进行了深入研究，艾萨德则在韦伯理论的基础上，对运输指向的工业进行了更详尽的分析。

2. 市场学派

市场学派在垄断资本主义的背景下产生，主要观点是产业布局必须充分考虑市场因素，尽量将企业布局在利润最大的区位。在激烈的市场竞争中，必须充分考虑到市场划分与市场网络合理结构安排。

其中，研究市场划分的主要理论有谢费尔的空间相互作用理论，费特尔的贸易区边界区位理论，帕兰德的市场竞争区位理论，罗斯特朗的盈利边界理论，以及吉的自由进入理论等。特别是谢费尔的空间相互作用理论受到许多学者的关注，其基本原理是任何两地之间都存在一定的相互作用关系，两地的市场间的分界点为两地作用均衡点。

另外，研究市场网络合理结构安排的主要理论有克里斯塔勒的中心地理论和廖什的区位经济学。克里斯塔勒在1933年出版的《德国南部中心地原理》一书中提出了中心地理论，又称中心地方论或中心地学说，是近代区位论的核心部分，很受学术界的重视。该理论的要点为：① 一个区域发展必须拥有若干大小不同的城镇。城镇为其服务范围内的居民提供货物和服务。每个城镇大多位于其服务区域的中央，所以称为中心地。中心地的大小与排列有一定的规律，高级中心地只有一个，次一级中心地较多，等级越低的中心地数目越多，规模越小。② 各级中心地及市场处于一个完善的网络系统中，形成大小不同的层层六边形，各级中心地位于六边形的中心或边的中心与顶点上。③ 不同规模的中心地提供不同种类的服务，每一个中心地的相对重要性取决于它所提供商品和服务的数量与等级。④ 同一等级的两个相邻中心地之间的距离相等，级别越低，相邻两个中心地之间的距离越短，等等。20世纪50年代，荷兰填海造陆后曾按这一中心地理论规划居民网点和交通图。

廖什在1940年出版的《区位经济学》一书中论述了区位平衡理论，建立并发展了工业区位理论、经济区位理论和市场区位理论。他认为，工业布局的根本原则是寻求最大利润，但如果把每个经济活动单位置于实际空间中去研究，其布局往往受多种因素影响。在产业布局过程中，在考虑多种因素影响下，找出各经济单位布局的相互依存关系，就要寻找整个区位系统的平衡，在此基础上提出经济区位理论。廖什是区位理论的集大成者，他的区位经济学涉及了农业区位理论、工业区位理论、交通运输布局理论等许多领域，而且开创了区域产业布局这一产业布局学的新领域。

3. 成本-市场学派

成本-市场学派是在成本学派的基础上形成的，其理论核心是关注成本与市场的相互依存关系，认为产业区位的确定应以最大利润为目标，以自然环境、运输成本、工资、地区居民购买力、工业品销售范围和渠道等因素为条件，综合生产、价格和贸易理论，对区位进行多种成本因素的综合分析，形成竞争配置模型。该学派建立了一般均衡理论，探讨了区域产业布局与总体产业布局问题。主要代表人物有艾萨德、俄林和弗农等。

艾萨德早在 20 世纪 50 年代中期就开始采用数学分析的方法，在 1954 年出版的《区位和空间经济》一书中，试图在杜能、韦伯、克里斯塔勒和廖什等人的研究基础上建立一般区位理论。他详细讨论运输量、运费率、劳动力等对企业布局的影响，提出了工业的聚集、规模经济、经济区的规模、经济的地域特点和贸易理论等，将成本学派和市场学派结合起来，因此艾萨德也被认为是区域科学的创始人。

俄林在 1931 年出版的《区域间贸易和国际贸易》一书中，在产业布局方面，建立了一般区位理论，认为运输方便的区域经济能够吸引大量的资本和劳动运输的产品，而运输不方便的地区则应专门生产易于运输、小规模生产可以获利的产品。

弗农在俄林理论的基础上，提出了产业生命周期理论，认为处于不同生命周期的产业布局各有特色(见表 8－1)。① 处于创新期的产业属于技术密集型产业，一般布局于科研信息与市场信息集中、人才较多、配套设施齐全、销售渠道畅通的发达城市。② 处于成熟期的产业层从个别点向面上转移，出现波浪扩展效应。这是因为生产定型化使技术普及化，同时大城市的成本一般较高。③ 衰退期的产业完全沦为劳动密集型产业，经过长期生产，技术完全定型化，产品需求趋于饱和，生产发展潜力不大，于是从发达地区向落后地区转移。弗农的产业周期理论以技术发展为核心，事实上已道出了产业梯度转移理论的核心内容。

表 8－1　产品生命周期与产业定位

	初始期	成长期	成熟期	衰退期	消亡期
需求条件	少	增长	顶峰	下降	少
技术	生产期短，技术变化快速	规模生产的引进；一些技术上的改变	生产期长，技术稳定，重要的创新较少		
资本密集度	低	高，因为过时率较高		高，因为大量专业化设备的投资	
产业结构	大量公司提供专业化服务；竞争者少	竞争企业大量增加；企业的垂直一体化程度增加	金融资本对进入该产业非常关键；公司数量开始减少	开始较稳定，随后一些公司撤出	
关键生产要素	专业技能；外部经济	管理；资金	半熟练和不熟练的劳动力；资本		
区位特征	集中在大都市区及大学区，国内国际交通通信服务较好	集中于大城市，重要的交通中心	原料产地和交通中心	劳动力受教育程度较低、工资较低的地区	集中于大城市（因为免受国际竞争的影响）

资料来源：王缉慈．《创新的空间——企业集群与区域发展》[M]．65 页，北京：北京大学出版社，2001．

（三）产业布局理论多样化发展

第二次世界大战后，殖民地国家纷纷走上独立自主的发展道路。在此背景下，落后国家或地区的产业布局理论受到重视，使得产业布局理论得到了多样化发展。其主要代表有法国经济学家弗朗索瓦·佩鲁的增长极理论、点轴理论，瑞典经济学家缪尔达尔的地理性二元经济理论等。

1. 增长极理论

该理论是法国经济学家佩鲁提出的，其核心内容是：在一国经济增长过程中，由于某些主导部门或者有创新力的企业在特定区域或城市集聚，从而形成一种资本和技术高度集中，增长迅速并且有显著经济效益的经济发展机制。由于其对邻近地区经济发展同时有着强大的辐射作用，因此被称为“增长极”。因此佩鲁主张政府应积极干预区域产业布局。

这一理论给予产业布局的启示是：后发展国家或地区，应通过强有力的政府计划和财政支持，有选择地在特定地区或城市形成增长极，使其充分实现规模经济并确定在国家经济发展中的优势和中心地位；并由此凭借市场机制的引导，使得增长极的经济辐射作用得到充分发挥，从临近地区开始逐步带动增长极以外的地区经济的共同发展。

点轴理论是增长极理论的延伸，从区域经济发展的空间过程来看，产业特别是工业先集中于少数点，即增长极。随着经济的发展，工业点的增多，点与点之间由于经济联系的加强，必然会建设各种形式的交通通信线路使之相联系，这一线路即为轴。这些轴线首先是为点服务而产生的，但它一经形成，对人口和产业就具有极大的吸引力，吸引企业和人口向轴线两侧聚集，并产生新的增长点。点轴理论就是根据区域经济由点及轴发展的空间运行规律，合理选择增长极和各种交通轴线，并使产业有效地向增长极及轴线两侧集中分布，从而由点带轴，由轴带面，最终促进整个区域经济的发展。其后，又进一步发展出了网络开发理论，但一般适用于较发达地区、经济中心地区。

2. 地理性二元经济理论

地理性二元经济理论是瑞典经济学家缪尔达尔在《经济理论和不发达地区》中提出的，他认为，在后起发达国家经济发展过程中，发达地区由于要素报酬率较高，投资风险较低，因此吸引大量的劳动力、资金、技术等生产要素和重要物质资源等由不发达地区流向发达地区，从而拉大了地区间的发展差距。另一方面，产业集中超过一定限度后，往往出现规模报酬递减现象。这对向不发达地区的转移，以寻求新的增长提供了机会。

这一理论对产业布局的启示是：国家或地区应充分利用产业布局的“扩散效应”和“回流效应”，应既充分发挥发达地区的带头作用，又采用适当的对策刺激落后地区的发展，以消除发达与落后并存的二元经济结构。

此外，产业区位理论发展到20世纪中期，还产生了行为学派、历史学派和计量学派。

二、产业布局的研究内容

产业布局理论主要研究产业布局的条件、特点、机制和区域产业结构等内容。

（一）产业布局条件

产业布局条件是指产业布局时的外部环境。它包括多种因素，既包括物质化的硬环境，也包括非物质化的软环境。除受生产力发展水平及社会物质财富的生产方式制约外，还受经济地理区位以及人口条件的强烈影响。

（二）产业布局特点

产业布局主要有以下两个特点：一是各个产业由于自身的技术经济要求不同，而在布局上呈现出不同特征。二是各地区根据自身条件，扬长避短，发挥优势，形成不同的产业结构，形成各具特色的多种产业的地域组合。

（三）产业布局机制

产业布局机制是指各种影响和决定产业空间分布和组合的因素的相互制约和作用的内在机理。产业布局机制可分为两大类型：产业布局的市场机制、产业布局的计划机制。

(1) 产业布局的市场机制是随着资本制度的建立而逐步发展起来的。其主要特点是：① 产业布局的主体是企业。企业有权选择自己的区位，而且不受国家产业政策和区域政策以外的非经济因素干扰。② 产业布局的目标是利润最大化。企业在布局项目的选择上，总是倾向于风险小、利润大的项目；在布局区位的选择上，总是倾向于投资环境较好，能使资本边际产出效率高的地点上。③ 产业布局的手段是经济利益导向。产业布局主体依据价值规律和市场价格信号，从自身利润最大化出发，自发地选择最优区位。

(2) 产业布局的计划机制是 19 世纪 30 年代由苏联首先确立，第二次世界大战后，在中国和东欧一些国家比较流行。这种机制的主要特点是：① 产业布局的主体是中央政府，产业布局的决策权、资产增量和建设项目在各个地区的分配权，乃至资产存量在各个地区之间的转移全都集中在中央政府手中。② 产业布局的目标是国家整体利益，地区经济利益往往被忽视，或被置于次要地位。③ 产业布局的手段是行政命令，产业布局主要通过中央部门和各级地方政府的行政命令来实现。

(3) 产业布局的市场机制和计划机制各有长短，单纯依靠某一种机制都难以实现产业的合理布局。因此，世界各国先后认识到发挥市场机制基础作用的同时，必须有效利用由国家干预或宏观调控的计划机制。

（四）区域产业结构

影响产业布局的一定的社会经济和技术条件，要求有与之相适应的一定的部门经济结构。不同的部门经济结构反映着社会生产力的发展状况，反映着一个地区的经济发展水平。从区域的角度考察，一个区域如果取得经济增长，必须不断地进行产业结构的调整，适时地推动产业结构向高度化演进，因此，提高产业结构的转换能力是至关重要的。地区产业结构演进的过程同时也是人口与产业空间的转移过程，它深刻地改变着产业布局的面貌。

第二节　产业布局的影响因素

产业布局合理与否将会影响到经济和社会发展的全局，因而要实现产业的合理布局，首先要分析影响产业布局的各种因素。这些因素主要包括以下几个方面：

一、地理位置

地理位置是影响一个国家或地区产业布局的重要因素，它不仅关系到自然条件，而且还关系到交通、信息和一系列社会经济条件，对第一产业如农业产生重要影响，特定地理严格地限制着当地农业生产。产业通常也是优先布局在地理位置优越的地方，尤其是经济地理位置优越的地方，如综合运输枢纽、港口、铁路沿线等地理位置优越，交通方便的地方。

地理位置除了直接影响第二、第三产业的布局外，还会影响到如自然资源的开发顺序等。但随着科技的进步，社会生产力的发展，产业集聚与扩散规律的相互作用，地理位置对产业布局的影响力有着弱化的趋向。

二、自然因素

自然因素分为自然条件和自然资源，其中自然条件是人类赖以生存的自然环境，自然资源是指自然条件中被人类利用的部分在一定时空和一定条件下，能产生经济效益，以提高人类当前和将来福利的自然因素和条件。自然条件和自然资源是生产的前提条件，也是产业布局的依据。

自然条件对产业布局的影响具体体现在四个方面：

（1）人类社会发展的不同阶段，自然因素对产业布局有不同的影响。遍在性的自然因素如大气、水、土地等对产业布局没有影响或影响不大，局限性的自然因素如石油、天然气、煤炭等对产业布局的影响受分布条件和开发技术的限制。

（2）自然因素对不同产业布局的影响。自然资源对第一产业产生决定性影响，对第二、第三产业布局产生间接影响，直接影响到产业布局的大格局等。

（3）自然条件各要素对产业布局和生产发展的影响。

（4）自然因素对区域性分工和生产发展的影响，区域性自然因素形成诸多地貌区，如气候带、植被带、土壤带、水力资源富集区等自然地域，对产业布局有一定的影响。

三、社会因素

（一）人口因素

人既是生产者，又是消费者，对产业布局都有深刻的影响。人口数量、人口构成、人口分布和密度、人口增长、人口素质、人口迁移和流动，以及人口中的劳动力资源比重、分布、构成、素质、工资等构成人口因素的主要方面。如劳动密集型产业多是利用劳动力充裕、劳动力费用在成本中所占比例低等特点而布局的。在人口素质、劳动力素质高的地区布局技术密集型和知识密集型产业。我国改革开放以来，经济得以快速发展的一个重要原因就是得益于“人口红利”。各个地区人口数量、民族构成和消费水平的差异，要求产业布局与人口的消费特点、消费数量相适应。

（二）社会历史因素

历史继承性是产业布局的基本特征之一，同时历史上形成的产业基础始终是新的产业布局的出发点。社会历史因素主要包括历史上已经形成的社会基础、管理体制、国家宏观调控政策、国内外政治条件、国防、文化等因素。其中最主要的表现为政府通过政治、经济和法律的手段对产业布局进行干预和宏观调控。一般来说，在原有经济基础较好的地区，再进一步发展可以利用原有的基础设施，会对产业布局产生积极的影响。但同时还存在原有历史基础是在过去生产力水平下形成的，存在一些结构不合理、设施落后、污染严重等问题，因此产业布局时要合理利用历史因素中好的方面，规避不利的方面，使产业布局达到合理化。

（三）行为因子

行为因子是指决策者、生产者和消费者在确定产业区位过程中的各种主观因素。行为因子往往使产业区位指向发生偏离。事实上，世界各国的产业并非都建立在最优区位。导致这种偏离的关键因素就在于行为因子，其中特别是决策者的行为影响极大。决策者的行为在产业区位选择过程中的作用不容忽视，它取决于决策者个人素质的高低。生产者、消费者的行为仅对产业区位指向产生一定的影响。就生产者的行为而言，选择最优区位时，考虑最多的是能否招收到足够的员工，以及稳定员工队伍。就消费者的行为而言，选择最优区位时，考虑最多的是与老百姓吃、穿、住、用、行相关的城市产业的定位问题。

四、经济因素

（一）集聚与分散

集聚与分散是产业空间分布的两个方面，其在空间上取决于集聚因子的作用。产业在区位上集中，一般会产生不同的集聚效果，主要通过规模经济和外部经济来实现。

（1）产业在区位上集中，可以减少前后关联产业的运输费用，从而降低成本。

（2）产业在区位上集中，可以利用公共设施，从而减少相应的费用。

（3）产业在区位上集中，便于相互交流科技成果和信息，提高产品质量和技术水平。

（4）产业在区位上集中，可以利用已有的市场区位，扩大市场服务范围等。

但集聚到一定程度后，又会产生一种集聚的不经济，这种集聚程度越高，可能产生的集聚不经济就越大。在此情景下，产业布局会出现转移分散的趋势。因此集聚经济与集聚不经济同时存在，相互制约，共同决定产业布局。

（二）基础设施条件

基础设施是指人类生产和发展所需的基本的人工物质载体，包括为生产服务的生产性基础设施，也包括为人类生活和发展服务的非生产性基础设施。如交通运输设施、信息设施、能源设施、给排水设施、环境保护设施、生活服务设施等。这些基础设施条件，特别是其中的交通运输条件、信息条件对产业分布的影响很大。交通运输条件的完备与产业区位的关系密切。产业区位在最初总是指向交通方便、运输速度快、中间环节少、运费低的地点，对第一、第二产业的制约作用尤为突出，深刻影响着农业和矿产资源开发的次序、规模和速度。

近年来，随着交通技术的发展，运输成本不断降低，出现了一些加工业区位由原来的原料地、燃料地指向转向交通运输枢纽指向的倾向，交通运输条件对产业布局的影响与日俱增。信息设施主要指邮政、电信、广播电视、电脑网络等设施状况。随着信息在经济活动中作用日益增强，信息条件也成为影响产业布局的重要因素。通常，在市场经济条件下，灵通的信息有利于准确地掌握市场，正确地分析影响产业布局的条件，以达到合理布局的目的。

（三）市场因素

市场因素主要有商品市场和资本市场等，其中商品市场泛指商品的销售场所，它不仅包括最终产品的消费地，也包括原材料或半成品的深加工地。对产业布局的影响主要体现在以下四个方面：

（1）市场与企业的相对位置。一般而言，在市场竞争的压力下，这一因素促使产业区位指向能使商品以最短路线、最少时间、最低花费进入市场的合理区位。

（2）市场规模，即商品或服务的容量。产业布局只有注重市场规模，才能生存和延续。

（3）市场的需求结构，即商品或服务的种类。它是生产的“指挥棒”，将引导产业区位指向最有利的地方。

（4）市场竞争。市场竞争可以促进生产的专业化协作和产业的合理集聚，使产业布局趋向于更有利于商品流通的合理区位。

资本市场对产业布局的影响在现代社会表现得特别突出。资本市场发达、体系完善、融资渠道多样且畅通，尤其是产业投融资基金发达，产业布局就可以突破地域资本稀少的限制；反之，产业布局就会受到地域资本稀少的限制。

五、科技因素

科技是影响人们利用和改造自然的能力，是产业布局发展与变化的一种推动力。科技水平的高低及不同地区技术水平的差异都将影响地区的产业布局。这主要体现在以下三个方面：

（1）科技决定着自然资源利用的深度和广度，进而影响产业布局。技术进步不断地拓展人们开发与利用自然资源的深度和广度，使自然资源不断获得新的经济意义。这有利于扩大产业布局的地域范围，使单一的产品生产区转变为多产品的综合生产区，扩大生产部门不断布局。

（2）科技通过影响地区产业结构，从而对产业布局产生重大影响。特别是随着新技术的不断涌现，一系列新的产业部门不断诞生，人类生产和生活的地域及方式也随之发生改变，从而对产业布局产生重大影响。

（3）科技进步改变交通运输方式，进而影响产业布局。如“临海型”“临空型”的产业布局。

六、政治因素

国家的政策、法律和宏观调控对产业布局的影响也是不可忽视的因素。政府政策通过产业规划、财税政策、人才培养等来宏观干预和调控产业，对产业区位选择产生影响。正确的政策可以推动社会经济的发展和产业的合理布局，反之，则对社会经济的发展带来消极影响。

此外，国内、国际政治环境对产业布局也产生影响。稳定、安全的国内、国际环境是制定战略性产业布局规划的重要前提条件。

综上所述，产业布局往往受多重因素的影响，在不同地区、不同时段会出现不同的影响力，有的表现为主导作用，有的表现为次要作用。因此，应该因时、因地、因产业的不同而做具体的分析，从发展的角度去评价各种因素在产业布局中的作用。

第三节　产业布局的一般规律和基本原则

产业布局要受多重因素的制约，是一种社会经济现象，虽然其在分布形式上是千变万化、错综复杂的，但根据产业布局的理论，可以逐步归纳出其内在的发展规律。

一、产业布局的一般规律

（一）生产力发展水平决定产业布局

在人类社会生产力发展阶段与产业布局演化的关系中可以看到，生产力发展是产业布局发生量的扩张和质的飞跃的原动力。生产力是一个多因素、多层次的有机体系，它的组成要素(劳动者、劳动工具、劳动对象、科学技术等)在特定条件下的地域空间中的有机结合，就形成特定历史时期的产业布局。换言之，有什么样的生产力发展水平，就决定了什么样的产业布局条件、内容、形式和特点，这是产业布局的基石。这是所有国家或地区在社会经济发展的不同阶段，都存在的普遍规律。

如表 8－2 所示，在农业社会，生产力发展水平低下，农业占绝对优势，商品经济不发达；人类对自然的依赖程度较大，交通运输不发达，自然因素尤其对农业影响较大，少数工场手工业主要分布在省水力和获取原料与销售产品方便的地方，产业布局呈现出与生产力水平相适应的分散性。

第一次产业革命后，生产力的发展使产业布局的主要特点表现为产业由分散趋向集中，工业由沿河流分散的带状分布发展到围绕煤炭产地和水陆运输枢纽地集中布局，并由此带来工业城市如雨后春笋般地增加。

第二次科技革命以后，电力作为动力资源普及，产业进一步趋向集中，交通、区位条件在产业布局中所起的作用更加突出。这主要体现在如下几个方面：

(1) 许多从前不能利用的资源可以得到利用，过去难以开发的地区得到开发，利用自然条件与自然资源的能力大为提高。

(2) 区位、交通、信息条件等在产业布局中的作用大大增加。

(3) 人口与劳动力条件在产业布局中的作用发生了变化。人口数量因素的作用在减弱，人口与劳动力素质的作用在增强，高素质的劳动力对现在及未来的产业分布的作用与日俱增。

(4) 社会经济因素对产业布局的影响增加。管理体制、政策、法律、关税与国际环境等，无一不对产业分布产生强烈影响。

第三次科技革命以计算机、原子能为特征，生产力的发展使产业出现了集中与分散两种趋势，懂科技、高技术的劳动力以及快速、便捷的交通枢纽(如大的航空港、高速公路枢纽等)成为产业布局的重要条件。随着知识经济的发展，未来产业布局将从现在的过分集中走向适度分散。

表 8－2　生产力发展水平与产业布局的关系

生产力发展阶段	能源动力	生产工具	交通工具	产业布局的主要特点
农业社会	人力、兽力、水力	石器、铜器、铁、手工机械	人力车、畜力车、风帆船	农业自然条件对产业布局起决定性作用，产业布局有明显的分散性
第一次科技革命(产业革命，18 世纪末至 19 世纪初)	蒸汽动力	蒸汽机械	蒸汽火车、蒸汽轮船	产业布局由分散走向集中，工业向动力基地(煤炭地)和水陆运输枢纽集中

续表

生产力发展阶段	能源动力	生产工具	交通工具	产业布局的主要特点
第二次科技革命（19世纪初至20世纪初）	电力、内燃动力	电力机械、内燃机机械	内燃机车、电力汽车、汽车、飞机、内燃机船舶	产业布局进一步集中，交通、位置条件等在产业分布中的作用得到加强
第三次科技革命（第二次世界大战后）	计算机、原子能	电子计算机、机器人	航天飞机、宇宙飞船、高速车辆	懂科技、高技术的劳动力，快速、敏捷的交通枢纽成为产业布局的重要条件，产业布局出现“临海型”“临空型”等新的形式。未来产业布局将从过分集中走向适度分散

资料来源：唐晓华.《现代产业经济学导论》[M]. 219页，北京：经济管理出版社，2011.

（二）劳动地域分工规律

劳动地域分工是各地区之间经济的分工协作，社会、经济按比例发展的空间表现形式，是地区布局条件差异性的客观反映。通过劳动地域分工，各地区就可以充分发挥各自的优势，生产经济效益高的产品，相互之间就可以实现广泛的产品交换，从而促进商品经济的广泛发展，以取得巨大的宏观经济效果。这主要体现在以下两个方面：

（1）合理的劳动地域分工能充分发挥地区优势，促进商品流通，形成合理的产业布局；地域分工的深化和社会生产力的提高相互作用，推动产业布局形式由低级向高级不断演进和发展。

（2）合理的产业布局有利于实现合理的地域分工与交换，提高社会劳动生产率，推动社会、生产向前发展。

正是在劳动地域分工规律的作用下，世界各地区逐渐形成了分工协作的统一世界经济体系。这就是要在考虑一个国家或地区的产业布局时，必须把它纳入更大范围的经济联系中去分析，才能使这一国家或地区的经济发展在劳动地域分工体系中形成自己的特色，产生巨大的经济效益和社会效益，才能实现产业的合理布局。

（三）产业布局“分散—集中—分散”螺旋式上升的规律

集中与分散是产业布局演变过程中相互交替的两个过程，是矛盾的两个对立面。集中在实质上体现经济活动在地域分布上的不平衡性，分散则意味着空间分布上的均衡性。在社会分工不发达的产业发展初期，产业布局具有明显的分散性，集中化趋势不明显。产业革命后，产业布局才开始从以分散为主转向以集中发展为主，出现农业在自然条件优越的地区集中发展，工业集中分布在原料或能源基地、交通枢纽、沿海地区或大中城市。但随着社会经济的发展，相对集中的产业布局产生集聚效应的同时，逐渐也出现了集聚不经济，从而使产业布局有了分散的趋势，即产业布局由过度集中向适度分散转化。

这样，工业、农业、交通运输业等各个产业部门在地域布局演变中就表现为“分散—集中—分散”的循环上升的链环，只是后一阶段的产业布局较前一阶段在内涵上更为丰富，形式上更为高级。因此，它是一个螺旋上升的客观规律，并表明产业发展的重心变化。近几年，我国东部沿海地区产业逐渐向中西部地区转移，就是产业布局的"集中—适度分散"的例子。

（四）地区生产专门化与多样化相结合的规律

各国、各地区之间的自然条件和经济技术水平以及地理位置等的差异，构成了劳动地域分工的自然基础和经济基础。在经济利益的驱动下，各地根据自己的绝对优势或相对优势进行劳动地域分工，当地域分工达到一定规模时，就出现了地区生产专门化部门，如农业生产专门化和工业生产专门化。地区生产专门化是随着生产力发展逐步形成的一种生产形式。

地区生产专门化是指按照劳动地域分工规律，利用特定区域或某类产业或产品生产的特殊有利条件，大规模地发展某个行业或某类产品，然后向区外输出，谋求最大经济效益。地区生产专门化对于充分利用技术资源优势，提高劳动生产率，降低生产成本，提高产品数量和质量，创造规模经济效益，促进管理制度创新具有积极意义。地区生产专门化程度越高，对多样化需求也越高，从而形成地区生产专门化和多样化并存的客观现象。各个专门化部门内部的纵向联系和部门之间的横向联系共同形成国民经济的有机整体。产业布局专门化的形成和发展促进了多样化的产业，而产业多样化的形成和发展，又反过来进一步促进专门化向深度和广度发展。因此，地区生产专门化与多样化相结合，是产业布局的又一条客观规律。

（五）非均衡规律

由于产业布局受多重因素制约，人类经济活动的空间表现向来就是不平衡的。一方面，就单个产业部门和企业而言，在特定生产力水平下，它们总是选择最有利的区位进行布点，以求获得最大的经济效益。这就决定了产业布局的不平衡。任何国家或地区的产业布局多是由点到线，再到面而逐渐铺开发展的。另一方面，就某一地区产业布局而言，该地区的自然、社会、经济条件等不可能适合所有产业的发展，有的地区甚至只适合一种产业或一组产业的发展等。

因此，产业布局的地区不平衡是一个绝对规律，并随着社会生产力的发展，人类也只能使这种不平衡接近相对平衡，使产业布局由低级的分散走向集中，再由集中走向适度分散，使产业分布逐渐扩展。所以，地区不平衡性就成为产业布局的又一个重要规律。

（六）产业布局与"自然—社会—生态系统"对立统一的规律

产业布局的目标是追求最大的经济效益，而自然地域系统的目标则要求保持生态系统的生态平衡，从表面上看两个系统目标之间存在矛盾，且实践中重视经济效益，忽视社会效益和生态效益，甚至破坏生态环境的现象时有发生。但是，从理论上讲，经济效益与社会效益、生态效益是三位一体的，统一的，其中一个环节被破坏，必然会引起另外两个环节的连锁反应。因此，人类在一定地域内的经济活动，必须要遵循自然生态规律。合理开发和利用自然资源，做到产业布局合理，不仅可以使"自然—社会—生态系统"保持平衡，而且可以促进经济的繁荣，使人们的生活、生产环境得以改善，达到社会、经济、生态三种效益最优。

二、产业布局的基本原则

产业布局的一般规律决定着产业布局的一般原则，产业布局的一般原则反映了产业布局规律的内在要求。在产业规律的作用下，产业在地域空间的分布与组合就有了客观依据，这就是产业布局的基本原则。以下具体来进行产业布局的基本原则的论述说明。

（一）全局与长远性原则

一个国家或地区的产业布局必须从产业发展、国民经济和社会经济发展相协调的战略高度来规划和实施。该原则一方面要求从范围上确定产业布局的全局性，充分发挥各地区的比较优势，协调全局与局部的关系。产业布局要放眼全局，更好地发挥各地的优势，避免在布局中出现重复建设和盲目生产，杜绝片面强调自身利益和发展而不顾全局整体利益的现象。另一方面要求从长期来看，确定产业布局的长远性，并根据各个时期经济建设的需要来进行产业布局，协调当前与长远的相互关系。通过这一原则的贯彻，可以更好地发挥各地区的绝对优势或相对优势，避免产业布局中出现重复建设和盲目生产；可以确保国家重点项目的落实，促进区域经济的发展；也可以更好地实现地区生产专门化与多样化的结合，有利于逐步形成产业的合理布局。

（二）分工协作原则

产业布局的分工协作原则主要体现在劳动地域分工与地区综合发展相结合上，地区分工和地区专门化、多样化的发展，不仅能充分发挥各地区优势，最大限度地节约社会劳动，促进商品的流通与交换，而且可以加速各地区经济一体化的进程，促进区域间的分工与合作。因此，合理的产业布局应立足于区域资源禀赋及差异，充分发挥各地区资源优势，重点布局专门化生产部门，因地制宜地布局一些多样化部门，保证地区内各产业协调增长，实现产业布局合理化，保障各地区经济健康发展，形成一个有地区特色、结构合理的地域生产综合体。

（三）集中与分散相结合原则

产业布局的“分散—集中—适度分散”的变化规律使产业在空间上的集聚表现为集中与分散两种趋势。集聚经济是社会化大生产的客观要求，也是扩大再生产，提高经济效益的有效组织形式。但产业集聚到一定程度后，又会出现集聚不经济现象，要求产业布局的适度分散。因此，产业布局应根据各地区的资源环境条件、位置和交通状况、人口与劳动力及社会经济因素等有选择地规划和实施产业布局，在产业发展的不同阶段实施不同的产业布局。如在产业发展的初期，增加产业集中，扩大集聚经济效益；在产业发展到一定阶段后，通过产业布局来适度引导产业分散，防止或减少集聚不经济。因此，在产业布局中既要反对过分集中，又要反对互相不联系的过分分散，将集中与分散有机结合起来，实现产业布局的适度集中和相对分散的统一。

（四）经济效益原则

以最小的劳动消耗来获得最大的经济效益，是人类社会生产的基本要求，也是评价产业布局合理与否的最基本的标志。从经济效益出发，择优确定产业区位，就是产业布局的经济效益优先原则。以经济效益为准则，农业布局首先就应在摸清区域农业资源的基础上，揭示农业发展的区域差异，因地制宜地选择农、林、牧、渔最适宜发展的地区，从而提高农业经济效益。从第二产业来看，工业布局就尽可能接近原料产业、能源基地和市场，减少物资运输和资金周转环节，节约社会劳动消耗，达到成本低、经济效益好的产业布局。

然而，在现实中，原料、能源和市场分布在一起的情况比较少，这就要求产业布局应根据具体产业的技术经济特点，确定产业布局的趋向。随着社会经济的发展和科技的进步，工业布局受接近原料地、能源基地和市场的干扰和影响在不断降低。因而，从经济效益出发，择优选择产业区位，是产业布局中应该贯彻的又一原则。

（五）发挥地区比较优势原则

因地区资源禀赋的不同，区域分工、技术发展等因素的作用，使产业布局呈现出地区不均衡性，由此造成地区比较优势，使产业发展一般体现为由点到线再到面的非均衡发展过程，因而需要在一定时期内布局产业时，发挥地区比较优势，由此来带动周边地区的协同发展。这里的比较优势，主要体现在以下五个方面：

(1) 原料指向。不同产品的原料消耗是有差别的，一些原料消耗量大的产品生产，指向原料丰富的地区，如制糖业、造纸业和水泥工业等。

(2) 市场指向。要求接近消费者，主要指当地消费服务部门，以及产品更容易腐蚀变质和不宜运输储存的部门。

(3) 能源指向。如大量消耗电力的工厂，建厂地点一般应选择靠近动力基地的地区，特别是提供廉价电能的大型水电站和坑口电站附近，如铝、镁、钛的冶炼厂以及铁合金厂、人造纤维厂等。

(4) 劳动力指向。劳动密集型产品的生产应指向劳动力资源丰富和劳动力成本低的地区，如服装厂、装配工业等。

(5) 技术指向。高技术产品生产布局在投资环境好、技术协作条件优越的地区，如精密仪器、电子计算机等产品的生产。

（六）可持续发展原则

优化产业布局是促进可持续发展的重要途径，只有实现合理的产业布局，才能实现经济效益、生态效益和社会效益的三者统一。但从时间上看，三者之间又是可能产生矛盾的，因为产业布局的首要原则是经济效益优先，在实践中往往会出现片面重视经济效益，忽视生态效益和社会效益，甚至破坏生态环境的现象。因而，产业布局只有贯彻可持续发展原则，才能达到经济效益和社会效益、生态效益的真正统一，实现产业的合理布局。

因此，从可持续发展原则出发，农业布局应宜农则农、宜林则林、宜牧则牧、宜渔则渔，因地制宜地开发发展。工业布局应做到如下三点：

(1) 工业布局不宜过分集中，应适当分散。这有利于工业生产中产生的“三废”在自然界稀释、净化，也有利于就地处理。

(2) 工业企业的厂址选择要考虑环境因素。一是工矿企业选点要注重保护水源，对排放有毒物质和“三废”较多的企业不应建在水源地或河流上游，以避免对水质的污染；二是工矿企业的选点要注重风向，对排放大量烟尘和有害气体的企业不应建在生活区和工矿区的上风地带；三是工矿企业的布点也要防止对农业生产的污染，还应尽量少占农田。

(3) 建设新厂时，要实行污染处理设施与主体工程同时设计、同时施工、同时投产的办法，防止新污染源的产生。

上述六条原则是从不同侧面对产业布局提出的要求，每一条原则都不是孤立的，它们之间既有联系又有区别，其目的都在于实现产业的合理布局。

第四节　产业布局的实践

一、我国产业布局的实践

我国产业布局的历史轨迹，表现为“均衡发展—非均衡发展”逐渐演变的过程，并具有明显的阶段性特征。

（一）改革开放前的均衡产业布局

新中国成立之初，由于半封建、半殖民地时工业布局的影响，占国土面积不到12%的东部沿海地带(当时的东部沿海地带是指辽宁省、北京市、天津市、河北省、河南省东部、山东省、安徽省、江苏省、上海市、浙江省、福建省、广东省和广西壮族自治区等省、自治区和直辖市)，聚集了全国70%以上的工业，只有30%的工业在内地。对此，毛泽东提出了“沿海的工业基地必须充分利用，但是，为了平衡工业发展的布局，内地工业必须大力发展”的战略指导思想。因而，在“一五”计划时期(1953—1957年)，全国划分为沿海和内地两大经济板块，实行向内地倾斜的板块平衡发展战略。沿海地区重点进行以改建、扩建鞍钢为中心的东北工业基地建设，在内地重点进行以武钢为中心的华中工业基地和以包钢为中心的华北工业基地建设，同时在西北、西南也开始了部分工业建设。“一五”计划时期的基本建设投资总额中，沿海与内地所占比例分别为46.7%和53.3%。

“二五”计划时期(1958—1962年)，受“大跃进”的影响，工业建设急于求成，出现了“遍地开花”“星罗棋布”的全面性平衡布局，新建工业点数以万计。进而到了“三五”和“四五”计划时期，均衡思想进一步发展为全面性均衡布局，以小煤矿、小钢铁厂、小有色金属厂、小化肥厂、小水泥厂、小机械厂遍布各省、市、自治区为特征，在大、中、小三线的工厂布点上，要求“靠山、分散、隐蔽、进洞”。以备战为中心，将全国与大军区相对应划分为西南、西北、中原、华南、华北、东北、山东、闽赣、新疆等9个经济协作区，要求每个协作区建成能“各自为战”的经济体系。这样，分散均衡布局成为均衡产业布局目标的最充分体现。

“五五”计划时期(1976—1980年)，是产业布局战略从均衡向非均衡的过渡阶段。十一届三中全会后，理论界对过去那种绝对平衡观进行了反思，重新探讨了社会主义产业布局的原则特征，确立了效率原则优先的体系，此时的产业布局重点在东部沿海地带。

接下来对均衡产业布局政策选择进行简单的评价。

1. 比较优势判断

改革开放政策实施之前，在计划经济体制下，我国区域产业布局在本质上不具有依据比较优势布局的特征，资本和劳动力资源不能自由流动，地区间的贸易方式以计划和调拨为主。当时的产业布局主要是以政策导向为主，重工业不仅在东北等老工业基地继续发展，而且在中西部也大规模推进重工业化过程，选择的布局地点也以战备为需要。因此，我国重工业化布局不具有比较优势特征，是缺乏效率和效益的重工业化。同时，这种生产力的均衡布局和地方工业自成体系，违背比较优势原则，导致改革开放前的跃进中产业布局的分散，造成了我国工业体系“遍地开花”的全国性产业结构，被有的学者称为“虚重工业化”。

2. 公平与效率取舍

改革开放之前我国政府对空间公平的追求基于对效率的提高，用整体的效率损失换取区域的均衡发展，结果追求空间公平，损失了整体效率。其表现为近 30 年时间全国收入水平及消费水平都处于增长缓慢乃至停滞状态，而表面较高的增长速度是在扭曲的产业结构和绩效较低的情况下实现的。

（二）改革开放后的非均衡产业布局

改革开放政策实施以来，我国的产业布局主要思想发生了根本性变化，从注重公平转向侧重效率，一改过去的均衡发展，实施区域经济倾斜发展战略，把建设的重点转向东部沿海地区。即从我国非均衡发展的实际出发，从侧重公平的均衡布局转向“效率优先，兼顾公平”的非均衡布局。无论是引进外资、国家投资、优惠政策方面，产业布局政策都倾向于东部。

“六五”计划时期(1981—1985 年)明确提出“努力发展内地经济，继续积极支持和帮助少数民族地区发展生产，繁荣经济”；同时提出“要积极利用沿海地区的现有基础，充分发挥他们的特长，优先发展，从而带动内地经济的进一步发展”。“七五”计划时期(1986—1990 年)，又明确按“东部-中部-西部”的顺序安排发展重点：沿海要“加速发展”，中部是“有重点地发展”，西部则应“做好进一步发展的准备”。1988 年又提出了“沿海地区经济发展的战略”。

“八五”和“九五”的十年计划中提出了地区经济发展的布局政策是：“正确处理地区优势与全国统筹规划、沿海与内地、经济发达地区与较不发达地区之间的关系，促进地区经济朝着合理分工，发展其长，优势互补，协调发展。”

20 世纪 80 年代中后期，特别是 90 年代以来，中央政府和理论界逐渐重视中西部与东部地区经济发展差距越来越大的问题，在经济发展战略上开始向沿海和内地协调发展的方向调整。经过努力，自 1995 年起，东西部地区经济发展差距和地区间居民收入差距扩大的趋势有所减缓。新中国成立以来中国区域发展战略及其重心演变见表 8－3 所示。

表 8－3　新中国成立以来中国区域发展战略及其重心演变

阶段	地理区划	区域发展战略的重心	具体内容与相关政策措施
1949—1978 年改革以前	沿海、内陆；三线建设	平衡发展战略，注重均衡发展和国防安全，以公平为重心	计划经济下的重工业优先发展战略、“大跃进”时期的区域平衡发展方针(“二五”计划)；三线建设的大规模西推
1981—1985 年“六五”计划	沿海、内陆和少数民族地区	不平衡发展战略，效率优先；设立经济特区；控制大城市，发展中小城市	重点产业投资布局“东倾”政策，经济特区、沿海开放城市、经济开放区和保税区的“特殊政策，灵活措施”；开放沿海港口城市；实施国家扶贫开发政策；少数民族地区对口支援和财政补贴政策

续表

阶段	地理区划	区域发展战略的重心	具体内容与相关政策措施
1986—1990 年“七五”计划	东部沿海地区，中部、西部地带	东部优先、中部重点、西部准备的效率优先，非均衡发展战略；沿海地区经济发展战略作为国家方针正式提出	沿海对外开放政策；加速东部沿海地区发展；开辟沿海经济开发区；开发台商投资区；构建地区协作和三级经济区网络
1991—1995 年“八五”计划	沿海、内陆、少数民族和贫困地区	非均衡协调发展战略，注重效率；严格控制大城市规模，小城镇大战略，梯度推移战略	形成全方位的对外开放格局（沿边、沿江和省会）；增设国家级经济技术开发区；加快中西部乡镇企业发展；促进棉纺织工业区域转移；开发开放以上海浦东为龙头的长江地区
1996—2000 年“九五”计划	七大经济区	非均衡协调发展战略，注重效率兼顾公平；大中小城市和小城镇协调发展；梯度转移	引导地区经济协调发展，形成若干各具特色的经济区域，提高东部经济活力，加强东中西合作，促进中西部改革开放；优先在中西部地区安排资源开发和基础设施建设项目；八七扶贫攻坚计划
2001—2005 年“十五”计划	东部、中部、西部	相对均衡促进协调发展战略。促进东部创新，辐射带动中西部发展；注重效率兼顾公平	实施西部大开发战略，加速中西部地区发展，合理调整地区经济布局，促进地区经济协调发展；提高东部地区的发展水平，形成各具特色的区域经济
2006—2010 年	东部、中部、西部、东北地区；四类主体功能区	均衡协调互动发展战略，注重公平为重心；以特大城市为依托，形成辐射作用大的城市群，培育新的经济增长极	坚持实施推进西部大开发，振兴东北地区等老工业基地，促进中部地区崛起，鼓励东部地区率先发展的区域发展总体战略，健全区域协调互动机制，形成合理的区域发展格局；合理确定不同区域的主体功能，明确优化开发、重点开发、限制开发、禁止开发的空间布局
2013 年至今	欧亚大陆经济整合的大战略“一路一带”	以边境地区为依托，辐射带动沿线各国在交通基础设施、贸易与投资、能源合作、区域一体化、人民币国际化等领域共同发展	涵盖东南亚经济、东北亚经济整合，并最终融合在一起通向欧洲，形成欧亚大陆经济整合的大趋势，从海上联通欧亚非三个大陆和丝绸之路经济带战略，形成一个海上、陆地的闭环

资料来源：干春晖.《产业经济学：教程与案例（第 2 版）》[M]. 246 页，北京：机械工业出版社，2015.

1. 非均衡产业政策对我国的积极影响

（1）根据各地域的优势，初步形成了产业布局的地域分工。东部地带的省、直辖市、自治区经济发达，工业结构偏向于加工工业，轻工业比重较高，技术和资金密集度较高。中部省区，工业发展水平大幅度提高，原料工业和重加工工业较突出。西部省区，区内经济地理位置和自然条件较差，但拥有丰富的矿产资源，工业结构以采掘业为特色。

（2）产业布局经历了从均衡到非均衡的转变后，在全国范围内呈现出自东向西梯度分布，由南向北展开的布局。

（3）东部地区的大中型城市的辐射力增强，有效带动了周围区域经济的增长，对周围地区的辐射和带动作用增强，形成了工业密集区域。如环渤海地区、长江三角洲地区、珠江三角洲地区。

2. 非均衡产业布局的负面影响

（1）地区经济差距扩大，区域经济发展不平衡加剧。

1980—1992 年间，中部同东部人均国民生产总值相对差距由 31.2%扩大到了 43.1%，西部同东部的人均国民生产总值的相对差距由 43.8%扩大到 50.5%。

（2）区域经济摩擦，地区封锁日趋强化。

自 20 世纪 80 年代初期财税实行“分灶吃饭”和分权体制改革以来，区域中的地方政府获得了相当大的权力，区际关系开始按市场规则行事，由于转轨时期新旧体制的摩擦，使区域经济形成活跃与紊乱并存的局面。

（3）产业布局非区位化，引发区域产业结构趋同。

在利润动机的诱导下，各地区纷纷加速发展投资少、见效快的加工工业，忽视基础产业，从而导致各地区产业结构雷同。在加工工业上，一些拥有先进技术和设备，有条件发展深加工和高技术产业的发达地区未能较快改造传统产业，振兴新兴产业，而是在某种程度上固守原有的一般加工水平，产业升级换代缓慢。而一些设备技术差的落后地区限制原材料流出，自搞加工，刻意追求高附加值，又往往依靠外汇进口元器件来支撑耐用消费品加工工业。结果是资源产区和加工地区的产业结构从不同的起点出发，走向趋同。这种不合理的趋同，直接产生以下不利后果：一是区域分工弱化，分工利益减弱；二是布局中重复引进，浪费现象严重；三是产业间的空间组织缺乏专业化协作，企业规模在低效率基础上趋向小型化及空间分布均衡化，造成分工效益和规模效益双重损失。

（4）注重地区经济倾斜，忽视产业倾斜。

从比较利益理论和非均衡理论出发，给基础好的地区某些政策倾斜优惠是应该的、可行的。但是必须把地区倾斜与产业倾斜结合起来，着力培训地区增长点和产业增长点。我国在产业布局实践中对东部地区进行了全面倾斜，而在一定程度上忽视了中西部地区的发展，特别是中西部的农业、能源、原料和交通运输等基础产业。

二、未来的产业布局

（一）国际分工与国际产业转移

国际分工和国际产业转移是产业布局在全球范围内的特殊表现，对其进行分析研究的主要目的是考察世界各国，特别是发展中国家在此背景下的地位和经济发展战略。

1. 国际分工与国际产业转移的关系

国际分工是社会发展到一定阶段，是国民经济内部的分工超越国家界线广泛发展的产物和结果。其重要特点是不同国家间的生产力水平不同，而其中一部分国家的生产力水平较高。由于产业周期的存在，发达国家通过国际贸易和国际投资等方式，将本国处于衰退期的产业向外扩散或转移。正是这种国际产业转移使发达国家与发展中国家之间的国际经济关系建立在一种新的国际分工基础之上，形成一种新的贸易与投资的利益分配的国际格局。

因此，可以看出国际分工是国际产业转移的前提和基础，而国际产业转移也会促进国际分工格局的演进，并不断地改善国际分工格局。

2. 产业革命以来国际分工格局和产业转移的演变

从产业革命到产业转移这样一个历史演进的过程中，按照发达国家与发展中国家之间联系机制的显著变化，可以将国际格局分为如下两个历史阶段。

(1) 18 世纪中叶至 19 世纪末：工业国和农业国。

18 世纪中叶开始的产业革命标志着资本主义向新的技术基础的大机器工业过渡。在产业革命的影响下，世界各国逐渐分裂为两类国家：一是一些以农业为主或纯粹从事农业的农业国家，二是由农业国围绕的少数几个工业国。

从 19 世纪末至 20 世纪初，主要资本主义国家通过资本输出，把资本主义生产逐步扩散到殖民地、半殖民地国家，从而使资本主义国际分工的主要形式，即工业国与农业国之间的分工更加深化。

(2) 20 世纪 60 年代至今后较长一段时间：劳动密集型产业国、资本密集型产业国、技术密集型产业国。

20 世纪 60 年代以来，在第二次技术革命和国际生产关系的变化背景下，传统的以自然资源为基础的分工逐步发展到各个产业部门内部的分工，进而发展到以产品专业化为基础的分工；由市场自发力量决定的分工越来越向由跨国公司和国家组成的分工方向发展。发达国家中出现了以出口矿产品为主的工业制成品和以农产品为主的初级产品生产国以及主要出口以高精尖技术产品为主的工业制成品的生产国；同时，半工业化国家和地区主要出口劳动密集型产品，非工业国家主要出口初级产品。因此，可以将当前和今后的国际分工格局描述为劳动密集型产业国、资本密集型产业国和技术密集型产业国之间的分工。

第一次国际产业转移发生在 20 世纪六七十年代，主要以服装、鞋帽、玩具等初级产品加工的劳动密集型产业为主；第二次国际产业转移是在 70 年代，以石油为主的能源危机，迫使发达国家向国外转移重化工业；第三次是 80 年代以后，新技术革命导致的技术密集型产业转移。进入 90 年代，产业转移出现了新的特征：国际产业转移的背景是全球化、规模扩大化、结构高度化，高技术产业、金融保险业、贸易服务业、电信业、房地产业等日益成为国际产业转移的重点领域，制造业的转移仍在持续，由跨国公司主导，重心向东半球转移，产业转移方式多样化，出现了职业全球化现象，配套、连锁转移现象十分明显。

3. 国际分工和国际产业转移背景下发展中国家的经济发展战略

对发展中国家来说，国际产业转移是柄双刃利剑，既可以使产业结构成长，引起就业结构变化，提高社会资本有机构成，加速国民生产总值提高等正面效益，但也会使发达国家与发展中国家在技术、产业、社会平均资本有机构成等方面保持级差，以及污染产业的转移与有害产业的扩散等固有的负面效应，对发展中国家幼稚产业的成长和经济安全的保证也极为不利。

发展中国家在国际分工和国际产业转移背景下，应选择的经济发展战略是：第一，兼收并蓄走超常规发展之路；第二，以内为主，内外联动。以内为主的核心是实行内生型的市场化发展，即在国内经济的内在结构中培育市场积极因素，加速国内统一的市场体系，建立现代市场经济制度；内外联动是在内生型市场化发展的基础上，实现国内市场和国际市场的接轨。

发展中国家在制定有关产业转移政策时，应考虑以下六点：① 强化中央政府，动员与集中成长资源；② 防止寻租行为，实行权力运作的制度化和透明度，防止权力以及由权力制定的市场规则向寻租者倾斜；③ 加速产业成长，实施产业引进、消化、创新、扩散的全程控制；④ 浇筑产业支柱，形成寡头垄断的上层结构，以支撑和带动整个产业和整个市场；⑤ 重建产业基础，通过“多级承包”和“系列企业”等方式形成自由竞争的下层结构；⑥ 控制市场准入，实行对外开放和对内保护的均衡。因此，发展中国家既不能完全依赖产业转移，也不能完全排斥产业转移。

（二）全国性产业布局

全国性产业布局主要是从全国规模考察产业的空间联系、产业结构的适时转移与经济成长，以及适应一国经济成长各阶段而进行的对产业布局总体框架的调整。

1. 全国性产业布局的总体目标

一个国家产业布局的总体目标是实现产业的合理布局和经济资源在空间上的有效配置。但从根本上讲，产业布局的目标可分为效率目标和公平目标。此外，生态平衡目标和国家安全目标也是非常重要的目标。

效率目标追求整个国民经济较高的增长速度和良好的宏观效益，公平目标要求不断缩小区域间的经济水平和收入水平的差距。一般来说，效率和公平是此消彼长的。但从长远来看，两者的目标又是统一的。所以国家在制定产业目标时，必须兼顾效率和公平，并根据社会经济的具体情况，确定两者的关系。

2. 产业密集带的形成与全国性产业布局

（1）产业密集带形成的原因。

产业在空间布局上的演变过程是由产业空间集聚过程和产业空间扩散构成交互作用而形成的，这两种过程是相互依存又相互制约的，并在一定条件下互相转化。这些大大小小的产业聚集体现在空间上互相接近且日益密切时，我们便有可能将其视为一个更大的产业聚集体，即产业密集带。

（2）产业密集带的空间演进。

产业密集带的空间演进大致经历了如下四个阶段：第一阶段：由于国家经济发展，内部产生强烈的投资冲动，在某些区位较好的地区，一些有发展前途的产业部门得以建立起来，于是这些地区便成为新的增长极。第二阶段：在增长极内，由于部门具有很强的联动效应，便在一个经济中心内，形成围绕主导部门、相关企业相互配合的生产系统。第三阶段：由中心城市向外延伸的交通网络辐射状向外扩散，围绕中心城市的卫星城、抗磁中心和城市集团纷纷涌现，郊区并入城区，附近农业区域成为新的郊区，沿主要交通干线的点轴状产业系统开始形成，产业密集带的雏形日益明显。第四阶段：产业密集带作为贸易、金融、信息中心的职能和高科技新产品孵化器的职能日益重要。由于产业密集带是大地域范围的空间系统，其形成和发展对国家经济起着举足轻重的作用，是国家总体发展规划的重要内容之一。

（三）地方性产业布局

地方性产业布局是地区产业运行在空间上的实现，主要研究在地区经济发展的不同阶段，地区内部各产业空间利用的最佳形式和一般规定，以求合理利用本地资源，求得最大的区域效益。

1. 地区性产业布局的依据

（1）自然环境上有一定的类似性和关联性。

自然环境上的类似性（区域内主要的资源条件、经济发展水平、发展潜力与问题、面临的任务和发展方向等方面具有近似性，这是地区性产业布局的客观基础）与关联性（区域内主要的资源条件、经济发展水平、发展潜力与问题、面临的任务和发展方向牵连和影响的关系）相适应，区域内自然环境之间稳定、合理、密切的关联性可以使区域内经济得以成为整体，为实现本地区的主要目标服务。

（2）经济发展与布局现状有相似性和互补性。

地区性产业布局既要从历史上形成的社会劳动分工的特点出发，充分考虑本地区经济发展现状，更要预测未来，兼顾未来发展方向的一致性，要保证经济发展与布局现状有相似性和互补性。

（3）拥有实力雄厚的经济中心。

经济中心是区域发展的核心，可以把区域内各部门、各区域、各级城市的经济活动凝聚成一个整体。经济中心的规模和经济实力不同，对周围地区的辐射和吸引范围也不同，它决定该地区内产业的规模、级别和经济发展水平。

2. 地区性产业布局的基本走势

由于地区经济发展水平的每一次跃进都是通过产业结构的转化而实现的，因此，我们以产业结构水平的转化为基准来规划地区经济发展的成长阶段，并以此为线索来研究地区产业布局的走向。① 传统社会的产业布局问题的实质是农业布局问题。② 工业化初期的地区性产业结构由落后的农业逐步向现代化工业为主的工业化结构演变，工业以原来指数较高的劳动密集型初级产品的生产为主，大多趋向布局在劳动力丰富的原材料产区。③ 工业化社会中期的地区性产业结构，由轻工业为主体转向重化工业的迅速增长，工业劳动力开始占主体，第三产业开始迅速发展。④ 工业化社会后期的地区性产业结构的运行特征是：在第一、第二产业协调发展的同时，第三产业开始由平稳增长转入持续的高速增长，最终成为国民经济的主导产业。⑤ 在后工业化社会，制造业内部结构进一步由资本密集型产业为主导走向以技术密集型产业为主导，第三产业进一步分化，智能密集型产业和知识密集型产业开始从服务业分离出来，并占主导地位。

3. 地区性产业生长点的选择

从产业运行规律的角度来看，地区经济发展的过程实质上是不断创造和引进新的产业、部门或产品，并在更大范围扩散和发展的过程。是否不断有新产业或产品被创造和发展，是地区产业结构升级的关键，也是地区经济发展的关键。由于地区间发展的不平衡性，创新活动集中在少数城市或地区，这些有能力创造或引进、吸收和发展新兴产业、部门、技术和产品的城市和地区就叫产业生长点。地区性生长点选择要考虑的因素主要有经济发展水平、人才技术水平和基础设施水平等。

（四）县域产业布局的发展

县域经济是在县级行政区划和空间内，以市场为导向优化配置经济社会资源而形成的区域经济，是以县城为中心，乡镇为纽带，农村为腹地的区域经济。我国目前的县域经济的主要特征有如下四个方面：一是综合性，二是薄弱性，三是市场导向性，四是国民经济的基本单元。

我国县域资源差异性很大，这也决定着其发展模式也没有统一性。在特定县域的历史文化背景和资源禀赋、劳动力水平等的共同作用下，其发展模式主要有三种：一是以工业为主导的发展模式，二是专业市场发展为先导的发展模式，三是农业产业化的发展模式。

县域经济区域协调、平衡发展中，应以中西部县域积极承接东部产业转移的同时，积极开展循环经济，积极把握国家宏观调控给予，积极探索省县乡管理体制改革途径，壮大民营经济，发展产业集群，加强区域创新能力培养，将小城镇建设和发展特色产业有机结合。

三、我国的未来产业布局战略选择

基于我国经济发展的现实，关于今后产业布局应采取什么样的战略，形成了各种不同的学术观点。

1. 梯度推移战略（“七五”期间提出并实践过的一种战略）

从经济技术水平看，中国客观上存在着东、中、西部三级发展的梯度差。在地区经济分工的基础上，战略重点逐步由东向西梯度推移，即按照东、中、西部的顺序进行，推行投资和建设项目的地区倾斜政策。具体来看：近期把重点放在经济技术水平高的东部地带，中期将重点转移到中部地带，远期则把重点放到西部地带。但随着时间的推移，该战略也暴露出重大缺陷，主要是进一步拉大了东、中、西部发展的差距，过分倾斜于加工工业，使整个经济发展缺乏后劲。

2. 反梯度推移战略

这种战略与上述战略正好相反，上述战略是以经济技术水平为梯度，这种战略是以自然资源丰裕程度为梯度。该理论认为，中国客观存在着与经济技术水平梯度分布方向相反的自然资源梯度分布现象。在产业布局政策上，应充分利用资源分布的差异，把投资和建设重点设在内地。向中西部地区实行倾斜政策，促进中西部快速发展，从而缩小东、中、西部之间的差异。

这种主张由于对中西部地带侧重点不同，又具体分为中部突破战略和西部跃进战略。中部突破战略认为中部是能源、原材料的主要基地，这些产业正是制约我国经济发展的“瓶颈”，因此主张建设重点应从中部突破，带动东部与西部。西部跃进战略认为既然西部大大落后于东部，就应重点开发西部以求均衡发展，尽快消除地区差别。这种观点认为，在新技术可以引进的条件下，不存在梯度规律，西部可以直接引进和消化世界先进技术，实现跳跃式发展。

3. 点轴开发战略和增长极战略

点轴开发论认为，资源的分配和产业的布局应按线状基础设施（主要是水陆空交通干线）展开，因而强调已有的经济技术基础在产业布局中的作用。增长极战略主张，建立以增长极为中心的空间发展矩阵。

4. 根据国家主体功能区进行产业布局战略

主体功能区是指在对不同区域的资源环境承载能力、现有开发密度和发展潜力等要素进行综合分析的基础上，以自然环境要素、社会经济发展水平、生态系统特征以及人类活动形式的空间布局为依据，划分出具有某种特定主体功能的地域空间单元。主体功能区符合科学发展要求，资源和环境承载能力弱的地区人口要减少，统筹资源进行产业布局，有利于资源的优化配置和人与自然的和谐发展。

思考题

1. 简述产业布局的基本理论。
2. 产业布局主要受哪些影响因素制约？
3. 产业布局有哪些一般规律？应遵循什么基本原则？
4. 试分析我国在国际分工和国际产业转移中的战略和策略。
5. 我国产业布局的总体目标是什么？应如何规划我国的总体产业布局？

第九章　产 业 规 制

第一节　产业规制的概念与基本理论

一、产业规制的概念

规制一词来源于英文单词 Regulation 或 Regulatory Constraint，也称为管制，是指政府对微观经济主体的经济活动所进行的某种直接的、行政性的规定和限制。比如，政府为控制企业价格、销售、生产决策和市场准入等制定的各种法规和采取的各项行动构成了政府对价格、销售、生产、市场进入等的规制。规制包含的内容是多方面的，其中对国民经济影响最大的是产业规制。产业规制是指政府或社会为实现一定的社会经济目标而对产业经济主体所进行的各种直接和间接的具有法律约束力或准法律约束力的限制、约束、规范，以及由此引出的政府或社会为督促产业经济主体活动符合这些限制、约束、规范而采取的行动和措施。产业规制实际上是政府对产业生产经营活动的干预，是政府实行产业管理的一种重要方式，其目的是维持正当的市场经济秩序，提高资源配置效率，保护大多数社会公众的利益。产业规制有多种分类方法，按照规制的内容可以分为经济性规制与社会性规制。

二、产业规制基本理论

产业规制理论是研究政府和社会如何实行产业规制以达到社会经济目标的理论，主要研究规制原因、规制方式、规制效果，以及在规制失灵的情况下如何应对等问题。产业规制理论的形成和发展与产业规制实践相辅相成，随着产业规制实践的发展，产业规制理论也在不断地发展。

（一）公共利益规制理论

公共利益规制理论在早期的规制理论中占据主导地位，该理论的直接基础是市场失灵。公共利益可以简单描述为尽可能地以最优的方式配置稀缺性资源。虽然市场机制在配置和调整稀缺性资源过程中发挥着极其重要的作用，但由于存在着市场失灵，市场机制对资源的配置并不一定能够实现最优状态，这就需要政府进行规制，以提高资源配置效率，增进社会经济福利。公共利益规制理论的主要思想是：市场失灵是政府进行规制的原因，当公众要求对市场失灵进行纠正时，作为公众利益代表的政府就应该采取措施对相关经济领域进行干预。市场失灵表现在自然垄断、外部性、公共品、信息不对称等多方面，相应的政府规制的矫正措施也有多种，具体包括控制进入与退出、限制价格、确定企业回报率、规定质量和服务条件及对客户应尽的义务等，防止企业损害消费者的利益。

公共利益规制理论是一种建立在规范分析框架基础上的理论，把政府看成公共利益的代表，将矫正市场失灵作为政府规制的动因，认为规制目的是为了克服市场活动的不公平和无效率，提高整个社会的福利水平。公共利益规制理论有两个假设条件：一是市场的自发运行是极端脆弱的，如果任其发展会导致不公平或无效率；二是政府能减少或消除市场失灵带来的低效率，实现社会福利最大化，并且政府规制行为几乎是没有成本的。当市场失灵出现时，从理论上来说规制有可能带来社会福利的提高，这就使得政府规制具有潜在的合理性。这里还有另外一层含义，政府保护的是公众利益而不是某些特定部门的利益，因而该理论在相当长的一段时间内一直以正统的规制理论居于主导地位。

不过，该理论也存在不足。首先，根据公共利益规制理论的推断，规制应该主要出现在集中度高和具有外部性的产业中，而现实生活中大量被规制的产业既不是自然垄断产业，也不具备外部性。经济学家们进行了大量的理论和经验研究，结果表明规制与外部性以及垄断的市场结构并不正相关。其次，该理论缺乏对如何把公众利益最大化转换成立法行为的这样一种机制的说明。最后，该理论关于政府规制成本为零的假设显然不符合实际情况。

（二）利益集团规制理论

早期的规制理论认为市场失灵是规制的动因，规制是有效率的。不过，早期的规制理论并不能很好地解释规制实践，规制实践的结果也与规制理论推论不符，在此基础上出现了新的规制理论。利益集团规制理论使用经济学的供求分析框架来解释政府规制行为，把企业或消费者作为规制的需求方，把规制的制定和执行者作为规制的供给方，从供求条件的变化来分析规制政策究竟是为谁服务的。该理论假设政府拥有强制权，可以通过规制使收益或福利在不同的人之间转移；规制的需求方和供给方都是理性的经济人，都可能通过规制的选择来影响规制的内容、方式及其制定和实行，以谋求自身利益的最大化。利益集团规制理论认为，利益集团的作用是规制产生的重要原因，利益集团往往通过寻求或影响规制以维护或增进自身的利益。利益集团规制理论主要包括规制俘获理论、规制经济理论和新规制经济理论。

1. 规制俘获理论

美国 19 世纪以来的规制史表明，规制和市场失灵之间并没有很强的相关关系，而规制总是对生产厂商有利，这种现象导致了规制俘获理论的产生，该理论是利益集团规制理论的雏形。规制俘获理论认为利益集团在规制中具有重大影响，代表社会某种特殊利益的集团能够促使政府进行规制。政府规制是为了满足产业对规制的需要而产生的，规制者被特定的利益集团所俘虏，规制的整个过程最终会为被规制的产业服务，成为其获得更多利润的工具。简而言之，规制最终会为被规制的产业或相关利益集团服务。规制俘获理论建立在三个假设的基础之上：一是所有相关的利益各方都是纯粹的经济人，都是收益最大化的追求者；二是所有相关的利益各方都具有理性预期；三是规制没有成本。

规制俘获理论比公共利益规制理论在一定程度上更加符合美国的规制实践，能较好地解释自 19 世纪以来规制总是有利于生产厂商这一现象，因而具有一定的说服力。规制俘获理论在一定程度上具有反产业规制的倾向，这给政府如何制定和实施规制政策提出了警示。不过，规制俘获理论的假设条件并不完全符合实际，因而其结论的正确性必然会受到影响。同时，规制俘获理论没有说明利益集团如何控制或影响规制，也无法解释现实中不少规制维护的是消费者的利益而不是被规制企业的利益这一现象，当然也不能解释为什么有些产业最初是被规制的而后来又被放松规制。

2. 规制经济理论

规制经济理论在否定公共利益规制理论和扬弃规制俘获理论的基础上，运用经济学的供求分析方法来分析规制，解释利益集团如何对规制进行控制和影响。该理论认为，在资源由国家控制且各利益主体具有自身效用最大化理性的前提下，规制是因应利益集团最大化自己的利益要求而产生的。

1971 年，美国经济学家乔治·斯蒂格勒发表了《经济规制理论》一文，从而创立了规制经济理论。该理论有两个假设条件：一是政府的基础性资源是强制权；二是规制的需求者和供给者都是理性经济人，可通过选择行为来谋求最大效用。在此基础上，斯蒂格勒从政府能够向某个产业提供多少利益和为了谋求有利于自己的立法所需付出的成本两方面，论述了政府规制是由对规制的需求和规制的供给共同作用的结果。该理论提出，社会对规制既有需求又有供给，企业和消费者是需求方，政府是供给方，各个利益集团要求政府做出符合它们各自利益的规制，被规制的企业与消费者集团争夺对政府的影响。该理论的推论结果是产业成员比数量更多的分散的消费者具有更强的组织起来影响政府的激励，因而规制可能被产业集团俘获。

萨姆·佩尔兹曼扩展了斯蒂格勒理论，形成最优规制政策模型。佩尔兹曼认为，控制规制政策的规制者会选择使其政治支持最大化的规制政策，因而各利益集团都将对规制者的规制决策造成影响，规制将不再仅仅偏向于某些产业集团，不会只为单独的一个经济利益主体服务。在竞争性产业规制中生产者将从中获得最大利益，而在垄断性产业规制中消费者将获得最大利益。因此，规制并不总是有利于生产者，有时也会有利于消费者。

加里·贝克尔进一步发展了规制经济理论，提出了利益集团为获得有利规制而展开竞争的理论。与斯蒂格勒和佩尔兹曼规制理论都是从规制者选择实现政治支持最大化的规制政策这一角度不同，贝克尔从利益集团之间的竞争这一全新视角研究规制。他认为利益集团对规制部门总的影响力是固定的，规制活动由每个利益集团的相对影响来决定，各利益集团为提高影响力进行竞争，而规制主要是用来提高具有较大影响力的利益集团的福利。

3. 新规制经济理论

新规制经济理论是指麦克切斯尼提出的抽租模型。麦克切斯尼对规制经济理论进行了批判，他认为规制经济理论存在两个缺陷：一是把政治家仅仅看成是处在竞争性私人寻租者之间的被动的局中人，其自身对租金没有需求；二是规制经济理论不能解释现实中的规制现象，比如许多规制法令的颁布。麦克切斯尼抽租模型的主要内容是：政治家不仅仅是对竞争性的私人需求进行财富再分配的中间人，而且还是有自身需求的独立行为人，除了创造租金之外，还会考虑以其他方式从私人那里获利即抽取租金。由此可见，规制为政治家创造了寻租的场所，其实质就是创造租金和分享租金的工具。新规制经济理论克服了规制经济理论过分关注需求方的缺陷，强调政治家在规制中的主动作用，而且对现实更有说服力。

规制经济理论在规制分析中引入了经济学中“理性人”假设，并使用经济学中的供求分析方法来解释规制，从而使得利益集团理论更加规范，对规制的分析变得更加深入、透彻，也更有说服力。但是，该理论对利益集团、规制者相互关系的假定与现实并不完全一致。

（三）可竞争市场理论

可竞争性市场理论是由美国著名经济学家鲍莫尔于1981年首先提出来的。1982年他和帕思查、伟利格共同出版了《可竞争市场与产业结构理论》一书，标志着可竞争市场理论的正式形成。可竞争市场是一个进入完全自由、退出完全无成本的市场。由于存在潜在进入者的压力，市场在位者不能够获得超额利润，其定价和生产资源配置都是有效率的。

可竞争市场理论有三个假设条件：① 企业进入和退出市场或产业是完全自由的，潜在进入者与现有经营者处于平等的地位，面临的规制环境相同，拥有的市场知识相似。相对于现有企业，潜在进入者在生产技术、产品质量、成本等方面不存在劣势。② 潜在进入者能够根据现有企业的价格水平预测进入市场的盈利状况，并选择进入与否。③ 进入和退出市场的成本为零，潜在进入者能够采取"打了就跑"的策略。鲍莫尔等人认为，在可竞争市场中各厂商都是市场价格的接受者，对价格没有控制力。市场达到均衡时，均衡价格刚好等于平均成本，厂商不可能获得超额垄断利润。因为如果厂商获得了超额垄断利润，那么潜在的进入者就会进入到市场中来参与竞争，导致价格下降；而当价格下降到无利可图时，竞争者就会退出市场。也就是说，厂商具有快速进出市场的能力，且在退出市场时并不存在沉没成本，也不存在退出市场的其他障碍。由于潜在的进入者所造成的市场竞争性的影响，能够给垄断者很大的威胁，强迫其保持一个高水平的发展与研究，并且维持快速的革新，从而保护其对当前市场的垄断。潜在的竞争可能与实际的竞争具有同样的作用，只要市场是可竞争的，就完全可以依靠潜在的竞争力量达到社会资源的最优配置和经济效率的最大化。因此，规制机构无需对企业进行规制，只要减少或消除产业的进入和退出障碍，形成可竞争的市场环境。

显然，可竞争性市场理论对政府规制从理论上提出了挑战，为放松规制的规制实践提供了理论依据。在可竞争性市场理论看来，经济性规制不再是提高经济效益的唯一手段，规制部门应该做的不是限制进入，而是应该降低产业的进入壁垒，使产业能够自由进出。不过，现实中符合可竞争市场理论假设的产业较少，沉没成本为零的假定也不符合实际，该理论具有一定的局限性。

（四）激励性规制理论

虽然在实践中产业规制有所放松，但并不表示规制可以全部取消，在许多时候规制仍有存在的必要。随着规制实践和激励理论、委托代理理论、信息经济学等新理论和方法的迅速发展，激励性规制理论逐渐兴起。激励性规制理论作为一种新的规制理论，是委托代理理论、制度设计理论、信息经济学与规制理论研究相结合的成果，研究的重点是规制中的激励问题，目的是完善规制，提高规制的有效性。该理论认为规制问题实质上是一个"委托-代理"问题，规制者与被规制者之间存在着信息不对称，双方进行的是非对称信息博弈。解决问题的关键是设计出既能充分激励被规制者，又能有效约束其利用特殊信息优势谋取不正当利益的激励规制机制。激励性规制理论主要包含特许投标规制、区域间竞争规制、价格上限规制、延期偿付率规制、利润分享规制、菜单规制、联合回报率规制、社会契约制度等理论。

特许投标规制是指政府和公共团体在提供公共产品和服务时引入竞争机制，通过竞标方式将某一产业领域中的特许经营权，在一定时期内独家转让给能提供质优价廉服务的企业。为了给企业以提高效率的刺激，特许经营权到期后，再进行下一轮的招投标，将特许经营权授予能以更低(最低)价格提供服务的企业。因此，可以把特许经营权看作是对愿意以最低价格提供产品或服务的企业的一种奖励。该理论优点是使规制者了解更多成本信息的同时，也激励企业更多地加入到竞争中来。充分竞争有可能使价格维持在平均成本水平，让获得特许经营权的企业只能得到正常利润，既保证了规模经济效益，又实现了福利最大化。该理论关键点是要在投标阶段有比较充分的竞争，并且特别需要防止寻租现象的产生。

区域间竞争规制就是将全国受规制的垄断企业分为几个地区性企业，使特定地区的企业在其他地区相似企业的刺激下，从技术、产品或服务方面提高自身的内部效率。由于是不同区域市场上的企业进行间接竞争，这就要求规制者确保及时获得有效经营条件下的成本和服务信息，在此基础上制定规制价格及服务标准来促进竞争，激励各企业不断降低成本和改善服务。

价格上限规制是指对被规制企业的产品和服务的价格设定上限，不允许价格超过规定上限的一种规制方法。这种规制方法规制的是企业的价格而非利润，有利于激励企业提高生产效率和促进创新。它允许企业在任何一年随通货膨胀水平的变化而改变价格，所以能较好地适应通货膨胀的变化。而且，价格上限规制只要求衡量价格指数，规制成本较低。但它也存在着诸如对契约的动态处理不完善，对不确定条件下的价格权重难以估计，对企业多项产品或服务之间的交叉补贴难以有效遏制等缺陷。

延期偿付率规制是允许消费者先消费商品和服务，在一定时期后再付费的规制方式。利润分享规制是让消费者直接分享公用事业超额利润或分担亏损，可以采取购买后退款或为将来购买提供价格折扣等形式。这两种规制都有利于刺激消费，促进企业提高效率。菜单规制则是一种综合性规制方式，它将多种规制形式组合成一个菜单，供受规制企业选择。联合回报率规制以投资回报率规制为基础，规定了一定的投资回报率范围，受规制企业可以在这一范围内，根据企业目标确定回报率大小。社会契约制度指规制机构通过与受规制企业签订合同的方式，就与产品价格和成本有关的一系列指标做出约定，并视企业执行约定的情况，由规制机构采取相应的奖励或惩罚措施，达到鼓励企业降低生产成本、实现政府规制目标的目的。

第二节　经 济 性 规 制

一、经济性规制的含义

经济性规制是指在自然垄断和存在信息不对称的领域，为了防止发生资源配置低效和确保利用者的公平利用，政府机关利用法律权限，通过许可和认可等手段，对企业的进入和退出、价格、服务的数量和质量、投资财务会计等方面加以限制。经济性规制是市场经济条件下国家干预经济政策的重要组成部分，侧重于政府干预市场过程的经济性收益效果，主要针对社会生产过程中的不理想分配，即市场中的不合理价格形成过程和市场主体的不合理生产过程以及社会主体的要素收益的不合理形成过程。经济性规制的目的是解决自然垄断和信息不对称两方面所导致的市场失灵问题，实现社会资源的有效配置，提高企业的生产效率，促进社会分配效率和维护企业发展潜力。

（一）自然垄断

自然垄断是经济学中的一个传统概念，主要是指由于规模经济效益、范围经济效益、沉没成本和资源稀缺性等原因，整个行业生产和配送可能只由一家或极少数几家企业垄断经营的现象。自然垄断是由于市场的自然条件而产生的，如果进行竞争则可能导致社会资源的浪费或者市场秩序的混乱。存在自然垄断的代表性行业有电力、城市燃气、自来水供应、铁路运输、有线通信、金融业等。

一方面，自然垄断产业存在规模经济，即其平均成本在一定范围内逐渐下降，由一家垄断企业提供产品相比于由多家企业提供产品更能够获得规模经济效益，因而政府应实行进入规制，避免垄断产业中的过度竞争。另一方面，企业的自然垄断状态有可能会在价格、服务等方面损害消费者利益，也有可能会降低经济效率。在自然垄断产业中，由于企业处于垄断地位，如果政府对企业定价、供给等生产经营行为不加控制，企业就可能按照利润最大化原则，通过制定垄断价格、降低供给数量和质量等途径获得垄断利润，这样就会损害消费者的利益。而且，由于自然垄断产业缺少竞争，企业生产则有可能是不经济的，资源配置遭到扭曲。因此，从整个社会利益出发，有必要对自然垄断产业进行规制，以克服垄断可能产生的技术停滞、供给不足、价格过高等缺陷，保护消费者利益，促进社会资源的优化配置。

（二）信息不对称

信息不对称指市场主体不能完全拥有某行业的充分信息，从而在与该行业进行交易活动时不能做出正确决策的现象。信息不对称一般有三种情况：一是买方比卖方掌握更多信息，如投保人对自身状况更了解；二是卖方比买方掌握更多信息，如医生比患者掌握更多信息；三是双方掌握的信息存在差异。当存在信息不对称时，可能会产生逆向选择与道德风险这两种问题。逆向选择也被称作隐藏信息问题，是指当一方对交易可能出现的风险状况比另一方知道的更多时，事先采取的一种非理性或非效率的选择行为，结果常会导致低质量的产品驱逐高质量的产品。道德风险最早发现于保险业中，是指交易双方在签订交易协议后，占据信息优势的一方在使自身利益最大化的同时，损害了处于信息劣势一方的利益，而且并不承担由此造成的后果的行为。由于信息不对称，竞争机制不能充分发挥作用，资源的有效配置难以实现。经济性规制主要解决信息不对称导致的经营垄断、不正当竞争和不合理定价等经济效率问题。

二、经济性规制的目标

经济性规制的主要目的是在维护消费者利益的同时，防止资源配置的低效率，力求使产业能够健康发展。为实现这一目的，经济性规制主要有以下几个具体目标：

（一）实现资源的有效配置

在自然垄断产业中，垄断企业拥有市场的支配力，可以通过垄断价格的确定、价格差别和对顾客有差别地提供服务来获取垄断利润。由经济学分析可知，垄断企业为了追求利润最大化，会将产品价格定于边际成本之上形成垄断价格。如果不对自然垄断产业实行有效的经济规制，那么垄断企业就可能会滥用这一市场的支配力，使资源利用难以实现有效配置，造成资源浪费。实现资源有效配置是经济性规制的首要目标。

（二）提高企业内部生产效率

自然垄断产业中的垄断企业，由于其垄断性特点和市场地位，很少受到强烈的外部压力，有可能造成提高内部生产效率积极性的退化。促使垄断企业提高内部生产效率是经济性规制的一个重要目标。企业内部效率主要包括四个方面：① 技术效率，指在现有可以利用的技术条件下，实现人力、财力、物力等投入要素的最优组合所形成的效率。② 生产效率，指以最优的生产规模组织生产所产生的生产效率。③ 配送效率，指以最优的配送系统进行发送所带来的配送效率。④ 设备利用效率，指实现尽可能高的设备利用率所带来的设备利用效率。对自然垄断产业的经济规制，可调动垄断企业提高内部生产效率的积极性。

（三）避免收入再分配

所谓收入再分配，是指企业把消费者剩余转化为生产者剩余或企业利润，或者通过内部相互补助把不同领域的消费者剩余相互转移，从而损害一部分消费者利益。收入再分配会使收入分配有失公正，必须加以规制。首先，如果缺乏对垄断的有效规制，垄断企业将会凭借其垄断地位制定垄断价格来获取垄断利润，消费者剩余的一部分必然会成为企业利润而进入再分配。其次，垄断企业在向不同的消费者提供同一产品或服务时，可能通过差别定价获取消费者剩余的一部分或全部作为企业利润。最后，拥有两个或两个以上业务部门的企业可能存在内部互补性，也就是可能会用一个业务部门的利润来弥补另一个业务部门的亏损，这是在不同事业领域消费者之间进行的收入再分配，应加以限制以维护公平。

（四）维护企业发展潜力

由于利润率、投资壁垒以及其他条件的制约，自然垄断产业中的有关企业不能从长期投资的观点出发进行适当的投资，不能保证供给的连续性而影响其成长。因此，政府在对垄断产业进行规制的同时，要考虑让企业实现收支平衡，稳定其财务状况，为企业的长期稳定发展提供充足的动力。

三、经济性规制的内容

（一）价格规制

价格规制是指规制机构为实现资源的有效配置和服务的公平供给而对企业定价行为做出限制。如果自然垄断企业有可能操纵价格而获得超额利润，政府就会干预自然垄断产品价格的形成过程。价格规制主要是通过设定一个模型，由政府规定产品或服务的价格，或者通过设计一系列的条件和标准，指导企业的价格决策。价格规制的目的是在一定程度上恢复价格的本性，使它能够真正反映资源的稀缺程度，成为沟通经济活动参与者信息的有效方式并切实地反映市场关系。同时，价格规制还需要考虑在企业收益和消费者福利之间寻找一个适度的平衡点，既要保证企业的正常收益，又要保证消费者一定的消费需求。在经济性规制中，价格规制是最重要的规制方式。价格规制主要包括价格水平规制、价格结构规制，以及最高限价和最低限价。

1. 价格水平规制

自然垄断产业价格水平规制的目标主要有四个方面：一是实现资源有效配置，保护消费者利益；二是提高社会分配效率；三是激励企业生产，提高企业效率；四是保障企业利益，实现企业长期发展。自然垄断产业的价格水平主要有边际成本定价和平均成本定价两种确定方式。

(1) 边际成本定价。

根据经济学基本原理，边际成本定价是最优的定价方式，按照边际成本决定规制的价格水平，能够实现资源配置的帕累托效率，达到促进社会分配效率的目标。但是在自然垄断产业中，由于规模经济的作用，在成本弱增的一定范围内边际成本低于平均成本。这意味着，边际成本定价面临价格无法完全弥补成本而使企业可能出现亏损这一根本性问题。有人提出用政府税收补贴企业亏损的方法，但这种方法一方面会增加财政负担并导致收入再分配和资源配置的扭曲，另一方面不能激励企业提高生产效率。尽管按照边际成本决定价格水平非常困难，但是它可以作为政府确定价格规制水平的参考，用来比较实际规制价格水平与边际成本定价水平的差异。

(2) 平均成本定价。

平均成本定价是在自然垄断产业中以企业收支平衡为目标，尽可能实现经济福利最大化的定价方式。平均成本肯定高于边际成本，而边际成本决定的价格水平才能够实现资源配置的帕累托效率。如果价格高于平均成本，则企业将获得利润，那么调低价格将提高福利水平，并且随着价格向边际成本的不断靠近，福利水平也提高得越来越多。一旦价格低于边际成本，企业提高价格才能消除亏损。平均成本定价不可避免地存在一定的福利损失，这种定价方式下的消费者福利水平低于边际成本定价时的福利水平。因此，平均成本定价实际上是一种附加条件的次优选择。

2. 价格结构规制

自然垄断产业在向不同消费者提供商品或服务的过程中有许多共同成本，这就涉及如何根据不同消费者的需求和供给商品的不同成本对共同成本进行分摊的问题。价格结构规制的核心就是规制企业如何以适当的方式把共同成本合理地分摊到各种产品或服务之中，由不同的消费者负担。明确成本和进行成本分摊是价格结构规制的基础。价格结构规制主要包括线性定价和非线性定价两种方式。

(1) 线性定价。

线性定价主要包括定额价格和单一从量价格两种。定额价格是指无论消费量多少都按固定的标准收费的价格。定额价格虽然最为简单，但它的一个最大缺点是容易在不同使用量的消费者之间产生一种不公平感，从而容易造成过度消费，浪费现象严重，所以使用较少。单一从量价格是指无论消费量大小都按照相同的单位价格收费的价格。这种定价方式是最简单的平均成本定价方式，可以解决定额价格的一些问题，但这种定价方式没有很好地反映不同用户的需求差异，也没有体现为不同用户提供产品或服务时的成本差异。如果消费者使用量很少甚至为零，则难以收回供给设备所花费的费用。

(2) 非线性定价。

非线性定价将不同需求和成本因素的影响反映在价格之中，主要包括两部定价、高峰定价和差别定价。两部定价的价格结构通常由两部分组成：一是与消费量无关的基本费，其主要功能是补偿与消费量大小无关的固定费用；二是根据消费量收取的从量费，主要是补偿提供产品或服务的边际成本。这种定价方法是定额价格和从量价格的结合，其基本思路是将边际成本定价时形成的赤字额作为按平均成本定价时的固定费总额，将固定费总额除以消费者数量得到基本费，把剩余的成本作为从量费分摊。两部定价虽然次于边际成本定价，但是它既保证了企业收支平衡，又优于按平均成本定价，有助于企业的稳定发展。高峰定价是一种根据高峰和非高峰时的需求不同而制定不同价格水平的定价方式，主要是在一些需求波动幅度较大的自然垄断产业中，对高峰需求制定高价以抑制需求，而对非高峰需求制定低价以鼓励消费。差别定价是指垄断企业在同一时间以相同成本的同一产品或服务对不同的消费者制定不同的价格。差别定价实质就是价格歧视，企业实行差别定价的目的是获取比单一价格更多的垄断利润。

3. 最高限价与最低限价

当产品价格含有暂时性垄断利润，不利于满足消费者基本需要和生产要素有效利用时，就需要规制机构对这种价格水平进行限制，主要有最高限价和最低限价两种。最高限价也称为限制价格，是政府对某种产品或要素规定的最高价格，主要是针对一些生活必需品和垄断性很强的公共产品。最高限价的价格一般总是低于市场的均衡价格，这就有可能会降低价格对市场需求的配置功能和对供给的激励功能，结果导致消费者排队抢购、黑市交易盛行、产品质量下降等问题。最低限价也称为支持价格，是政府对某种产品或要素规定的最低价格，一般总是高于均衡价格，其目的主要是扶持相关产业的发展，也可以防止垄断企业压低要素价格。

(二) 进入规制

进入规制是指在自然垄断产业中，为确保企业的规模经济效益和范围经济效益，由规制机构对申请者的从业资格、产品及服务的内容和标准进行审查、认证，从而确定一家或者少数几家企业获准享有特许经营权，并承担该产业的产品供给责任，不能自由退出。进入规制的规制目标主要在于确保规模经济效益和范围经济效益，有效遏制恶性竞争和重复建设，从而一方面可以减少社会资源的耗费与保证资源的充分利用，另一方面可以保证行业的合理利润水平和消费者的消费水平，提高生产和消费的组织效率和市场效率。

进入规制通常有许可制、注册制、申报制等形式，不同形式的进入规制其规制力度存在差异。许可制是指申请进入的企业必须得到规制机构批准后才能进入，具体形式包括颁发许可证、政府特别的许可文件等。注册制是指规制机构对申请进入的企业进行资格审查，如果具备了注册的必要条件，则在履行有关工商注册程序后即可进入；如果条件不具备则不予注册，不允许进入。注册制的具体形式主要是颁发工商营业执照等。申报制指准备进入有关产业的企业按照一定的程序向规制机构进行申报，在完成了进入手续后，方可进行经营活动。不论是注册制还是申报制，如果规制机构有不受理行为，则不算完成进入手续，从而不能进行营业活动。

(三) 数量规制

数量规制是指在自然垄断产业中，对投资数量或者产品产量进行规制，其目的是为了避免因投资过多(或过少)或产量过剩(或不足)而造成价格波动、资源浪费，以及消费者需求难以得到正常满足。数量规制的主要内容体现为投资规制和产量规制。投资规制指规制机构对相关产业中企业的投资规模进行直接规制，主要有三种方式：① 建立产业投资计划审批制度，规定产业投资决策和审批程序；② 规定相关产业投资的数量限额，以防止投资过多或过少；③ 实行投资计划配额制度，也就是在一定时期内根据产业具体情况，在规定产业固定资产最高投资规模限额的同时，制定产业内所有企业或申报投资企业的重大固定资产和技术改造投资配额的计划。产量规制是指政府相关部门对相关产业的产品产量进行规制，其主要手段有制定有关产业产量的行政指导计划，规定最低或最高产量限额等。

(四) 质量规制

质量规制是政府为保护消费者利益而要求垄断企业的产品或服务必须达到一定质量标准的规制。质量规制主要是针对自然垄断产业由于缺乏竞争而可能导致的产品和服务质量下降，当然也包括竞争性行业为了竞价而偷工减料、粗制滥造出现的低劣产品。质量规制涵盖的范围很广，其主要内容有：① 建立公开的质量标准体系和质量规范制度，涉及产品生产过程中的质量规范，特别是对环境的影响，产品本身的质量要求以及服务的质量标准等。规定有关产品和服务必须达到的最低限度的质量标准以维护消费者利益。② 建立有关产品和服务质量定期检查监督和消费者投诉制度，包括对产品和服务的检查和监督，严厉打击假冒伪劣产品，制定消费者权益保护法，公布有关产品和服务目录等一系列制度安排，对达不到标准的企业实施责任追究和必要的处罚，直至取消其执业资格。质量规制一方面是为了提高产品和服务的总体质量水平，提高资源配置的效率；另一方面是为了维护人们的健康和安全，将一切质量不合格的产品和服务排除在外，提高人们的生活水平。

第三节　社会性规制

一、社会性规制的含义

随着经济的不断发展和生活水平的逐步提高，人们关注的焦点不再仅仅是市场垄断和价格扭曲，而是开始转向生命价值和生活质量，从而越来越关注健康、安全、环境等问题。各国政府在对相关产业经济性规制政策进行调整的同时，将规制的重点逐步转向社会性规制领域。

许多学者都对社会性规制的定义进行了阐释，其中以日本经济学家植草益所下的定义较为全面。他认为，社会性规制是指以保障劳动者和消费者的安全、健康卫生、环境保护、防止灾害为目的，对产品和服务的质量和伴随着它们而产生的各种活动制定一定标准并禁止、限制特定行为的规制。社会性规制的目的是避免人类活动中由于外部性和信息不对称等引发的涉及健康、安全、环境等方面的问题，从而提高社会福利水平。社会性规制从本质上来说是为了纠正因外部性和信息不对称等市场失灵而引致的资源配置的非效率性和分配的不公正性，以及维持社会秩序及经济社会的稳定，从而实现社会福利水平的提高。社会性规制的经济动因在于外部性和信息不对称的市场失灵，社会动因则在于存在大量外部性的地方，不能依靠个体选择来正确评估资源价值和决定资源配置。

与经济性规制相比，社会性规制的覆盖面非常广泛，几乎涉及了各个行业。经济性规制主要解决不完全竞争、不完全信息引起的市场失灵问题，根据不同行业在市场中的活动特点所引起的市场失灵状况，直接针对特定行业来制定规制规则。受到规制的行业要接受价格规制、进入规制、数量规制等经济性规制，而不受规制的行业则没有经济性规制。因此，经济性规制是政府根据行业行为的特点由上而下的一种纵向制约机制。社会性规制是一种横向制约机制，不区分受规制行业还是不受规制行业，任何一个行业内的任何企业的行为，如果不利于健康、安全与环境质量而损害到社会福利水平，都要受到相应的规制。也就是说，社会性规制并不是单独针对某一特定行业的行为，而是针对所有可能产生不经济的企业行为，这是社会性规制与经济性规制的一大差别。

二、社会性规制产生的原因

（一）外部性

外部性是指一个经济主体在自己的经济活动中对他人的福利产生了一种有利影响或不利影响，而造成外部性问题的经济主体却没有为此获得收益或承担成本。外部性是经济主体的经济活动对他人和社会造成的非市场化的影响，其实质是社会成本与私人成本的偏离，分为正外部性和负外部性。正外部性是某个经济行为主体的活动使他人或社会受益，而受益者无需花费代价，其私人成本大于社会成本，比如植树造林、退耕还林等。具有正外部性的产品或服务，因其价格不能充分反映该产品或服务所能带来的社会边际效益，在市场机制下无法得到有效供给。如果政府希望市场提高某些具有正外部性的产品的产出，就需要使用激励政策进行规制。负外部性是某个经济主体的活动使他人或社会受损，而造成负外部性的经济主体却没有为此承担成本，结果是其私人成本小于社会成本。环境污染是负外部性问题的典型例子，个体的经济活动污染了环境，但造成环境污染问题的人却不用为其造成的负外部性承担成本，所以需要政府对产生这种负外部性问题的经济活动进行规制。

（二）公共物品供给

公共物品是指那些社会公共生活需要的，私人不愿意或无法生产而必须由政府提供的物品或服务。公共物品是可以供社会成员共同享用的物品，具有消费的非排他性和非竞争性特征。非竞争性是指某人对公共物品的消费并不会影响别人同时消费该产品以及从中获得的效用，也就是说在给定的生产水平下，多增加一名消费者的消费所带来的边际成本为零，比如海上的灯塔不会因为多一艘船航行而增加额外成本。非排他性是指某人在消费一种公共物品时，无论其他人是否付费都不能排除他们消费该产品，或排除的成本很高，比如国防、社会治安等不能把某些社会成员排除在外。公共物品之所以具有消费的非竞争性和非排他性，是因为公共物品在生产上具有不可分割性。公共物品消费的非竞争性和非排他性会导致市场失灵，人们对公共物品的消费不能由市场价格来决定，价格机制也无法将社会对公共物品的供求情况如实地反映出来。因此，公共物品只能由政府根据社会成员的共同需要来提供，或由市场提供并由政府进行规制。

（三）非价值物品供给

非价值物品的存在也是政府进行社会性规制的原因之一。非价值物品是指人们不根据自己的最优利益消费的物品或消费会损害社会利益的物品，如毒品、麻药、核武器等。虽然非价值物品的生产与消费过程也可以通过竞争性市场机制来实现资源的有效配置，但是这种生产与消费可能会给社会带来严重危害。从社会道德伦理规范的角度来看，非价值物品的生产与消费行为并非是社会所希望和倡导的，人们希望全面禁止或部分禁止此类产品的生产和销售。因此，这些产品的生产和销售需要政府进行规制。

（四）信息不对称

信息不对称在经济活动和社会活动中普遍存在，代表性信息不对称行业有银行、证券、保险、医药卫生、食品生产等领域。这些行业存在对各种市场交易信息一定程度的垄断，使资源的有效配置难以实现，不仅影响经济效率，还会影响社会效果。信息不对称导致的健康、产品质量和安全等社会效果问题属于社会性规制的范围。

三、社会性规制的方式

（一）法律手段

社会性规制的法律手段就是通过制定相关法律法规来规定规制对象必须遵守的法律准则，并严格执法。如果发现有违反法律规定的情况，则依法予以罚款、损害赔偿甚至是刑事处罚等，以此促使被规制者严格依照法律行事。

从世界各国对社会性规制的立法来看，社会性规制的法律法规可以按照规制对象分为三类：① 环境污染的规制。政府依据环境保护方面的法律法规，制定行政规制办法，对大气污染、水质污染、噪声污染、固体废物污染、矿物开采造成的污染等进行规制。② 健康卫生与安全方面的规制。在健康卫生方面的规制主要包括对食品卫生、广告管理、药品管理、医疗机构管理、医疗事故处理、传染病预防、检疫、麻药、毒品、水道、废弃物的处理等方面的立法和行政规制办法；在安全方面的规制主要包括防止劳动灾害和疾病、消费者权益保护、产品质量及标准化，以及确保交通安全、矿山安全、劳动安全及消防等方面的立法和行政规制办法。③ 公益性活动的规制。这类规制主要是指在教育、文化、福利等方面，提高教育质量，提供福利服务、文物保护等方面的立法和行政规制办法。

（二）行政手段

行政手段是指依据社会性规制的基本政策与法律法规，政府运用行政权力对规制对象违反规制条例的行为予以罚款、损害赔偿等制裁。行政方式是比较常见的社会性规制方式，通常包括制定标准、发布实施、执行检查和实施处罚等步骤。利用这种方式进行社会性规制，强调的是对违反规章的行为必须进行惩罚，所以又称为规章型规制。社会性规制的行政手段主要包括行政审批制度、标准的制定、信息提供与公开等。

(1) 行政审批制度。行政审批制度包括禁止特定行为和营业活动限制两种具体手段。禁止特定行为指直接禁止因外部性、信息不对称和非价值物品而给社会和消费者利益带来损害的特定行为，比如禁止排放污染物、乱开乱采、发布非法广告、走私贩毒等。营业活动限制指通过批准、认可制度对提供特殊产品和有可能产生危害的社会经营活动的限制。这些经营活动或者可能容易产生危险，或者可能容易产生负外部性而给社会带来危害。

(2) 标准的制定。标准的制定是指从确保产品、生产设备与管理的安全性出发，对其质量、结构、强度、性能、爆炸性与可燃性等方面制定安全标准，规定只有符合标准的产品和设备才能销售和使用，否则予以禁止。

(3) 信息提供与公开。对于信息不对称问题，规制机构可以采取行政手段强制存在信息不对称行业的相关企业向市场提供有关其产品或服务的真实、全面的信息，或者法律规定消费者有权向卖方索取自己应该知道的信息。政府还可以通过质量检查、市场调查等方式收集有关信息提供给消费者。

(三) 经济手段

经济手段是社会性规制的常用方法，主要是指为达到社会性规制的目的，利用经济利益关系对规制对象的经济活动进行调节的方式。根据其作用机理的不同，可以把社会性规制的经济方式分为诱导型规制和诱因型规制两种类型。诱导型规制手段主要有：① 税收和收费。② 补贴。如财政补助、执行鼓励金、低息贷款、税收优惠等。诱因型规制手段包括：① 市场的开创。如排污权交易市场。② 押金返还制度。目前，在我国的社会性规制领域，经济方式规制大多使用在环境规制方面。应用排污收费、排污收税、补贴和排污权的交易等手段来限制造成污染的产品的生产与消费，迫使生产者减少废物的排放。

四、社会性规制的内容

社会性规制不以特定的产业为规制对象，而是围绕如何达到特定的社会目标进行规制，其内容相当广泛，主要包括健康与卫生规制、安全规制、环境规制等几个方面。

(一) 健康与卫生规制

健康权在国际人权公约和一些国家的宪法中被看作是一项基本人权，而健康与卫生规制则是保障基本人权的体现。健康与卫生规制主要包括对食品、药品、医疗卫生服务和化妆品等方面的规制。由于食品、药品、医疗卫生服务及化妆品这些方面都与消费者的生命和健康直接相关，所以世界各国都对健康与卫生规制的各项内容实行严格的管理。

1. 食品规制

食品市场上的信息不对称使得消费者在购买时不能识别该食品是否会对健康产生威胁，从而在市场上产生劣币驱逐良币的效应。对于生产者而言，质量控制措施将增加生产成本，食品质量信息的不对称则会增加生产者降低食品质量的激励。食品质量规制是指食品质量规制机构利用各种法律法规，对食品生产、销售和配送的各个环节所进行的一切监督管理行为。食品质量规制首先要建立食品质量规制的法律体系，在我国主要有《食品法》《保健品食品管理法》《农产品质量安全法》《食品安全法》等相关法律。其次要制定食品标准体系，主要有安全标准、纯净标准、污染标准、产品识别标准、生产清洁标准、效能标准等。食品质量规制机构严格监管，保证达到食品安全和适于消费的目的。

2. 药品规制

药品是直接关系到人的生命健康与社会经济稳定发展的特殊产品。由于药品的特殊性和药品市场信息不对称的存在，需要规制机构对药品质量和价格进行规制，保证药品的安全性和消费者对药品的可及性。首先，规制立法机构建立药品质量规制法律法规体系。目前我国主要有《新药审批办法》《进口药品管理办法》《药品生产质量规范》《药品经营许可证管理办法》等相关法律法规。其次，制定药品标准体系。药品标准是有关药品规格及检查方法的技术规范，由一系列反映药品特征的技术参数的技术指标组成，是药品生产、经营、使用检测和监督管理的法定依据，是药品进入市场的门槛。再次，对药品质量及质量信息进行管理。主要是实施 GMP(药品生产质量管理规范)制度，对药品包装标识、广告进行管理，并及时发布有关药品质量的信息。最后，对药品价格进行规制。

3. 医疗卫生服务规制

医疗卫生服务市场先天存在供求双方的信息不对称问题，患者对医疗服务的价格、质量以及需求情况等相关信息知之甚少，而且还存在质量的不唯一性、诱使需求等现象。政府应在对医疗卫生服务制定完善的法律法规体系的基础上，对其进行行业进入规制、服务质量规制、广告规制、价格规制，重点在于控制价格和促进公平。

4. 化妆品规制

现代社会中化妆品的使用已经十分普遍，化妆品与人们的日常生活密切相关。优质化妆品能够满足人们的爱美之心，而伪劣化妆品却会损害人的身心健康。为了保护消费者的身心健康和权益，世界各国大都制定了相关的化妆品法规，对化妆品的生产和经营卫生进行监督管理。

（二）安全规制

随着经济社会的发展，人们对自身的生命权、健康权的要求不断提高，与生产相关的职业安全问题以及与消费相关的产品安全问题越来越受到重视。

1. 职业安全规制

职业安全是指劳动者生命和健康安全，是职业人群安全健康保障要素的总和。从发达国家职业安全的变迁过程来看，在工业化的进程中市场运行并没有解决工伤事故日益增加并日趋严重的问题，仅依靠市场不能达到理想的安全状态。对于劳动者来说，由于信息不对称的存在，他们不能完全了解自己的生产活动所存在的安全风险，尤其难以识别健康风险，而劳动者的非理性使得他们可能对风险做出错误的感知与评估。对于企业来说，工作场所安全与健康存在正外部性使得企业不能将收益完全内部化，因而相对于社会需求而言，职业安全供给不足。职业安全关系到人的最基本的生存权，是对生命价值的尊重，控制和减少职业伤害，救济遭受职业伤害的劳动者，维护职业安全，是任何一个健康和谐的社会都必须重视的社会经济问题。因此，职业安全规制已成为社会性规制的一项重要内容。

2. 产品安全规制

产品安全规制是指规制机构对任何具有潜在危险的产品实行规制。由于生产者和消费者之间的信息不对称，消费者难以真正全面了解自己所购买产品的质量，更难以充分认识其潜在的危险，产品安全规制是对消费者进行保护的一种方式。许多国家都制定了产品质量法与消费者权益保护法，建立有关产品和服务质量标准体系，维护消费者利益。美国的相关规制机构可以在法律的框架内制定具体的规制标准，确保产品安全，比如其消费品安全委员会负责保护公众免受来自消费品的不合理伤害；高速公路交通委员会制定有关汽车市场的产品标准，其目的在于减少交通事故以及由此导致的伤亡。在我国，与产品安全相关的法律有《产品质量法》和《标准化法》，《产品质量法》对产品质量做了许多方面的要求和规定，而《标准化法》则是产品安全保护方面的一部更为重要也更具操作性的法律。

（三）环境规制

环境规制是指由于环境污染具有负外部性，规制机构通过制定相应政策和措施对企业的经济活动进行调节，以达到保护环境和经济发展相协调的目标。由于外部性的存在，单纯的市场机制并不能有效解决环境污染问题，因此必须由环境规制部门实行环境规制。根据对经济主体排污行为约束方式的不同，环境规制可以分为命令控制型环境规制和市场激励型环境规制两种类型。

命令控制型环境规制是指环境规制部门制定满足环境质量目标的环保标准和规范，以及规定必须采用的技术，命令企业必须遵守。在这种类型的环境规制中，污染者几乎没有选择的余地，被迫机械地遵守规章制度，否则将面临严厉的处罚。命令控制型环境规制能使环境业绩得到迅速的可测量的改善，但另一方面也对环境规制部门的监管提出较高的要求，执行成本较高。对于企业来说，过于刚性和一刀切的做法可能会损害企业的效率，抑制企业技术创新的积极性。

市场激励型环境规制是环境规制部门利用市场机制设计的一种规制方法，旨在借助市场信号引导企业排污行为，激励排污者降低排污水平，或使社会整体污染状况趋于受控制和优化。排污税费、使用者税费、产品税费、补贴、可交易的排污权、押金返还等都是市场激励型环境规制的使用工具。这种类型的环境规制能够把外部性进行内部化，使企业的商品或服务的价格包含或反映环境成本，激励企业积极采用更好的污染控制技术，促进对资源的有效利用。

第四节 我国的规制实践

一、我国的规制实践发展状况

改革开放前我国实行的是高度集中的计划经济体制，改革开放后逐渐从计划经济过渡到市场经济，但我国的市场经济发展过程还不够充分。这样的经济发展背景使得我国的规制实践有别于其他国家，呈现出自身的特点。从规制实践的发展过程来看，我国的规制实践可以划分成计划经济时期、有计划的商品经济时期、市场经济时期三个发展阶段。

（一）计划经济时期(1949 年—1978 年)

这一时期，我国在经济发展方面实行百分之百的计划经济体制，政府对社会经济活动进行普遍而又全面的干预。在计划经济体制下，权力高度集中，政企合一，政府对企业实行的是以行政命令为主要方式的直接管理，政府控制了企业的计划、生产、交换、分配等各个环节，企业几乎没有任何的自主经营权，经济个体所从事的一切活动都由政府来决定。这种深入生产经营活动内部的直接命令和严格控制是计划经济时期我国政府规制行为的集中体现。这一阶段我国的规制实践表现出明显的特点：以行政命令为主导，用国家指令性计划来配置生产资源，否定市场机制的作用，限制商品货币关系。

（二）有计划的商品经济时期(1978 年—1992 年)

这是我国实行改革开放到探索建设社会主义市场经济体制的时期。1978 年党的十一届三中全会决定把党和国家的工作中心转移到经济建设上来，并且实行改革开放，十二届三中全会进一步明确社会主义经济是有计划的商品经济。国家承认经济规律的存在，肯定市场在资本配置方面的基础性作用，开始用宏观调控的手段对经济活动进行调节。这一时期的规制总体上是呈现出一种混合状态，一方面打破了原先政府严格控制的坚冰，逐渐放松规制；另一方面又制定了一些新的规则、制度与相关措施，以保证新的经济制度能够有效运行。与计划经济时期基本上是单一的行政命令规制方式不同，这一时期出现了一些新的规制形式，我国的规制体系逐渐形成。不过，有关国计民生的电力、电信、民航、铁路、供水供电、银行等行业仍然受到严格控制，规制的模式、广度和深度与计划经济时期相比并没有什么实质性的改变，深层次问题没有解决，这种情况严重阻碍了经济的发展。

（三）市场经济时期(1992 年至今)

1992 年党的十四大报告明确提出，我国经济体制改革的目标是建立社会主义市场经济体制。之后，我国政府陆续出台了一系列的改革措施和政策，加快了经济领域改革的步伐，基本上实现了政企分开，明确了规制者与规制对象的职能与定位。一些传统的具有自然垄断性质的领域的规制已逐步放开，部分行业内已初步形成了竞争的格局，但总体而言这些行业的竞争依然是不充分的。1998 年以后，随着中国加入世界贸易组织任务日益迫近，政府进行规制改革的迫切性也越来越明显。为适应世界贸易组织对其成员国的要求和加入世界贸易组织后的国际形势，我国在机构改革中进行规制制度的调整，改革了审批制度，制定了一系列行业新规则。从 2000 年开始，中央政府要求各级政府部门对现有法律法规和规章制度进行清理，有关部门分别对明显不符合世界贸易组织规则的近两千件法律法规进行了审查，相应做出了废除和修改的决定。2003 年，十六届三中全会对建立完善的社会主义经济体制进行了全面的部署，中国经济体制改革进入了完善社会主义市场经济体制的新阶段。这个阶段一方面对以前的严格规制继续放松以适应世界贸易组织规则和经济发展形势的要求，另一方制定和实施了新的规制政策，不断完善规制制度，并且还先后设立和组建了多个新的规制机构。

目前，在我国现行的规制制度中，从中央到地方几乎所有的政府机关或部门都拥有相应的规制权力，规制的范围与内容相当广泛，主要包括经济性规制和社会性规制两大类；规制的依据主要是相应的法律法规，具体有正式的法律、行政法规与地方性法规三种类型；规制的方法实现了多样化，不过最基本的只有准入规制与价格规制两种。

二、我国的规制实践评价

（一）我国规制实践的效果

随着我国经济制度从计划经济到市场经济的转变，我国的规制也从计划规制发展为市场规制，规制体系不断完善和发展。总的来看，我国规制实践的效果是值得肯定的，无论在经济性规制方面还是在社会性规制方面都有一定程度的进步。

在经济性规制方面，从 20 世纪 80 年代以来，我国对经济性规制进行了一系列改革，取得了不错的成效。相关产业的规制法律法规体系不断完善，形成了经济性规制框架，从无法可依到有法可依，进步是明显的。对于那些垄断产业的规制，计划经济体制下的政府行政垄断的规制方式已经打破，政企基本分开，并通过一定方式初步引入了竞争机制。比如，在航空领域有多家新公司加入，打破垄断形成竞争，价格更为合理，服务水平得到提高，电信行业也是这样。在社会性规制方面，我国不断进行社会性规制的探索，改革社会性规制的理念、模式，健全、完善社会性规制的法律法规，优化社会性规制的方法手段，调整社会性规制的组织机构，使我国的社会性规制从缺乏法律基础的弱社会性规制转变为建立在相对完善的法律基础上的强社会性规制。

（二）我国规制实践存在的问题

1. 规制法律法规不完善

规制的各种法律法规是进行规制的重要依据。虽然我国已经颁布了不少与规制相关的法律法规，但规制法律法规仍然不够全面，立法程序也不规范，而且对规制的目的、原则、程序以及规制主体的权限等也没有做出系统有效的规定。在有些规制领域，相关的规制法律法规迟迟没有出台，存在立法空白。在已经出台的法律法规中，一方面有些法律条文过于原则和笼统，在实践中缺乏可操作性；另一方面法律法规所规定的责任偏轻，缺乏威慑力。

规制法律法规的制定本身也存在程序不规范的问题。我国目前的规制法律法规主要由四个不同层次构成。一是正式的法律，由全国人大及其常委会制定和颁布；二是行政法规，由国务院制定以总理令的形式向全社会发布；三是地方性法规，由省、市、自治区人民政府颁布；四是行政规章，是由各部委根据法律法规在本部门权限范围内制定和颁布的实施细则、命令、指示、通知等。无论从哪个层次上而言，在规制法律法规制定过程中存在的最大问题是立法过程的不规范。各级政府在制定和颁布直接影响公民和企业经济利益的规范性文件过程中，普遍没有真正给利益相关人充分陈述意见的机会，不能保证行政过程的透明和公开，在这样一个操作程序下确立起来的规制法规，当然也就不可能充分表达广大民众的利益诉求。

2. 规制效率不高

在经济性规制领域，我国的垄断企业大多不是通过竞争自然形成，而是由政府行政命令造成，这样高度集中的规制使垄断企业缺乏竞争力，同时也难免出现垄断权力滥用现象。垄断企业凭借自己的垄断地位制定高价格或变相收费；进行价格调整召开听证会只是搞搞形式，走一下过场；有时甚至可能找借口拖延执行国家的新政策。这些行为妨碍了效率的提高，也侵害了消费者利益。

在社会性规制领域，尽管制定了大量的相关法律法规，但其效果不太明显。消费者权益没有得到应有的保护，消费者的健康和安全仍然受到屡禁不止的假冒伪劣产品的威胁。劳动者权益也没有得到充分保护，重大生产事故不时发生，职业性疾病的发生率和死亡人数居高不下，有些企业存在严重的不遵守劳动安全和卫生的现象。环境规制效果收效甚微，环境污染较为严重已是不争的事实。

3. 规制主体不完善

（1）规制机构众多，缺少独立权威的规制机构。

我国的规制机构众多，从中央到地方几乎所有的政府部门都具有一定的规制权力。这些规制机构都不是独立的，作为各行业的主管部门几乎都同时具有行业协会与行业规制机构的双重身份，需要承担实现行业利益最大化和限制行业追求垄断利润的相互矛盾的责任。规制机构执行权分散，相互牵制，规制乏力。

（2）规制主体缺少限制。

一方面，规制主体制定规制法律法规的权力缺少合理的界定。规制主体在市场经济中的角色应该是为保障国民的自由权利而产生的，规制主体权力的行使必须以不侵害国民的自由权利为界限。但在官本位思想下，规制者却似乎可以利用自己的权力对公民的自由权利进行任意的限制。另一方面，规制主体的规制行为没有受到有效控制和监督。在我国，根据现行行政诉讼法的规定，政府制定行政规范性文件等抽象行政行为不属于司法审查的对象，法院的受理范围主要是审查具体行政行为是否合法，而不是普通行政行为是否合法，使得公民和企业因政府规制机构滥用规制权力而蒙受的损失得不到赔偿和补偿。

4. 规制方式存在缺陷

随着我国市场经济体制的不断完善，大多数产业基本上纳入了市场经济的轨道，但电力、供水、民航、铁路等产业不仅仍然受到行政命令式规制的严格控制，而且规制的广度和深度并没有较计划经济体制时期有所放松。由于计划经济体制的思想根深蒂固，规制机构往往习惯于用传统的规制方法进行管理，使得我国规制运行环境仍然具有一定的行政化色彩，行政命令代替法律法规的现象时有发生。当前，进入规制和价格规制是我国规制方式中最基本、最主要的方式，但这两种规制方式的效率都不高。

5. 规制缺位与越位并存

我国的规制实践中，一方面存在规制缺位，使市场失灵得不到抑制，降低了社会福利水平，比如对竞争性行业的规制不到位。我国许多竞争性产业提供的产品及服务质量低劣、股票和期货等市场秩序混乱、银行及其他非银行金融机构存在违规操作等都没有得到有效规制。另一方面存在规制越位，规制过度抑制了市场经济的内在活力，比如过于严格的进入规制。对于建立在行政垄断基础上的某些产业的进入规制过于严格，不仅限制了这些产业的快速发展，同时还为垄断权力的滥用提供了机会，现有的垄断企业常常利用其沉没成本的门槛阻碍其他潜在竞争者的进入。

三、我国的规制改革

（一）规制改革的方向

我国的规制实践是一个不断进行改革的过程，而我国的规制改革实际上是国家经济体制改革不可分割的组成部分。针对我国规制实践中存在的问题，结合西方发达国家的规制改革经验，我国规制的改革应该向市场化、法制化方向发展。

1. 市场化

我国经济体制改革的目标是建立社会主义市场经济体制，这是我国经济发展模式的必然选择。我国的规制改革就是要按照社会主义市场经济的性质和要求，完善规制制度和规制政策体系。在市场经济条件下，采取与市场经济体制相适应的程序、方法与措施，将我国规制体系彻底改造为真正意义上的市场规制体系。在规制改革过程中，要把促进市场竞争作为完善规制制度与措施的指导思想，充分发挥市场竞争机制在资源配置方面的作用。市场化规制要求规制部门抛除以往的计划规制的思维方式，切实履行好自己的市场监管职能，建立统一开放、竞争有序的现代市场体系。

2. 法制化

市场经济是一种法治经济，我国的规制制度必须适应法治经济的要求，建立相应的规制法律法规体系作为规制准则。我国规制制度的法制化程度还不算高，存在相关法律短缺、政策泛滥、规制机构权力过大等缺陷，在某种程度上导致了规制的低效率。规制法制化需要完善的法律体系，每一个需要规制监管的部门、环节都需要制定专门的法律法规予以规范，所有的规制措施都必须有充分的法律依据，做到有法可依。需要注意的是，规制立法过程必须规范化，需要相关利益主体的参与；对违法责任的规定要使违法成本大于违法收益，强化规制法律法规的威慑力，防止违法之徒铤而走险。同时，规制过程也需要法制化，规制机构的权力必须要有明确的界定，依法享有和行使规制权；规制执行依法进行，并且接受有效监督。

（二）规制改革的内容

1. 完善规制法律体系与规制程序

市场经济的平稳发展离不开健全的法律制度，规制法律法规在弥补市场失灵和保证市场健康发展方面具有不可替代的作用。我国的规制法律体系没有现成的模式可用，只能在遵循市场经济法律制度一般原则和规律的基础上，根据我国的国情建立并不断完善符合我国国情的规制法律体系。首先，一方面要弥补规制领域法律空白，做到有法可依；另一方面还要对不适应市场经济体制发展需要的现有法律法规进行废除、修改和完善。其次，规制法律法规的制定需要规范化，具体表现为听证制度的完善，要让利益相关人有充分陈述自己意见的机会，不能流于形式。再次，规制程序必须透明，所有规制环节都是以法律法规为基础，依法规制。

2. 完善规制主体

完善规制主体主要是完善对规制主体的规制。首先，规制机构必须具有独立的地位。我国规制机构的确立应该以实现政企分开为前提，可以通过改造现有行业管理机构形成相对独立的规制机构，明确规制机构的具体职能和角色，将规制者和行业管理者严格区分开来。其次，规制主体的规制权力必须受到限制，有必要通过制定相应的法律法规来规范规制主体的规制行为。再次，规制主体的规制行为应该受到监管。我国应该将规制行为纳入司法审查范围，对企业和个人因规制权力的滥用而遭受的损失由国家给予相应赔偿。规制行为还应该受到社会公众的普遍关注和监督。

3. 改进规制方式

在我国传统规制方式的基础上，适时地使用激励性规制方式，提高规制效率。价格激励、联合回报率、利润分享等激励性规制手段能够使企业在生产、经营、发展等方面都得到更强更有力的刺激。激励性规制方式主要有两种类型，一是给予竞争激励，二是给予企业经营效率的诱导。竞争激励主要方式有特许投标制度和区域竞争制度等。这种激励主要是通过引进竞争机制，促使企业削减成本，提高生产经营效率，克服无效率、低效率状况。经营效率的诱导是以企业提高效率获得的利润作为给予企业的报酬，主要方式有社会契约规制和价格上限规制，企业在这种诱导下会努力降低成本，提高效率，优化生产要素的配置。

4. 适度规制

我国的规制发展背景与过程不同于西方国家，当前的规制改革既是一个逐步放松严格规制的过程，又是一个新的规制政策与制度逐步建立和实施的过程，在这一过程中寻求放松规制与加强规制的动态平衡。我国规制的现实情况是规制越位与缺位并存，有的地方规制太多而有的地方却规制不足。因此，我国应该建立适度型规制模式，一方面放松历史遗留的高度计划规制和不符合我国社会主义市场经济体制发展需要的规制，另一方面逐步建立和完善适应我国社会主义市场经济体制和经济全球化潮流的规制政策和制度，解决规制中的越位与缺位问题。

思考题

1. 简述规制理论的基本观点。
2. 简述经济性规制的方式与目标。
3. 社会性规制的原因有哪些？
4. 简述社会性规制的主要内容。
5. 简评我国的规制实践。

第十章　产业集聚理论

第一节　产业集聚理论概述

一、产业集聚的概念

产业集聚，又称产业集群、企业集群，是一些相互联系的企业或产业在一定地域所形成的空间集聚现象。产业集聚既有历史渊源，又取决于当地企业间的竞争与协作关系。英国新古典经济学创始人马歇尔将产业集聚定义为产业区，他把专业化产业集聚的特定地区称为“产业区”。迈克尔·波特将之定义为在特定区域中，一群在地理上临近，有交互关联性的企业和法人结构，并以彼此的共同性和互补性相联结。新产业区理论称产业集聚为新产业区，是弹性专精的中小企业集群所组成的地方生产系统，区内具备一定劳动技能的劳动力资源。产业集聚不仅包含业务关联性的企业，也涵盖了上游的专业化供应商，横向的服务提供商和金融机构，以及下游的关联企业机构，是一个经济、社会、文化等多层次的区域复合体。世界知名产业集聚见表 10 - 1。

对于产业集聚的定义，不同的学者从不同的视角有不尽相同的表述，但将其归纳的话，可以发现产业集聚的共有特征：① 地理接近或地缘上临近；② 企业间存在竞争与协作关系；③ 企业间上下游联动，相关组织、机构关联；④ 有良好的基础设施；⑤ 知识可以快速扩散；⑥ 有价值链上的相互需求；⑦ 外向型投入产业；⑧ 资源共享。

表 10 - 1　世界知名产业集聚

国别或地区	所在区域	产业领域
美国	硅谷	微电子、生物技术、风险资本
美国	好莱坞	影视娱乐业
美国	纽约	金融服务、广告、多媒体等
美国	西雅图	飞机设备与设计、金属加工
美国	底特律	汽车设备与零部件
德国	慕尼黑	汽车业
德国	法兰克福	化工业
意大利	伦巴第	丝织品
意大利	贝尔加莫	家具业

续表

国别或地区	所在区域	产业领域
法国	欧叶纳科斯	模具
法国	昂蒂布	计算机及相关产品
瑞士	制表区	钟表业
日本	丰田城	汽车及零部件
日本	大田	机械和金属加工
中国台湾	新竹	半导体硬件
印度	班加罗尔	计算机软件

资料来源：唐晓华.《现代产业经济学导论》[M]. 233 页，北京：经济管理出版社，2011.

二、产业集聚的理论概述

自产业革命以来，技术的更新使得社会生产力得以快速发展，并带来了劳动分工的精细化，与之相伴的产业分工与集聚现象受到了关注，并引起来自经济地理、产业组织、技术创新以及社会学等诸多领域学者的研究兴趣，形成了不同的研究理论。

（一）马歇尔的空间外部经济理论

产业集聚的研究最早见于马歇尔在 19 世纪末提出的“产业集聚”，即空间外部性的概念。他认为外部经济在产业集聚中扮演着极其重要的角色，有三种力量决定了其正外部性，即劳动力市场共享、专业化投入和服务、技术外溢，这促使中小企业集聚并最终形成产业集聚。马歇尔将集聚企业的地区称为“产业区”，有三大特征：一是区域内中小企业间合作关系柔性和动态变化。二是集聚区内技术知识具有外溢特征，集聚区域内弥漫着合作空气，新知识、思想、生产工艺在区域内企业间传播迅速。三是集聚中的社会文化异常重要，区内主体持有共同或相似的价值观，使得区域内企业和个人都能迅速融入区内，植根性造就了集聚的可持续性以及区域发展的持久性。外部经济理论是马歇尔产业集聚理论的基础，为后来研究者的研究奠定了基础。

（二）新产业空间理论

马歇尔的理论并未引起主流经济学家的重视，直至 20 世纪 70～80 年代中期，全球传统制造业面临发展困境时，在美国、法国、英国、德国以及意大利等发达国家，乃至印度、中国、印度尼西亚等发展中国家出现了一批飞速发展的产业集聚区，产业领域涵盖了电子信息、机械制造以及包括制鞋和针织品等在内的多种领域，这引起了学界的关注。通过研究，发现这些产业集聚区具有独特的特点：企业间既有竞争，又有合作关系。其合作不仅有正式的市场化联系，如经济合同与投入产出联系；还包括非市场化的联系，如非正式的交流，面对面沟通。意大利学者巴格纳斯科首次对意大利东北部（“第三意大利”）地区进行研究，并首次提出了新产业区的概念。美国学者斯科特应用宏观经济学理论探讨了当代生产空间的组织变化，主要集中在灵活的“产业区”或新的“产业空间”，创立了新产业空间理论。

新产业空间理论是在马歇尔的空间外部经济理论基础上演化而形成的，和马歇尔所研究的手工业产业基本类似，也是社会与经济互相融合，但在技术更新等因素的共同作用下发展出了新的特征：其一为弹性专精（又称为柔性专业化）基础上的中小企业集聚；其二是强调制度、社会文化、非市场化联系的作用；其三是强调技术创新的作用，因此新产业区理论的集聚案例多是高新技术中小企业的集聚；其四是合作网络产生集体效率，集体效率来源于外部经济和共同行动。值得注意的是，新产业空间理论从政治、经济的角度来研究产业的集聚，不再采用单纯的经济学方法。

（三）波特的新竞争经济理论

迈克尔·波特在1990年出版的《国家竞争优势》一书中，认为一个国家的竞争力取决于产业创新与升级的能力，竞争优势是通过高度本地化过程而产生并持续发展的，各国只能在各有特色的产业中获得国家竞争优势，由此提出了国家竞争优势的“钻石体系”。1998年，波特在发表的《集群与新竞争经济学》论文中，从竞争优势的角度系统地研究产业集聚现象，并提出了产业群理论。他认为，产业群是指在一定范围区域内，大量联系密切的企业和机构的集合。

集聚是某一特定领域内相互联系的企业及机构在地理上的集聚体，包括一系列相关联的产业和其他一些与竞争有关的实体，如零部件、机器设备和服务的供应商、专用性基础设施的供应商等。集聚往往向下游拓展到销售渠道和客户，横向扩展到互补产品的制造商和在技术、技能上相关的实体。如零部件或有着共同投入品的企业。另外，许多集聚也包括政府和其他机构，如大学、标准化机构、智库、职业培训机构及商会等，这些机构提供专门化的培训、教育、信息和技术支持。为了说明这个定义，波特对美国加利福尼亚州葡萄酒产业集聚进行了剖析加以证明，该产业集聚的结构如图10-1所示。

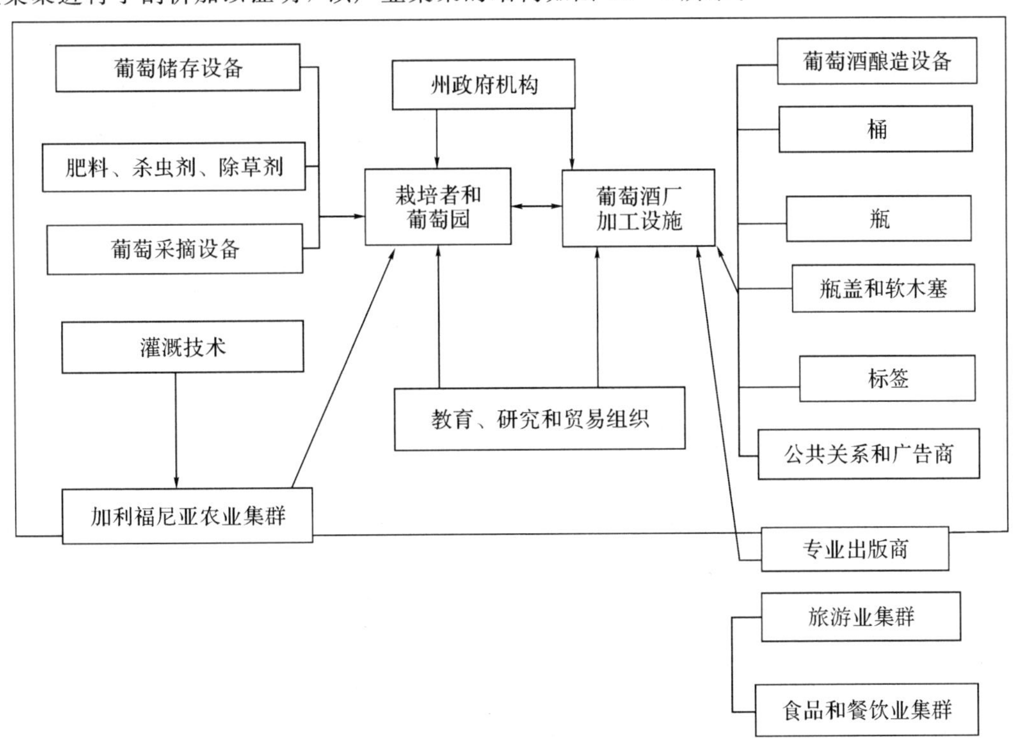

图10-1　加利福尼亚葡萄酒产业集聚结构图

资料来源：刘志彪.《产业经济学》[M]. 357页，北京：机械工业出版社，2015.

在产业集聚内，产业内部的专业化程度比较高，区内专业化企业间的协作和企业的生产效率不断提高，进而使整个区域的创新能力不断加强，并取得较强的竞争优势，因此，波特对产业集聚内的结构分析是迄今最为全面的，所以目前学术界较为认同波特的产业集聚概念。

（四）克鲁格曼的新经济地理学派

以保罗·克鲁格曼为代表的空间经济理论派，以规模报酬递增、不完全竞争的市场为前提，通过其擅长的国际贸易理论，使得产业集聚研究回归主流经济学的视野，并使用经济学的建模方法对产业集聚的形成机理进行了阐释。

克鲁格曼在1991年发表的《收益递增与经济地理》论文中，建立了一个简明有效的关于"中心-外围"的模型，认为中心与外围模式的形成及其效率取决于运输成本、规模经济和制造业的集聚程度，认为产业集聚是由规模报酬递增、运输成本和生产要素转移等通过市场的相互作用而产生的。"中心-外围"模型证明了工业活动空间集聚的一般趋势，一个国家和地区要实现规模经济而使运输成本最小，制造业应选择在市场需求大的地方，而反过来市场需求又取决于制造业的分布。因此，克鲁格曼认为产业集聚是由以下几个原因所形成的：

(1) 需求(市场规模)。企业一般会选址于有大量市场需求的地方，从而吸引更多企业集聚于此，形成规模经济。集聚规模越大，运输费用就越低，集聚的可能性就越大。

(2) 外部经济。市场规模(市场潜能效应)必定涵盖本地外部性，因此克鲁格曼提及最多的是本地市场效应，但实质上这种因市场的变化而造成企业成本变化的只是金融外部性。

(3) 产业地方化，地方专业化。克鲁格曼认为在产业集聚中的不确定性因素有很多，产业政策和贸易保护政策只是影响产业集聚的因素之一，因而他并没有提出政府选择扶持重点产业的观点。

（五）产业集聚在中国的发展

我国对产业集聚的研究起步较晚，在20世纪90年代才开始，大量的研究开始于2000年以后。如王缉慈从20世纪90年代开始就陆续把国外的产业集群的研究成果介绍到国内，并对我国部分有代表性的地方产业集聚现状进行了实证分析。她的《创新的空间——企业集群与区域发展》是国内研究这一理论的经典，该书评价了经济地理学研究的新产业区理论，并且对国内外著名产业区进行了实证研究。

起初，这一领域主要是借鉴和运用国外产业理论分析。伴随我国沿海地区经济的迅猛发展和区域一体化而出现了产业集聚萌芽，其中以浙江和广东最为集中，江苏和福建也较多，如广东的"专业镇"，浙江的"块状经济"等。在此背景下，主要从集聚经济、专业化分工、后福利制生产方式、知识溢出等角度，分析产业集聚以及创新体系形成机制、形成过程以及集聚的经济性等。总的来说，这一起始时期主要处于介绍国外文献阶段，结合我国实际国情进行深入的理论研究及系统构建的较少。对于工业化尚处初期，政府调控能力较强的欠发达地区，如何通过产业集聚来推进工业化进程的研究较少见。

但是，在2000年以后，随着产业集聚进入各级政府的决策视野及数据的可获得性增强，运用产业集聚理论研究中国实际国情的研究成果越来越多，包括研究产业集聚与中国区域经济的关系、集聚创新以及影响集聚的因素等。在全球价值链高度发达的今天，只有那些成功升级了产业集聚的企业才能走出地方经济发展的泥潭，因此，产业集聚理论的研究应在此基础上更加深入完善，这就要求国内外学者加强对中国经济的实证研究，来丰富产业集聚理论。

三、产业集聚的类型

当今世界是由大量产业集聚组成的丰富多彩的经济版图，尤其是发达国家的产业集聚现象十分明显，无论是高科技产业集群，还是传统产业集群都取得了巨大的成功。如美国重要的产业集聚有硅谷和128公路的微电子产业集群，纽约玛第森大街的广告业群，明尼阿波利斯的医学设备产业群，好莱坞的娱乐业群，底特律的汽车产业群等；德国索林根的刀具业群，斯图加特的机床业群，巴登-符腾堡的机械业群，纽伦堡的制笔业群等；法国巴黎森迪尔区的网络业群，布雷勒河谷的香水玻璃瓶业群。不仅仅是发达国家，像中国、印度、印度尼西亚等发展中国家也存在大量的产业集聚。如印度路德海阿那的金属加工和纺织业群，提若普尔的棉织衣物制造业群，苏拉特钻石加工业群及班加罗尔的电子软件业群，阿格拉的制鞋业群，中国东部沿海尤其是东南沿海地区形成的“一县一品”“一乡一品”“一镇一品”的产业集聚等。但是目前世界上产业集聚的形式是多种多样的，没有固定的模式。

（一）按产品特点分

依据产业集聚区内的企业生产产品的特点，可以分为同产业集聚区、关联产业集聚区和相关产业集聚区。

(1) 同产业集聚区：是指生产(经营)同类产品或处于相同生产阶段的企业，在特定地理区域内的集聚。如美国的硅谷是这种类型产业集聚中最具有代表性的，在几十年的发展中，世界电子产业的巨头如惠普、英特尔、太阳微系统、思科、甲骨文、安捷伦、苹果等都是在这里成长发展起来的。以高技术从业人员的密度而论，硅谷位于美国首位，平均年薪亦居美国之首。2012年硅谷人均GDP达到了157 100美元，也是位居美国之首。但是，竞争力强大的企业都集聚于此，企业间的竞争淘汰率之高也是可以想象的。世界许多国家以硅谷为样本，纷纷建立类似的产业集聚区。北京中关村高新技术集聚区的建立就是例证，硅谷也成为世界产业集聚的典范。这种产业集聚区的最大特征是：集聚区内的企业都生产(经营)同类(同质)产品，因而在同一市场上展开竞争时，不仅相互之间可以及时充分地共享市场需求和产品价格、款式等方面的信息，而且可以进行原材料采购、研究开发、制造技术和工艺、经营方法、贷款担保等方面的交流与合作。

(2) 关联产业集聚区：是指具有上下游产业链关系，并以某个大企业为中心(塔尖)的企业群在某一特定地理区域内的集聚。如广东省中山市南头镇的家电产业集聚区就是这种类型的典型示例。南头镇引进长虹和TCL两大著名家电品牌企业，形成强大的集聚核心，并带动一大批家电制造企业和家电配件等关联企业纷纷选址于此，逐渐形成家电产业链的延伸和完善，产品几乎涵盖整个家电生产领域。目前南头镇已形成以空调、冰箱、电视等三大家电为龙头，热水器、电磁炉等一批小家电门类齐全，零配件配套完善的家用电器集聚区。这种产业集聚的最大特征是：在某一大企业或核心企业的外围或塔座分布着众多具有上下游产业链的中小企业，大企业或核心企业与广大中小企业或非核心企业间可以形成长期稳定的生产或经营协作关系。

(3) 相关产业集聚区：是指某一产业或少数关联产业的企业群与其具有其他紧密联系的企业，如教育培训、科技研发、设备维修、会计审计、咨询服务等，向同一区域的集聚。昆山电子信息产业集聚区是这种类型的代表。它起步于 20 世纪 90 年代初，借助外资经济的作用，充分发挥产业集聚的优势，经过 20 多年的发展，形成了以笔记本电脑、显示器、数码相机、自动交易系统等电脑及周边设备生产为龙头，以接插件、连接线等计算机零部件与印刷电路板、覆铜板传感器、真空元件等电子元器件为基础，还有不间断电源、手机电池等一系列配套齐全、规模较大的 IT 产品制造业体系，这在全球都是首屈一指的。产业链集聚发展的规模效应正在逐步呈现。这类产业集聚的最大特征是：尽管企业间的联系或关联错综复杂，但往往具有直接上下游产业关联的少数几个企业为主导，其余的企业或是为其提供互补品(或配套品)生产的企业，或是为集聚区内所有企业提供专业化服务的企业。

（二）按形成指向分

依据产业集聚区主体即产业集聚的形成指向分为资源指向型产业集聚、贸易驱动型产业集聚、外商直接投资型产业集聚、产业转移型产业集聚、大企业中心型产业集聚和政府主导型产业集聚。

(1) 资源指向型产业集聚：是指为充分利用地区廉价劳动力、原材料集中地、市场区或交通枢纽点的某种优势而形成的企业集聚群体。德国北威州的高技术产业集聚区是这一类型的典型代表。北威州交通发达，具备完善的现代交通基础设施，与欧洲长途公路连接便捷，具备全德国最稠密的铁路网，水路直通欧洲各大海洋及重要海港。外国在德国的投资约 1/3 在北威州。北威州也是名企荟萃之地——德国企业 50 强中的 24 家，其总部就设在此。北威州由 64 所高校附属研究机构、48 个科研中心及技术园区和 30 个技术转让站构成的研发网络，是欧洲最密集的研发网络之一，为高技术产业发展创造了理想的前提条件。

(2) 贸易驱动型产业集聚：是指以本土企业为主的国内贸易和出口贸易带动的产业集聚。此类产业集聚是当地一些企业家在国内外市场中看到商机后，开始进行单个家庭或小规模企业的创业，成功之后迅速带动其他企业跟进，并有相应的配套企业共同成长，最终形成了面向国内外市场的产业集聚。浙江温州、广东中山等地以纺织品、机电产品等技术含量低的日用消费品行业为中心形成的产业集聚较为典型。

(3) 外商直接投资型产业集聚：是指一些地区凭借优越的地理位置、优惠的投资政策、丰富的土地资源和充足的劳动力，在当地政府提出各种政策优惠吸引外资投资、当地相关企业模仿学习等共同作用下形成的产业集聚。这种类型的集聚主要分布在我国的沿海地域，如长江三角洲、珠江三角洲和环渤海湾经济圈等地区。

(4) 产业转移型产业集聚：是指欠发达地区承接发达地区产业升级转型而将落后产能转移而形成的产业集聚。如欧美日等发达国家升级国内产业时，将劳动密集型相关产业转移到中国，近年来转移东南亚最为典型。产业转移型产业集聚的形成一般依赖于当地已有的产业条件，很多情况是该地区已经形成了一定规模的企业集聚，具有承接产业转移的基础，进一步的产业转移使得集聚快速形成和发展。

(5) 大企业中心型产业集聚：是指具有直接上下游产业链关系，并以某个大企业或核心企业为中心的企业群在某一特定地理区域内的集聚。德国汉堡的航空航天集聚区就属于这一类型。汉堡是世界第二大飞机制造区，生产“空中客车”。汉堡有空客飞机总装厂，负责装配 A319、A321 和 A318 型空客飞机，产量占空中客车飞机生产总数的 1/3，并向全世界的空客机队(约 2500 架)供应零部件；汉堡还有除美国以外世界最大的民用飞机维修中心——汉莎维修公司；加上汉堡机场以及 200 多家与航空业有关的中小企业供货商，汉堡航空产业在工业总产值占有相当大的比重。

(6) 政府主导型产业集聚：是指政府按照客观经济规律，“自上而下”规划指导催化而成的产业集聚。其中，在政府主导下，以各类科研资源和人才为基础，形成的以科研资源为依托，以科技创新为重点，以技术推广应用为内容的高新技术产业集聚也属于政府主导型产业集聚。如北京中关村、我国经济技术开发区和高新技术产业开发区(简称“高新区”)都属于这一类型。我国自改革开放政策实施后，开始建设高新区，截止至 2012 年 9 月，经国务院批准设立的国家级高新区就达 105 个。各省市根据自身情况设立了不同级别的高新区。高新区已成为我国高新技术产业集聚的典型代表，在许多地方已成为最富有活力和创新性的经济区，区域经济的“增长极”，对于区域经济的发展具有巨大的辐射作用，成为区域经济增长和产业发展的中坚力量。

(三) 按分布特点分

依据产业集聚区的分布特点，可以分为意大利式产业集聚、卫星式产业集聚和轮轴式产业集聚。关于这三种模式的类型、主要特征、优缺点、发展轨迹和受政策干预状况如表 10－2 所示。

表 10－2　产业集聚的分类

	意大利式产业集聚	卫星式产业集聚	轮轴式产业集聚
主要特征	以中小企业居多；专业性强；地方竞争激烈，合作网络基于信任的关系	以中小企业居多；依赖外部企业；基于低廉的劳动成本	大规模地方企业和中小企业；具有明显的等级制度
主要优点	柔性专业化；产品质量高；创新潜力大	成本优势；技能/隐形知识	成本优势；柔性；大企业作用重要
主要弱点	路径依赖；面临经济环境和技术突变适应缓慢	销售和投入引来外部参与者有限的诀窍影响了竞争优势	整个集群依赖少数大企业的业绩
典型发展轨迹	停滞/衰退；内部劳动分工的变迁；部分活动外包给其他区域；轮轴式结构的出现	升级；前向和后向工序的整合；提供全套产品或服务	停滞/衰退(如果大企业衰退/停滞)；升级，内部分工变化
政策干预	集体行动形成区域优势；公共部门和私营部门合营	中小企业升级的典型工具(培训和技术扩散)	大企业/协会和中小企业支持机构的合作，从而增强了中小企业的实力

资料来源：陆根尧.《产业集群自主创新：能力、模式与对策》[M]. 8 页，北京：经济科学出版社，2011.

第二节　产业集聚的形成及特征

一、产业集聚的成因

关于产业集聚形成和发展的原因，不同的学者有不同的观点，如规模经济、技术扩散、交易成本、消费的多样化与生产的标准化、比较优势等。归纳起来大致有三类：一是产业集聚是市场自发形成的，而且集聚空间结构有较大的偶然性；二是产业集聚是由地区特殊的比较优势、供给和需求结构、文化氛围，甚至是政府引导而形成的；三是两种观点的折中，认为产业集聚受多种因素制约而形成。结合这些观点，对产业集聚的成因进行如下分析。

（一）自然资源、地理区位等外在因素是产业集聚的重要前提

在产业集聚的早期形成过程中，自然资源和地理区位是影响产业集聚的先决条件。良好的外部条件能够使企业降低运输成本，迅速获取市场信息，吸引着企业向有利的地理区位集中，从而形成产业集聚。根据韦伯的传统区位理论，决定工业区位的因子有运输成本、劳动力成本和集聚效果，合理的工业区位是三个因子指向总费用最小的地方。

1. 节约原材料的运输成本

由于原材料在加工提炼过程中“失重”较多，即产成品占原材料的比重较低，如火力发电产业、各种矿石冶炼业、制陶业、建材加工业、农产品和木材加工业等，因而这些产业往往只能紧靠原材料所在地集聚，就地取材加工或提炼，否则其原材料的运输成本就会过高。自然资源对特定产业集聚存在重要的作用表现在：是某些产业特别是资源型产业集聚形成的基础，在其形成和发展过程中起到根本性作用。其原因在于：一是原材料指数较大，如金属矿石、煤炭等；二是某些自然资源属于局地原料，具有鲜明的地方特色，如名贵中药材、稀有金属等；三是除了运输成本较高之外，某些局地原料远距离运输较为困难或不经济，如新鲜蔬菜、水果等农副产品。随着运输基础设施和条件的日益改善、运输技术的日益更新等，使得产业集聚受这种自然资源、地理区位的束缚越来越弱化。

2. 利用特定地理区位内密集化的专业劳动力和技术

手工业时代主要依靠范围经济，工业化时代主要利用规模经济，信息化时代主要利用速度经济，不同的技术条件形成不同的生产方式。由于历史、传统和地理区位的原因，掌握不同的专业技术知识和特长的劳动力在地理空间的分布，一般是极不均匀的，因而往往会在特定的地理区域内形成专业劳动力和技术密集等集聚的优势，而这种优势又必然会促使特定产业或具有密切联系的相关产业的企业集聚区的最终形成。产业集聚建立在高度专业化分工与协作基础之上，制成品需要中间产品种类越多，工序环节越复杂，专业化分工越精细，并且在技术上越具有可分性，就越适合于产业集聚。如被誉为“世界牙刷之都”和“中国酒店日用品之都”的江苏扬州市杭集镇，是牙刷日用化工产业品牌基地，形成了产供销、仓储、物流、配送“一条龙”的专业化生产链，这正是利用区位内密集化的专业劳动力和技术的典型。

3. 促进信息传递和产业创新

企业要在日益竞争激烈的市场环境下获得竞争优势或立于不败之地，必须能够掌握快

速或便捷的方式，以此来获得竞争对手和市场需求等各方面的信息，以及产前、产中、产后的金融、保险、咨询、评估、审计、会计、法律等方面的服务。地理接近性可以加强隐含经验和知识的传播与扩散，特定产业或相关产业便捷化的信息传递和服务体系，又往往只有在特定的地理内才会存在。信息的沟通和有效传递又会促进产业的创新。创新不仅仅是线性模式，而已经发展为网络创新模式，那些创新活动需要多个供应商、客户、科研机构、行业中介机构等支持的产业，集聚在一起可以获得更多的技术和市场信息，在不同知识学科交叉中更容易创新。如高新技术公司总部或研发机构云集的美国硅谷，是目前全世界电脑软件业和信息产业技术最密集的地区，在这里可以以最快捷的方式和途径提供电脑软件和信息产业的最新进展情况以及各种配套服务，以此更能产生创新性产品，促进产业的创新。

4. 集聚经济优势影响产业集聚

集聚经济优势主要来源于两个方面：基于知识集中与外溢的技术型外部性和基于市场供求联系的金钱型外部性。集聚经济优势主要强调了专业化分工、规模报酬递增、消费多样化与产业空间结构的关系，认为现实中区域经济发展必然表现出“块状式”的非连续性和突发性过程，经济系统的内生力量是影响经济活动差异与区域产业集聚出现的主要原因。如果运输成本小、劳动力供给充分、价格差异不大，那么区位选择决定集聚效果，一旦形成一定规模的集聚，就有累积循环的效应，而且在没有超过集聚不经济的临界点之前，产业集聚可以无限扩大。

（二）全球化产业链分工和竞争格局促使产业集聚

大量的企业集聚于特定区域，形成企业间的竞争与协作关系，由此形成企业间密切而灵活的专业化分工与协作关系。全球化产业链的上下游关系，不仅促使企业间分工明确，而且随着产业的发展，进一步促进了生产专业化，原来内化在集聚龙头企业中的生产服务逐渐垂直分离出来，形成新的企业集聚在原主导企业周围进行分工协作的专业化生产服务。这种全球产业链分工的精细化促使着产业集聚的形成。

不仅是全球生产链分工促使产业集聚，交通与通信技术的发展，使过去许多本地化生产要素丧失了固有的垄断性；国际金融市场自由化，使资本在全球范围内快速流动，捕捉增值机会；贸易壁垒的降低，使销售活动不再限制于本地或区域性范围，而是面向全球市场；许多产业标准化生产，减少了对工人特殊技能的依赖；跨国公司在全球范围内组织生产流程和销售渠道，生产过程被分割成不同的阶段，依据各阶段对生产要素的不同要求，需要特定的生产区位，并在内部生产、对外转包或者全球采购等不同组织形式间进行选择，经济全球化已经深深涉及世界范围内的生产和消费活动。

经济全球化导致区域发展呈高度不均衡状态，一些能够不断吸引资本、劳动力、知识与技术的区域，一般都成为经济增长中的亮点，形成区域、国家甚至世界范围内的产业中心。产业集聚的一个特点就是产业在地理上高度集中，产品市场占有率高，有的占全国市场份额的一半，甚至更高。实践证明，凡是经济开放程度高、市场竞争力量强的地区，产业集聚的特征就比较突出；凡是经济相对封闭、市场竞争力量弱的地区，产业集聚现象就比较弱，即使在几乎是完全自愿依赖型的产业也是如此。

（三）政府的作用是产业集聚的重要原因

在产业集聚的发展中，市场是一只“看不见的手”，而政府则是另一只“看得见的手”，两只手相互结合使用，使资源得以合理配置，这是现代市场经济的特点。而政府在市场经济中履行职能的一般理由是市场的作用失灵，这为政府职能作用的发挥提供了依据和空间。政府在促进产业集聚可持续发展方面的功能主要体现在以下五个方面：

（1）发起或推动网络中介和仲裁服务。例如发起或推动行业协会，参与行业规则的制定，提供正式或非正式的知识交流场所和机会等。

（2）创造一个鼓励创新和不断升级的氛围，设立和发展促进集聚技术研发的竞争项目及计划，加强与科研院所的联系，以期攻破产业集聚可持续发展的难题。

（3）发挥与区外知识、信息交流的促进者和协调者的作用，提高集聚与市场的对接能力。

（4）作为区域代理人，实施区域整体营销，构建和维护区域品牌形象。

（5）保证产业集聚的开放度，降低集聚的进入与退出壁垒，使企业能够自由进入或退出，这是防止集聚成为孤立的、内向的系统，保证产业集聚持续创新能力的关键。世界各国或地区，为了加速和扶持某特定产业和相关产业的发展，提高其国际竞争力或获得本地区竞争优势，都会在特定的地理区域内制定相应的投资优惠政策和鼓励措施，如土地无偿利用或抵押使用、税收减免、低息贷款、政府担保、免费咨询或服务、人才优待等。这些优惠政策和鼓励措施实质上是意欲提高特定地理区域内企业的产业内壁垒，以使其尽快获得竞争优势，促进产业集聚。因此，政府制定的优惠政策和鼓励措施，往往是特定产业集聚区形成的一个基本原因。

二、产业集聚的形成

（一）形成的条件

产业集聚的产生不仅需要具备一定的经济条件，而且需要特定的社会文化和历史条件。

（1）产业集聚产生的供给条件，主要有：集聚产品存在技术可分性；集聚产品的运输成本低；集聚产品存在丰富的产品差异化机会；企业竞争环境的动态多变与速度的经济性；技术创新的网络性与知识的互通性。

（2）产业集聚产生的需求条件，主要有：集聚产品的消费行为易变性；营销信息沟通的口传性；集聚中企业可获取多方面的需求利益；本地市场的支持与挑剔顾客的存在。

（3）产业集聚产生的社会文化和历史条件。丰富的社会资本与文化资本使集聚内部的经济关系具有很强的社会嵌入性。运行良好的集聚往往存在共同的文化传统、行为规则和价值观。这种社会文化环境氛围促使集聚内部形成一种相互依赖关系，大大减少了交易费用，使企业家之间的协调与沟通容易进行，企业之间的深度劳动分工得以执行。

（二）形成的途径

产业集聚的形成主要通过以下几种途径：

（1）关键性企业的衍生。产业链的形成一般都有一个关键性企业，通过该关键性企业的衍生、裂变、创新与被模仿而逐步形成产业集聚。

（2）中小企业的集中。由于某种共同的低成本和某种特定的地域条件，使得某种类型的中小企业集中分布在特定的地域范围内，从而形成了具有共生性的中小企业群体。

(3) 政府引导与规划。产业集聚在形成之初基本上都是企业在市场力量的驱动下自发形成的，但一旦产业集聚的雏形出现后，地方政府往往会积极参与，通过相应的产业政策热情扶持，对本地产业集聚的跃升起着重要的助推作用。

(4) 城镇化推动。除了一些大的专业性开发园区演变为产业集聚外，我国大部分地区的产业集聚都是在农村与小城镇开始兴起的，这缘于城镇化的快速推进。

三、产业集聚的特征

对于产业集聚的研究，由于研究视角的不同，各种表述不尽相同，但基本内涵却是大致相似的。产业集聚的特征，归纳起来有如下几个方面：

(一) 空间集聚性特征

空间集聚性特征，又称机构稠密性特征，即大量企业、产业在某一特定地理区域内集聚的经济过程或现象。在地理上相对集中的企业和机构基于空间上的接近，经济活动高度密集。这种产业地集中能够产生广泛的集聚经济效应。如可以共享公共基础设施、服务设施、公共信息资源和市场网络；共用某些辅助企业，包括提供零部件或中间产品、加工下脚料或废料以及提供生产性服务的辅助企业；减少能源或原料损耗，缩短原料和产品运输距离，从而节约生产和运输成本；可以面对面地交谈，减少信息搜寻和交易成本；可以增加本地市场需求，提供更多的发展机会；可以促进技术创新，加快观念、思想和知识扩散等。因产业集聚的纵深程度和复杂程度不同，其包括的内容也不一样。一般来讲，产业集聚区内企业相距 1～500 千米不等，而且大约每平方千米有 50 家企业，每平方千米土地面积上产生的产值在 1 亿元以上，高新技术产业在 3 亿元以上。由此可见，空间上的产业集聚是产业集聚的外在表现形式，也是产业集聚的首要基本特征。

(二) 柔性专业化特征

产业集聚内聚集的企业是属于同一特定产业或具有直接上下游产业关联或具有其他密切联系的相关产业的企业，从而形成企业间密切而灵活的专业化分工协作关系。彼此间密切的分工与合作，加之长期所形成的相互信任的产业文化，减少了集聚内企业间的不确定性，降低了企业的交易费用，使区域实现了外在规模经济和外在范围经济。如在乐清柳市低压电器集聚内，有大型企业十多家，中型企业近百家，小型企业近千家及数以千计的家庭作坊式小工厂。大企业集团往往由下属众多的协作企业供应原材料和零部件，然后完成总装，各企业间分工明确。这种灵活的专业化分工，本质上就是企业内部分工的外部化或社会化。

由于存在着这种柔性专业化的企业分工，在产业集聚内，大中小企业与服务单位及政府机构共同构成一个机构完善、功能齐全的生产、销售、服务、信息网络，也就是社会化的市场组织网络或地方产业配套体系。这种柔性专业化在市场需求量、产品构成和产品设计等方面具有快速变化的适应能力，主要体现在以下三个方面：

(1) 产业集聚内的企业生产和管理方式的柔性化。

(2) 产业集聚内企业间的柔性关系，即产业链上下游的供应商和客户企业间的协作关系。

(3) 产业集聚内企业的柔性劳动过程，即学习型劳动力大量出现。

（三）社会网络化特征

产业集聚是一种产业网络体系，包括区内企业与企业之间，企业与地方政府部门之间，企业与各种类型的中介服务组织或企业之间以及企业员工与员工之间的各种正式的和非正式的协作关系网络。这种产业集聚使得大量企业集中在一起，既展开激烈的市场竞争，又形成多种形式的合作，由此形成一种既有竞争又有合作的竞争网络。正式的网络关系表现为各行为主体之间通过各种合同等形成的关系；非正式的网络关系是非合同的，在长期交往过程中所形成的相对稳定的关系。这种合作竞争网络的根本特征是互动互助，集体行动，通过这种合作方式，中小企业可以在培训、金融、技术开发等方面实现高效的网络化互动与合作，克服内部规模经济的劣势，从而能够与比自己强大的竞争对手相抗衡。尤其是非正式网络关系，是在频繁而广泛的非正式的交流和合作中不经意形成的，成为集聚内的一种社会化和社会资本。如意大利产业区特别盛行能有效地扩散和传递隐含经验类知识，可以顺畅信息的沟通，加快观念知识和技术的传播，有效保持和提高区域竞争力，也有助于企业建立战略联盟和伙伴关系，实行柔性的专业化生产。

（四）植根性特征

植根性来源于经济社会学，其含义是经济行为深深嵌入社会关系中，并依赖于特定的社会关系和文化。产业集聚不仅仅是一个从事区域专业化的集聚经济规模体，更是一个主体之间存在复杂相互作用，并有强烈文化同质和植根性的社会有机系统。首先，产业集聚内众多主体是多种身份，既有竞争合作关系，又有服务机构，即政府机关部门等。其次，产业集聚内众多主体和法人机构间通过组成复杂的网络组织结构，形成比市场稳定、比企业灵活的制度联系，在合作竞争的战略组合中，构成地方生产体系和区域创新体系。最后，网络组织具有强烈的社会植根性特征，社会资本的质量和数量对产业集聚的运行效率产生着重大影响。共同的社会文化环境产生信任、理解和相互合作、相互信任和满意，成为区内最具有价值的资源。产业集聚是一种积极加入全球分工而又与本地社会文化高度融合的本地化产业集聚。

第三节　产业集聚的效应及集聚差异

一、产业集聚的效应

当今世界的经济版图上，产业并不是均匀分布的，而是呈现出高度集聚的特征。集聚内的企业通过共享基础设施和市场及技术信息，创造良好的产业软环境，形成完善的创新体系，从而促进产业的发展。正如波特所述，产业集聚是一个国家或地区竞争优势的重要来源。产业集聚之所以能够具有如此大的促进经济发展的作用，关键就在于它本身所特有的集聚效应。

（一）外部规模经济效应

产业集聚的地理集中性，使得大量联系密切的企业以及相关支撑机构相互集中在特定的地域范围内。这一主要特点让集聚内的企业可以共享公共基础设施、市场信息资源和市场网络；可以共同利用某些辅助企业，包括提供零部件或中间产品、加工下脚料或废料，以及提供生产性服务的辅助企业，节约生产和运输成本；可以面对面交谈，从而增加了解与信任，并互通情报，减少信息搜寻和交通成本；可以促进技术创新，加快知识的扩散等，由此产生了外部规模经济效益。

比如中间投入品集聚效应表现在两个方面：一是降低运输成本。同类企业集聚在中间投入品供应商周围，可以大幅减少运输费用，尤其是对中间投入品运输费率较高的企业。二是降低中间投入品的价格。尤其是对中间投入品所占比重高的企业或行业来说，中间投入品价格越低，企业的盈利空间就越大。这种集聚效应主要体现在机械制造业对特种钢材的需求，电子设备制造业对电子元器件的需求，服装制造业对纽扣的需求等方面。

（二）专业化分工效应

产业的专业化集聚是建立在地方化经济基础上的。地方化经济是指当某一个产业生产规模不断扩大时，该产业中的企业生产成本不断降低。所谓专业化集聚，是该地区某产业中的同类企业集聚在一起形成的区域专业化优势。在这样的产业集聚内，大量的企业相互集中在一起，企业间形成密切而灵活的专业化分工协作关系。集聚内按照产业链的上下游关系，各企业间分工明确。而且随着产业的发展，进一步促进了生产性专业化，原来内化在集群龙头企业中的生产性服务逐渐垂直分离出来，形成新的企业集聚在原主导企业周围进行配套的专业化生产服务。大量的专业化企业集聚在某一特定区域，使区域实现规模生产，相应地集聚创造一个较大的市场需求空间，对分工更细、专业化更强的产品和服务的潜在需求量也相应增加，从而改善了生产函数和需求函数。同时各企业与服务单位及政府机构在一起，共同构成了一个机构完善、功能齐全的生产、销售、服务、信息网络，从而形成专业化的生产和服务。

（三）集体效应

在产业集聚内，企业间的竞争与协作关系，使得彼此间形成了一种互动性关联。企业可以在培训、金融、技术开发、产品设计、市场营销、出口、分配等方面，实现高效的、网络化的互动和合作，以克服其劣势方面，如共享劳动力市场。在1995年，克鲁格曼提出了一个著名的群落共享劳动力市场的模型：假设某个行业的企业一年中可能出现淡旺季，某企业在旺季产品需求量大时，扩大生产要求有较高的劳动力需求；淡季产品需求量小时，相应降低劳动力需求。如果两个同类企业，淡旺季能错开的话，就可以共享这一劳动力市场。反之如果这两个企业孤立于两地，那么各自将面对单一不可流动的劳动力市场。

克鲁格曼的模型是集聚内企业通过共享劳动力市场，可以抵消淡旺季不确定带来的劳动力成本变动风险。在实际的集聚内，同类企业的数量庞大，劳动力在众多企业间自由流动，不仅可以稳定劳动力市场的工资，还可以缓和各类不确定性带来的风险，这样企业间可以减少生产成本，共享集聚内的类似集体效应。

（四）区域品牌效应

区域品牌是产业区品牌的象征，如法国的香水、意大利的时装、瑞士的手表、日本的精密机械等。企业通过集聚，集中广告宣传的力度，利用群体效应，形成区域品牌。在广告宣传上，集聚有助于调动企业投入的积极性，改变企业因单个广告费用大而不愿投入的状况，消除经济外部性，使集聚内的每个企业都能受益。

同时，区域品牌与单个企业品牌相比，更形象、直接，是众多企业品牌精华的浓缩和提炼，更具有广泛的、持续的品牌效应。相对于企业集聚，单个企业的生命周期是相对短暂的，品牌效应难以持续，集聚中的企业遵循优胜劣汰的竞争规律，只要不是由于技术或自然资源等外部原因使集聚衰退或转轨，区域品牌效应更易持久，因此，区域品牌对集聚内企业是一种很珍贵的无形资产。

二、不同产业集聚的差异

在三次产业中，因产业的特点不同，而出现产业间集聚的差异，哪些产业倾向于集聚？哪些产业一般不会集聚？

（一）产业集聚对第一产业影响在变强

目前为止，第一产业不易出现大规模的集聚生产。从外部经济来看，它对第一产业影响不明显，反而有些行业会出现外部规模不经济的现象。如渔业，在同一片海域的捕鱼户越多，有限的鱼群资源被分摊到渔户就越少，如若有石油泄漏及类似 2011 年东日本大地震造成的核电站事故等对海水的污染，会使捕鱼户遭受致命的打击。关于劳动力市场共享、中间投入品效应，在美国等大农场生产中会发挥一定作用，但像我国实行的是家庭联产承包责任制，以农民自己耕种为主，很少涉及农民雇佣劳动力的情况，因而在中间投入品方面只有很小的耕种器具、化肥等需求。

随着农业生产机械化程度的提高，农业区划生产的增强，虽然第一产业的收益几乎与土地面积成正比，不存在集聚的报酬递增效应，但传统的农民自己耕种出现了各种弊端，集中生产在部分地区已经初具规模。这要求种植作物的季节性、要求劳动力市场共享，机械化程度提高、大规模生产要求加强产业链，随之产生中间投入品效应。由此可见，随着第一产业的发展，产业集聚在第一产业中的影响力在增强。

（二）第二产业集聚效应明显

在第二产业的诸多部门中，制造业集聚效应最为明显。对于制造业，外部规模经济效应明显，品牌效应、信息扩散效应、劳动力共享、中间投入品规模经济等因素突出，很容易形成产业集聚。制造业集聚通常具有很强的产业属性和地理特性。根据产业属性，制造业集聚又可细分为三类：高技术产业集聚、传统产业集聚和资本密集型产业集聚。

（1）高技术产业一般是指研究与技术在生产或服务中起关键作用的产业部门，产业中企业的创建和发展主要依托当地的大学和研究机构等提供高素质的劳动力、技术专家或技术成果等。其主要包括计算机网络技术、生物技术等高技术产业，具有高附加值、高投资、高风险、高收益等特点，主要集聚于大城市或教育、科技中心地区，在国家或国际竞争中具有重要位置。在这类产业中，知识技术密集、能源消耗少、R&D 投入高等现象明显，因此这类产业集聚的信息和技术扩散效应明显。此外，集聚中的劳动力素质普遍较高，还对应着有较强的同类劳动力市场共享效应。典型的高技术产业集聚有美国的硅谷、波士顿 128 公路、德州的奥斯汀，印度的班加罗尔地区，以色列的特拉维夫，英国的剑桥工业园，法国的索菲亚等。

(2) 传统产业是一个宽泛的历史性概念，各个国家的传统产业不同。传统产业的普遍特点是劳动力密集，以制造加工为主，因此廉价劳动力市场的共享、中间投入品的规模经济对传统产业集聚有较大影响。典型的传统产业集聚有：意大利艾米莉亚-罗马格纳地区，中国浙江海宁、柳市、绍兴，印度的加尔各答等。值得一提的是，我国的传统产业主要以手工业或劳动力密集型的传统工业部门为主，如大量的中小企业发展纺织、制鞋、家具等技术含量低的行业。这类企业集聚劳动分工精细、专业化程度高，集聚根据发展阶段而出现不同的企业规模机构，如在初创期的浙江大塘镇袜业企业集聚主要以中小企业甚至家庭作坊为主；而处于成长期的鄞县纺织制衣业则以大中型企业为主，如雅戈尔、杉杉、罗蒙等公司；而处于成熟期的"第三意大利"主要以中小企业为主，但也有一些产业集聚内大公司发展成为跨国公司，并支配着产业集聚的发展。

(3) 资本密集型产业集聚主要包括资本密集型的重化工业和制造业。一方面，它们具有大批量生产的特征，同时也面临市场需求多样化的挑战；另一方面，技术进展主要以激进型创新为主，如产品创新或整个生产工艺过程的重大变革，但同时也要面对渐进型创新的挑战，如生产的"柔性"问题。典型的资本与技术结合型产业集聚有：日本的大田汽车城，德国南部的巴登-符腾堡等。我国的许多国有企业产业集聚也是这类集聚，在计划经济时代主要依托国家大规模投资，形成以资本密集大中型企业为主，随着经济转轨和民营企业的发展，中小企业围绕大中企业形成产业集聚，如广东中山以 TCL 等为首的家电产业集聚。

(三) 第三产业集聚现象十分明显

以流通服务业为主的第三产业，在经济发展的初期，以"小而多""杂而乱"为主要特征，并没有表现出大规模的集聚现象。随着社会经济的发展，特别是第三产业经济产值比重在国民经济中不断提升，以服务业为主的第三产业呈现出强大的集聚特性。服务业集聚的原因主要在于其地理位置的接近导致企业联系增加，会带来一系列的外部经济效应：如地理位置的接近，使无论合作还是竞争的企业间的交往变得密切，促进了新思想、新知识、新观念的传播，"学习经济"使企业的研究和创新能力得到增强。又如多个企业的互相联系、互相补充，上下游的协调，使集体的生产方式灵活，协调成本降低，生产集体的高效率保证了企业可以对市场信息和新技术快速吸收，能够对多样化的消费需求做出及时反应。需要说明的是，一些大城市中心出现的"总部经济"，作为服务业中一项特别的中间投入品，对服务业的集聚产生了很大影响。

对于服务业集聚，有的学者认为是某一领域内具有共同性质或互补性质的服务企业形成的地理近邻现象，集聚区中的企业通过市场和非市场的联系而形成相互竞争、相互合作和依赖关系，相互作用使范围经济和规模经济效应明显。也有不同的观点，认为服务业集聚是伴随现代技术变革、产业分工深化和经济社会发展，相关企业及其支撑体系在一定区域内大量集聚发展并形成的具有持续竞争优势的经济集群落。在这个概念下，服务领域内相互关联、互补与竞争的企业聚集，会形成上、中、下游结构完整的、多维度的、网络状的、知识密集的有机体。其中，政府在服务业发展中所起的支持引导作用也不可忽视，如我国浙江省政府先后出台了多项政策措施，从用地、用工、税收、电力等多个方面对服务业集聚发展给予政策支持，同时大力宣传，使服务业集聚区得到快速发展。

思考题

1. 关于产业集聚的研究主要理论流派有哪些？说明它们的主要观点。
2. 请阐述产业集聚的类型。
3. 产业集聚形成的原因是什么？有哪些主要特征？
4. 产业集群有哪些效应？
5. 产业集聚在不同产业间有什么样的差异？

第十一章　产业政策

第一节　产业政策概述

在市场经济中，产业不可能自动地或者完全地靠市场机制作用自发实现结构合理化和高级化，实现各产业比例合理、布局合理、组织完善和发展健康，政府必须适当地进行管理和调控。因此，人们对政府在市场经济中发挥作用的原因、范围和方式等进行了广泛深入的研究，并在实践中不断探索。政府主要采用制定和执行产业政策的方式对产业的状况及其发展实行必要的干预。

一、产业政策的含义

1. 产业政策的定义

产业政策一词最早出现在 1970 年日本通产省代表在经济合作与发展组织大会上做的题为《日本的产业政策》的演讲中。此后，有关产业政策的研究不断扩展，并逐步在各国政界和学术界受到关注。

虽然在 20 世纪 70 年代以前，多数国家尚没有产业政策一词，但国家对产业活动实施政策干预的史实却可以追溯到人类文明的早期。如果把农业视为国民经济的基础产业，那么，东西方各国在封建时代大都出现过政府出面组织兴修水利设施、奖励处女地开垦、保护封建主土地和财产权，以及后来在组织市场交换、维护市场秩序、奖励发明创造等方面的实践。所有这些政府行为，都是广义产业政策实践的原型。概括地讲，产业政策是一个国家的中央或地区政府为了其全局和长远利益而主动干预产业活动的各种政策的总和。

2. 产业政策的构成要素

一般而言，产业政策的构成要素包括：产业政策的主体、客体和运行环境。

(1) 产业政策的主体是指产业政策制定、执行、评估和监控环节的承担者。

(2) 产业政策的客体是指产业政策所发生作用的对象，包括产业关系、产业运行和产业发展。产业政策一般覆盖微观、中观和宏观各个层面。

(3) 产业政策的运行环境是指影响政策产生、存在和发展的一切因素综合。政策环境包括自然环境和社会环境两大部分，其中经济社会状况、体制和制度条件、国际环境三个因素对产业政策的影响最大。

3. 产业政策同其他经济政策的关系

西方学者通常将产业政策、财政政策和货币政策并称为三大经济政策。这虽然大致反映了三种经济政策具有同等地位的事实，但并没有理清它们之间的相互关系。日本学者提出，产业政策与财政政策、货币政策不是并列关系，不应当将它们相提并论。因为三者不遵循统一的分类标准，其着眼点也有所不同。产业政策表明它的作用对象和范围是产业全体，而财政政策和货币政策则表明它们分别以财政手段和金融手段为政策工具，其影响范围则是超越财政和金融部门本身的。事实上，产业政策在多数情况下都需要财政政策和货币政策的配合才能付诸实施，也就是说，财政政策和货币政策经常充当实现产业政策目标的基本工具，它们之间是相互交叉、不可截然分离的。

二、产业政策的起源与发展

1. 产业政策的“萌芽”时期

随着农牧业文明开始和国家的诞生，催生了古代的产业政策思想萌芽和实践，而且经历了几千年的历史孕育，成为世界文明史上的一颗硕果。我国最早的具有产业经济思想的“经济政策”出现在春秋战国时期越王勾践的休养生息政策，后来三国的“屯田制”、北魏和唐初的“均田制”，也具有“经济政策”的特性。古埃及统一管理全国水利系统和开凿新水渠、扩大耕地面积的政策，古巴比伦严格保护私有财产的《汉谟拉比法典》，都被一些欧美学者认为是产业政策的原始表现形式。虽然相对于现代意义的产业政策来说，当时并不存在独立的产业政策，但是其思想和实践对推动一国的经济发展却起到了重大作用。

2. 现代产业政策的产生

(1) 现代产业政策的思想及其实践产生于大工业发展时期，但还未形成独立的产业政策体系。17 世纪 40 年代，英国政府为维护其世界霸主的地位，制定了一系列的贸易保护政策。其主要政策措施是：实行高额关税，限制外国商品的输入；保护航运业，航海贸易必须使用英国船舶；扶持出口工业；禁止优秀技工擅自离开国境等。相对于英国的后发国家美国、德国、法国、意大利等欧美国家，也采用过类似的政策。

(2) 产业政策体系构建于现代信息文明时期。被称为世界产业经济学主流学派的哈佛学派、芝加哥学派、新产业组织理论学派、新奥地利学派，各学派在构架自己的产业经济学（又称产业组织学）理论体系中，都注重所谓“公共政策”的研究，这些研究成果不仅为以后的产业政策研究奠定了基础，而且也是各国制定产业政策的理论依据。产业政策发展为独立的政策体系始于日本。1970 年，日本通产省代表在经济合作与发展组织(OECD)大会上，正式提出“产业政策”一词及相关概念，使得有关产业政策体系的研究进入一个新阶段。

(3) 我国产业政策的实践始于新中国成立初期，发展于改革开放后。在毛泽东《论十大关系》等理论思想的指导下，我国第一至第六个五年规划中，分别提出了对农轻重诸项产业的发展措施，为新中国的经济发展奠定了政策基础。1978 年改革开放后，产业政策逐渐成为一项重要的国家经济政策。1986 年，在第七个五年发展规划中，首次列入产业政策专章。自 20 世纪 90 年代初，我国先后制定了《90 年代国家产业政策纲要》《汽车工业产业政策》等一系列政策。目前，我国产业政策已成为一个较为完备的政策体系。

三、产业政策的作用与局限性

（一）作用

产业政策的作用主要有以下几个方面：

1. 弥补市场失灵的缺陷，有效配置资源

市场失灵理论认为，由于市场机制存在如垄断、外部性、信息不对称等不完善之处，不能实现资源有效配置；那么，运用非市场调节手段进行干预，发挥政府经济职能去弥补市场机制的缺陷便成为需要。在市场失灵领域，如果仅仅依靠市场机制，就无法避免垄断、不正当竞争、基础设施投资不足、过度竞争、环境污染、资源浪费等现象的发生与蔓延。历史经验表明，各国产业政策的最普遍作用，就是弥补市场失灵的缺陷。例如，通过推行产业组织政策和产业结构政策，政府可以限制垄断的蔓延，促进有效竞争的形成，加速产业基础设施的建设，治理环境污染与生态失衡，加快教育与科技的发展等。

2. 缩短赶超时间，实现超常规发展

赶超理论从发展中国家在劳动力成本、引进技术、规模经济等方面存在的“后发优势”出发，主张通过制定和推行合理的产业政策，来实现经济的超常规发展，缩短追赶先进国家所需的时间。因而，产业政策是政府在市场机制基础上更有效地实施“赶超战略”的需要。例如，发展中国家在经济“起飞”的初期都会遇到基础设施(交通、电力、通信等)和基础工业(重工业和基础化学工业等)薄弱的“瓶颈制约”，它们对整个经济发展具有重大的促进作用，而本身却投资巨大、盈利能力差、资本回收期长，仅仅依靠市场机制无法在短期内达到经济“起飞”所要求的条件。此外，通过有秩序地扩大对外开放，制定和实施出口导向型产业政策，政府可以有效地促进本国产业参与国际分工，从而充分利用后发优势，在技术和管理领域较快地接近国际先进水平。

3. 保护幼稚产业，增强国际竞争力

幼稚产业指发展中国家相对于发达国家的成熟产业而言，新建起来的仍处于“幼小稚嫩”阶段的产业。发展中国家的这些产业由于刚刚建立，缺乏国际竞争经验，没有能力与发达国家的成熟产业进行竞争，如果对这些产业不加以适当保护，很有可能会摧毁具有前途的幼稚产业。因此，发展中国家政府为发展民族产业，提高产业的国际竞争力，建立起本国的产业结构体系，一般都会对具有发展潜力的幼稚产业实施一定的保护措施。

4. 实现衰退产业的平稳调整，促进产业结构合理化

发展中国家的经济发展中，产业结构的升级变化很快，经济高速增长往往伴随着经济结构的剧烈变化，导致某些行业在经历了一段时间的急剧扩张之后，出现生产能力过剩和退出障碍问题，使整个行业陷入困境。依靠市场机制虽然可以较好地实现资源的有效配置，但市场的力量往往是盲目的，因而不可避免地伴随大量的资源浪费。产业政策作为政府行为，完全可以根据科学的预见实现事前调节，避免不必要的资源闲置和浪费。产业政策在产业结构领域中的表现尤为显著。通过制定和实施产业结构政策，政府这只“看不见的手”可以有效地支持未来主导产业和支柱产业的成长壮大，可以有秩序、低成本地实现衰退产业的撤退和调整，从而加速产业结构的合理化，实现产业资源的优化配置。

(二) 局限性

1. 产业政策并非对任何产业都具有同等作用

产业政策对绝大多数产业的发展来说，是一种外在变量。产业政策只有对产业的内生变量(技术、资金、人才等生产要素)的投入和运作发生积极影响时，才能促进产业更好地发展。一般而言，针对收入弹性高、生产效率高、在国际贸易上有发展前途的产业，实施产业政策才会有明显效果。

2. 实施产业政策需要一定的成本和代价

实施产业政策是一种政府行为，无论采取任何政策手段，都需要一定的政策性投入，力度越大，投入成本越高。政府在实施产业政策时需要花费的成本包括决策成本、实施成本、机会成本、矫正成本、寻租成本等。能否成功地实施某项产业政策的重大制约因素之一是国家的财力和融资能力。因此，就任何一项产业政策而言，都应该对实施产业政策所涉及的各种"成本"和"收益"进行预期的综合评价，最后以政策总成本和总收益比率来判别产业政策实施的可行性。另外，还存在一个"机会成本"问题，在某些情况下，实施一项产业政策必定以丧失部分市场功能为代价，通过产业政策解决产业发展和优化问题不一定比通过市场机制的成本低。

3. 实施产业政策存在失败的可能性

由于产业政策的制定者和执行者有可能存在"信息局限性"和"利益局限性"，将会出现确定政策目标违背客观经济规律、政策措施与目标不配套、手段不合理、政策环境发生不可预见的变化等问题，使得产业政策的效果事与愿违，甚至适得其反。要避免政策失败，就要对产业政策的制定、实施、检验等各个过程进行严格控制。

四、产业政策的类型与特征

（一）产业政策的类型

根据各国产业政策的比较研究，产业政策按照其功能，可分为产业组织政策、产业结构政策、产业布局政策和产业技术政策；根据政策的实施对象，可分为农业政策、能源政策、对外贸易政策、环保政策等；根据特定目标，还有综合性政策，如中小企业扶持政策等。

（二）产业政策的特征

产业政策作为政策体系的一个组成部分，具有政策的共同特征，如客观性、政治性、权威性、制约性、时效性、指导性、体系的协调性等。同时，它还有以下特征：

1. 时代性

产业政策随时代的发展而演变，具有鲜明的时代特征，工业化初期的产业政策必然有别于发达工业化时代和后工业化时代的产业政策。目前人类社会正在向信息经济时代迈进，产业政策面临着一系列全新的课题，各国尤其是发展中国家都需要适应知识化、信息化、全球化的挑战，必须迅速调整本国的产业结构，加快知识化、信息化进程，实现产业结构优化升级，更好地参与国际分工，提高本国产业的国际竞争力。

2. 民族性

首先，大量事实证明产业政策是维护民族经济利益的工具，不存在与民族经济利益相脱节的产业政策，各国的产业政策都力图维护自身的民族利益。后发的德国、法国、日本在实现赶超目标的过程中，对弱小的民族工业普遍采用过保护和扶持的政策。其次，产业政策必须同具体国情相适应。各国所处的经济发展阶段不同，产业发展的条件、状况、存在的问题和面临的任务也不完全相同，产业政策的内容和效果必然要受国情的制约，因此制定产业政策必须从国情出发，否则就不可能发挥应有的作用。第三，决策者的偏好、利益集团的力量对比关系等因素也会对制定和执行产业政策产生影响，从而形成各国产业政策的独特性。

3. 市场功能弥补性

强调产业政策的“市场功能弥补性”，是由于在现实的市场经济活动中，存在着市场失灵的可能性。产业政策的重要功能之一在于弥补市场机制的缺陷和不足，能够有效地解决市场失灵问题。日本通产省官员曾经对日本产业政策的成功经验做出精辟的概括：“日本产业政策的基本理念是以市场自由竞争原理为基础。所以，我们最关心的是寻找如何通过最有效地保障市场功能来充分发挥个人和企业的创造性与活力的方法。”

五、产业政策的演变与趋势

1. 演变规律

随着各国对产业政策理论和实践研究的不断深入，产业政策的演变呈现出以下几个特征：政策制定由零星分散向系统化、规范化发展；政策目标从单一化向多元化发展；政策对象从局部产业向全体产业扩展；政策手段从直接干预为主向间接干预为主转变；政府推行方式从日常行政为主向法治化方向转变；产业政策决策方式向民主化、科学化转变。

2. 发展趋势

由于经济全球化进程的加快，各国在经济贸易领域的关系日趋紧密，利益得失交织，使得各国产业政策的取向朝着趋同化方向发展。

(1) 各国对产业政策的功能定位正在趋向一致，即都在向弥补市场缺陷方向靠拢。

(2) 产业政策对象的趋同，即企业制度改革都在向所有权与经营权分离、建立和完善现代企业制度方向演变。

(3) 产业目标与手段的趋同，即各国的产业政策都以维护本国经济利益、增强本国产业的国际竞争力为基本目标，而采取大致相同的行政、经济和法律手段。

(4) 产业政策内容的趋同，即政府目标、企业制度等方面彼此接近和利害关系上的一致性，加速了经济共同体的形成。

(5) 产业政策的独特性。上述发展趋势最终要受到各国体制、国家利益、基本经济制度的限制，不可能形成适应于任何国家的统一产业政策。

第二节　产业政策的制定

一、制定产业政策的主体

关于产业政策的制定主体，大多数学者认为是政府，其中，苏东水明确指出制定产业政策的主体是中央政府或者地方政府。我国于 1989 年颁布的《国务院关于当前产业政策要点的决定》指出“产业政策的制定权在国务院”，“各部门和各省、自治区、直辖市及计划单列省辖市人民政府，应根据国家产业政策，结合本部门、本地区的特点，拟定实施办法，并报国务院备案”。实践中，与经济事务相关的政府各职能部门，甚至跨国区域合作组织（如欧盟）都可以是产业政策的制定主体。

二、制定产业政策的作用对象

顾名思义，制定产业政策的作用对象是产业或者产业活动。但是对于具体针对哪些产业还存在着分歧。小富隆太郎等在《日本的产业政策》中指出，产业政策所针对的产业主要是指制造业，其中包括大部分能源产业，农业、建筑业、服务业和交通部门并不包括在内。然而，目前人们普遍认为的是，作为产业政策的作用对象的“产业”应当包括全部第一、第二产业和绝大部分第三产业。其原因主要有两个：

（1）从产业的内涵来看，产业本来就包含了三次产业分类法中的第一、第二及第三产业。因而，如果只认为促进第二产业发展的政策属于产业政策，而把农业发展政策和第三产业发展政策排除在产业政策之外，在逻辑上是说不通的。

（2）从历史和实践的角度看，西方发达国家在工业化过程开始之前大多采取了积极的农业发展政策，为启动工业化提供了重要资金和人力条件；直到现在，农业补贴政策依然普遍存在于西方国家。目前，我国大部分地区农业基础薄弱，第三产业发展滞后。出于产业发展的需要，我国产业政策中的“产业”也应该囊括第一产业和大部分第三产业。

综上所述，三次产业分类中，除了“公共管理和社会组织、国际组织”等不应当包括在产业政策的“产业”范畴之内外，其余部分都应该成为产业政策的作用对象。

三、制定产业政策的基本原则

产业政策的制定是为了弥补市场失灵，实现一定的经济目标。要使其在经济发展和经济运作中发挥有效的作用，政策制定者必须根据本国的基本国情，对政策的制定进行科学分析与研究。在制定过程中主要遵循以下三个原则：

（一）针对性

产业政策的制定必须结合本国的基本国情，针对当时的环境和条件，主要体现在以下三个方面：

（1）必须弄清楚该产业政策所针对的相关方面（如产业结构方面、产业组织方面或者产业布局方面等）的历史发展、现状和面临的问题。

（2）应该充分论证产业政策的目标，包括总体目标和分阶段、分层次目标，并协调好它们之间的关系。

（3）对产业政策实施后能否达到政策制定的目标进行预测，并对其可能取得的效果进行评估。

（二）连续性

经济发展是一个连续性过程，这就要求产业政策的制定也应遵循连续性原则。

（1）政策本身及其所能达到的效果有长期与短期、总体与具体之分，所制定的短期政策的目标应服从长期的政策目标，同时，各个时段所制定的政策也应当保持协调。另外，具体政策的功能也应与总体政策保持一致。

（2）为了防止因决策机构或具体的政策制定者的变化而发生随意性变化，组织工作也应保持一定的稳定性和连续性。

（三）导向性

产业政策的制定不应总是事后的调节，应发挥其主动性和预见性，在市场经济运行过程中主动制定相关的产业政策，引导其发展。同时，产业变动具有一定的周期性规律，应充分发挥产业政策的导向功能，在顺应产业成长周期的前提下，进行必要的调节，以实现经济持续稳定发展。另外，产业政策的制定应对经济发展的趋势有一定的预测作用。

四、影响产业政策制定的主要因素

（一）不同利益集团的利益要求不同

（1）各个国家制定产业政策的背景不同，其利益要求也不同。对发展中国家来说，国民经济发展不平衡往往使其产业政策带有国家指令性规划的性质，担负保证国民经济“按比例协调发展”的任务；而对发达国家而言，产业政策的制定主要针对公共物品、外部性、公平竞争、对外贸易、科技开发等问题。

（2）政府包括中央各部门和各层次的地方政府，在产业政策制定过程中，各部门、各地区都会竞相提出各种理由，以使中央制定产业政策时倾向于他们。

（3）产业政策的制定者在考虑“全局利益”的同时，也有其自身的利益取向。决策者的偏好、认识水平和决策习惯等都会对产业政策的制定产生一定的影响。

（二）信息的完全程度

产业政策的制定需要及时、充分地把握决策信息，决策信息的完全程度对产业政策的制定有很大的影响。

（1）从国际情况来看，各个国家经济发展的起点、阶段、条件、环境不同，社会制度和经济体制也有很大的差异，其他国家运用产业政策的经验、方法应与本国实际相结合，选择合适的产业政策。但在实际中，由于政策环境的差别，各国产业政策理论都不可避免地在传递过程中出现信息扭曲问题，导致对产业政策的合理性判断出现问题。

（2）从国内情况来看，政府与企业之间、政府各部门之间以及各级政府之间存在不同的利益取向。

（3）信息传递过程中存在的不完全、不充分、不对称、扭曲等问题，导致政策决策层难以掌握正确决策所需要的有关信息。

（三）“成本-收益”的比较

产业政策的制定需要付出较大的成本，同时在不同程度上也能获得一定的收益。只有当收益大于成本，或依靠制定产业政策所花费的成本小于依靠市场机制调节所付出的成本时，产业政策的制定才能行得通。所以，“成本-收益”的比较分析也是制定产业政策的影响因素。

（四）技术的局限

众所周知，产业政策的制定可能由于多方面的原因出现失误，尤其是技术层面的局限。

（1）如果没有采取科学的方法和程序，政府可能会对问题判断失误，不能准确预测未来，从而制定不合理的产业政策。

（2）即使政府采取了科学的方法和程序，但由于产业发展前景存在大量不确定性因素，预测也会变得困难，仍有可能出现预测失误。

（3）由于学者的研究背景和方向不同，学术界的看法有可能出现重大分歧，在此情况下，政策决策者难以鉴别和选择正确的意见。

（4）不同利益集团的舆论倾向也可能左右政策的制定。

五、制定产业政策的目标

政府或相关部门总是为实现一定的经济目标而制定产业政策。根据其实施的时间长短可以分为初级目标、中级目标和高级目标。

（一）初级目标

促进或抑制特定产业的发展，也是产业政策的短期目标。如增强对新兴产业的技术和资金投入；保证科研和产业技术领先；选择和嵌入主导产业；组织衰退产业的生产力转移。

（二）中级目标

促进产业内部和产业间关系的优化。如在信息化、网络化的基础上推动企业之间的战略联盟和企业内部组织的扁平化，提高产业的组织效能；促进技术开发和应用推广，提高产业效率。

（三）高级目标

产业全局性和长期性发展。协调经济发展和环境保护的关系，增强综合国力，也是产业政策的长期目标、最终目标。如扩大知识资本的比重，确保经济的持续增长；在经济全球化的过程中审时度势、趋利避害、确保国家经济安全；扩大科技、经济和贸易领域中的国际交流与合作，更好地利用国际市场和国际资源等。

产业政策的三个目标层层递进，前者是后者的基础，后者是前者发展的结果。国家应根据本国所处的经济发展阶段，合理制定相应的目标。

第三节　产业政策体系

产业政策涉及产业活动的各个方面，存在各种不同的类型。产业政策是由多种多样的有关产业的政策构成的一个体系。产业政策体系主要由产业结构政策、产业组织政策和产业发展政策构成，这三大类产业政策又分别包括多种不同的具体政策。

一、产业结构政策

（一）产业结构政策的含义和目标

产业结构政策，是政府根据一定时期社会经济结构的内在联系而揭示的产业结构发展及过程，并按照产业结构演变规律，规定各产业在国民经济中的地位和作用，确定产业结构协调发展的比例关系，以及保证这种结构变化应采取的政策措施。

产业结构政策的基本目标是实现产业结构的优化升级。它的主要任务是按照产业结构变化的规律，调整不合理的产业结构，纠正失衡的比例关系，弥补短线产业，缩短长线产业，克服瓶颈制约，正确选择主导产业，扶持弱小产业，改造传统产业，淘汰落后产业，发展高新产业，提高产业发展的层次和技术水平，实现产业结构的合理化与高级化。产业结构政策的最终目标是推动经济增长。

（二）产业结构政策的内容

产业结构政策的根本问题是要研究资源在产业间的配置和再配置，需要解决的主要问题是：在发展一国经济时，具体应着重发展什么主导产业？培育什么新兴产业？限制发展乃至压缩淘汰什么产业？基于此，其主要内容包括：主导产业的选择与保护政策、支柱产业的支持政策、幼稚产业的保护政策和衰退产业的调整政策。

1. 主导产业的选择与保护政策

主导产业是指在经济发展过程中，或在工业化的不同阶段上出现的一些影响全局的在国民经济中居于主导地位的产业部门，具有较强的前后关联性，其发展能够波及国民经济的其他产业部门，从而带动整个经济的高速增长。国家应正确选择主导产业，并采取种种优惠政策。

在一个国家工业化演进过程中，带动国民经济增长的主导产业是交替变化的。在各国工业化的不同时期，其主导产业是不同的。国家应对主导产业实施各种优惠政策，例如：国家投资的重点倾斜，财政方面贴息、减免税、特别折旧等；在贸易保护措施方面，采取出口补贴、外汇控制等；在金融政策措施方面，采取低息贷款、政府保证金、特别产业开发基金等；在经济法规措施方面，采取如特殊产业的振兴与保护法规等。

2. 支柱产业的支持政策

支柱产业是指在国民经济体系中占有重要的战略地位，其产业规模在国民经济中占有较大份额，并起着支撑作用的产业或产业群。从时间发展过程来看，一国经济发展就是支柱产业不断更替的过程。因而，政策制定者应根据产业结构演进的一般规律和产业结构优化的目标，结合国家或者地区经济的实际情况，采用经济或者非经济的一系列政策，对于在一国经济中贡献比较大、符合该国或地区经济发展规划的产业予以一定的支持。可以采取以下措施：制定并颁布发展支柱产业的战略和法规、鼓励国内支柱产业引进先进的高新技术、在税收方面给予种种优惠以及政府鼓励商业银行低息贷款给需要支持的支柱产业等。

3. 幼稚产业的保护政策

幼稚产业是指工业后发国家新建起来的，相对于工业先行国家成熟的同行产业而言，处于“幼小稚嫩”阶段、还未形成竞争所必需的市场关系的产业。从长期看，具有收入弹性大、技术进步快、劳动生产率提高快、发展潜力大等特点，有可能成为未来的主导或支柱产业，但目前却比较弱小、发展不成熟、缺乏比较优势，需要政府采取措施鼓励、刺激和保护其发展。

4. 衰退产业的调整政策

衰退产业是指由于技术进步或需求发生变化等因素致使市场需求减少，生产能力过剩且无增长潜力的产业。衰退产业的出现与产业的不断升级有直接关系。产业结构政策不仅要保护和扶植主导产业的发展，而且要对衰退产业实行调整和援助政策，其目的在于帮助和促进衰退产业有顺序地收缩，使衰退产业的资源顺利地流向其他产业，实现资源的优化配置。

二、产业组织政策

（一）产业组织政策的含义和目标

产业组织政策是指为了获得理想的市场绩效，由政府制定的干预和调整产业的市场结构和市场行为，调节企业间关系的公共政策。产业组织政策既要促进企业间的相互分工与协作，促进企业联合，使企业获得规模经济的利益，又要保护企业的竞争活力，防止企业因过度追求规模经济而形成垄断。

产业组织政策的总目标是试图通过规范企业的市场行为和控制市场结构，促进产业组织的有效竞争，以此获得良好的市场绩效。

（二）产业组织政策的内容

由于各国在不同时期的经济发展水平和具体产业特点不同，不同国家或一个国家在不同时期所采取的产业组织政策的侧重点也是不同的。但总体来讲，根据政策手段的不同，产业组织政策可以分为产业组织合理化政策（或称为市场结构控制政策）和产业竞争政策（或称为市场行为控制政策）两大类。

1. 产业组织合理化政策

产业组织合理化政策是旨在促进规模经济形成、改善产业组织结构、建立大批量生产方式和增加产业利润、实现产业振兴的产业政策。其主要包括：规制政策、规模经济政策和企业兼并重组政策。

规制政策是指政府通过立法或政策对构成特定社会的个人或经济主体的活动进行限制的行为，这里主要是指经济性规制，即在自然垄断和不完全竞争以及信息不对称的领域，为防止发生资源配置的低效率和确保使用者的公平使用，政府和社会公共机构用法律权限通过许可和认可等手段，以对企业的进入和退出、价格、服务的数量和质量、投资、财会等有关行为加以规范和制约。

规模经济政策和企业兼并重组政策是指政府通过引导和支持产业中的骨干企业改组、联合和协作，扩大生产规模，加强专业化协作程度，从而增强这些产业的国际竞争力。中国《国民经济和社会发展第十个五年计划纲要》中就包含了产业合理化政策，即按照专业化分工协作和规模经济原则，依靠优胜劣汰的市场机制和宏观调控，形成产业内适度集中，企业间充分竞争，大企业为主导、大中小企业协调发展的格局。通过上市、兼并、联合、重组等形式，形成一批拥有著名品牌和自主知识产权、主业突出、核心能力强的大公司和企业集团，提高产业集中度和产品开发能力。

2. 产业竞争政策

产业竞争政策是从市场行为角度出发所采取的控制各种妨碍竞争和不公正交易行为发生的政策。其主要包括：反垄断和反不正当竞争政策、中小企业政策。

反垄断及反不正当竞争政策是政府对垄断性的市场结构、市场行为和市场绩效的一种法律制约和政策限制。它是产业组织政策的重点，具体表现为制定和实施反垄断法或反托拉斯法及反不正当竞争的规定。纵观各国的反垄断法，虽然各国对非法垄断的确认、惩治办法和执行体制不尽相同，但其基本内容框架具有高度一致性，可以概括为以下几个方面：

（1）禁止私人垄断和卡特尔协议。所谓私人垄断是指个人、公司或财团通过兼并、收购或低价倾销等手段，把其他竞争对手从市场上排挤出去，从而确定自己在市场中的垄断地位并以此支配市场。卡特尔协议是指多个企业以垄断市场、获取高额利润为共同目的，在一定时期内就划分市场、规定产量、确定价格等而达成的正式或非正式协议。对于上述情况，各国反垄断法都是坚决禁止的。

（2）禁止市场过度集中。市场适度集中有利于发挥规模经济的作用，但过度集中又容易滋生垄断，从而限制竞争。企业兼并是实现市场集中的主要途径。但企业兼并的动机非常复杂，总的来说，包括为实现规模经济和范围经济、提高企业的竞争力和经营效率为目的的善意兼并和为消灭竞争对手、获取和滥用市场支配势力、获取高额垄断利润为目的的恶意兼并。因此，反垄断法应根据具体情况个案审理，控制企业的兼并行为。

（3）禁止滥用市场支配势力。所谓市场支配势力，是指在某一产业内处于垄断或寡头垄断地位的企业，拥有影响和控制市场的力量。一旦企业处于支配市场的地位，就极有可能凭借自身的经济实力对其他企业施加影响，迫使他们按自己的意愿行事，从而妨碍公平竞争。反垄断法明令禁止处于垄断地位的企业滥用市场支配势力。具体来说有：禁止差别待遇、禁止强制协同、禁止附加条件交易、禁止非正当定价、禁止强制交易等。

中小企业政策是指政府根据中小企业的实际情况和本国有关产业发展的特点，为保持产业组织内部的竞争活力而对各产业之中的中小企业采取的扶持政策。其主要包括：以全部中小企业为对象的，为改善中小企业在劳动力、资本、技术、信息等方面的不利条件，促进中小企业发展为目的的一般政策（如劳动政策、金融政策、交易公开化政策和诊断、指导政策等）；以特定产业为对象或以特定中小企业群为对象的特定政策；通过价格、支付贷款、订货计划限制来防止大企业利用其有利地位，采取不正当手段与中小企业进行交易的转包制政策。其措施包括金融、财政补贴、信息提供和产品采购等许多方面。

三、产业发展政策

（一）产业发展政策的概念和特点

产业发展政策是指一国政府为特定产业的结构调整和升级，全面提高产业国际竞争力，以技术创新、组织结构合理化、优化空间布局等为手段，满足消费者需求，促进产业持续健康发展，所制定或采取的各种政策的总和。由此可见，产业发展只是产业政策的一部分，它并不直接涉及有关产业组织、产业结构等方面的内容，而侧重较宏观的产业长期发展。产业发展政策具有以下特点：

1. 目标综合性

产业发展政策是以一定时期的产业发展目标为出发点，而产业发展的目标具有多维性，既有如经济增长、充分就业、物价稳定、国际收支平衡等经济性目标，又有如社会安定、国家安全、民族团结、国民素质提高等社会性目标。产业发展政策目标必须权衡上述两方面目标再做决定。因此，广义的产业发展政策也包含着产业结构和产业组织政策的内容。

2. 内容多样性

产业结构政策主要涉及产业结构的优化升级，产业组织政策主要涉及产业组织的合理化，产业发展政策则涉及诸如技术、布局、外贸、金融、发展战略和方式等多方面的内容。

3. 长期性和前瞻性

产业发展政策是一项中长期的经济政策，力图在较长时期内通过政策的调整对产业结构、组织和绩效产生影响。如日本和韩国的产业发展经过了至少五个时期的长期计划才产生显著效果。因此，产业发展政策的制定应着眼于将来几十年的产业发展趋势和长远利益，不能局限于眼前的商业利益。只要产业发展政策实施的将来收益的贴现值大于实施成本，此项政策就是成功的。

（二）产业发展政策的主要内容

产业发展政策内容具有多样性，常见的有产业技术政策、产业布局政策、产业外贸政策、产业金融政策和产业可持续发展政策等。本书主要阐述产业技术政策和产业布局政策。

1. 产业技术政策

产业技术政策是政府制定的促进产业技术进步的政策，是政府对产业的技术进步、技术结构选择和技术开发进行的预测、决策、规划、协调、推动、监督和服务等方面的综合体现。政府制定产业技术政策的必要性主要体现在以下四个方面：

（1）促进技术进步是政府本身的职能要求。由于技术、知识具有公共产品的属性，政府是公共产品的主要提供者，因此，政府有责任积极参与经济发展过程中的技术进步活动，保证和促进这种公共产品的供给。

（2）单纯依靠市场机制分配资源难以满足技术发展的需要。这包括以下几个原因；① 技术开发的成本与技术进步的收益之间存在非对称性，个人技术成本高，但个人收益往往低于社会收益，影响私人技术开发投资的积极性。② 技术开发存在着较大的商业风险和技术风险，这种风险一般难以通过产品加价等方式转移，使得一些生产者宁愿等待别人的开发成果而不愿意自己开发。③ 技术开发过程一般不可分割，需要一定的投入规模，中小企业难以承担。综上所述，政府有必要为满足技术发展的要求而干预资源分配，进行必要的投入。

（3）基础科学技术的研究需要国家的投入和组织。因为基础科学技术的研究和开发是技术进步不可或缺的前提，而基础科学技术研究和开发投资多、周期长、见效慢，很难成为直接获取收益的经济活动，私人企业往往不愿从事基础研究，这就需要国家出面组织，投入资金。

（4）迅速增强本国的技术力量需要政府干预。鼓励技术创新、支持技术研究和开发，保护本国的技术，是取得和维护本国技术处于领先地位的重要途径，引进、消化、吸收、改造国外先进技术，是低成本采用先进技术、加快本国技术进步的捷径。这些都需要政府制定正确的技术政策，采取相应的措施。

在具体实践中，产业技术政策主要包括技术引进、研究和开发援助、技术结构政策等三个主要方面。

（1）技术引进政策。技术引进的全过程包括引进、消化、改进、扩散，技术引进政策必须鼓励适当引进，强调消化吸收，提倡改造创新。发展中国家通过贸易或技术经济合作的途径，可以从其他国家获得先进的技术，从而促进本国某些产业的技术升级或换代。目前世界上主要的技术引进手段或载体包括：许可证贸易、合作研究、技术咨询、合资经营等。

(2) 研究和开发援助政策。发展中国家产业和产品普遍存在技术含量落后的状况，主要体现在工艺、设备、流程等表面层次，主要原因在于技术研究和开发能力的不足。由于技术研发活动具有公共产品的性质，且其投资金额巨大，风险极高，纯粹依靠市场机制会产生私人投资不足的问题，需要政府给予融资、税收或其他政策的支持。如政府可以直接提供资金，支持特定研究项目的进行，其成果则归政府所有；或对研发企业的融资予以倾斜等。

(3) 技术结构政策。实施技术结构政策，是为了安排好各种技术类型和技术层次之间的相互关系和数量比例，实现即时结构的合理化。产业技术从不同的角度可以划分出不同的层次与类型。从产业技术的发展水平来看，可划分为"尖端技术""先进技术""中等技术""初级技术"。从产业技术对要素吸收的状况来看，可划分为劳动密集型技术、资本密集型技术和知识密集型技术。从产业技术的主要功能和作用来看，可划分为提高劳动生产率、促进经济增长的技术；节约原材料和能源消耗的技术；合成新的优质材料的技术；提高产品质量的技术；利用废弃物质和防治污染的技术等。合理的技术结构政策，必须综合考虑一定时期本国的具体国情、资源状况和技术发展规律等各方面因素。一般来说，根据劳动者的状况和技术发展水平，考虑是以先进技术为主，还是以中等技术为主；根据资源和环境状况确立是以提高劳动生产率的技术为主，还是以节约原材料、能源和防治污染的技术为主；根据生产要素的丰度，决定是以劳动密集型技术为主，还是资本密集型技术、知识密集型技术为主。

2. 产业布局政策

产业布局政策一般指政府机构根据产业的经济技术特性、国情国力状况和各类地区的综合条件，对若干重要产业的空间分布进行科学引导和合理调整所采取的相关措施。从本质上讲，产业布局合理化的过程也就是建立合理的地区分工关系的过程，两者分别从纵向和横向角度考察同一事物(产业空间分布)的两个具体方面。产业布局政策具有地域性、层次性、综合性等特点。产业布局政策既是产业政策体系中不可或缺的重要内容，同时又是区域政策体系非常重要的组成部分，而且后者更加侧重于建立和完善地区之间的产业分工关系。

从不同的发展角度看，产业布局政策的目标不同。从经济发展角度看，其目标是实现经济增长和布局平衡；从社会发展角度看，其目标是实现民族团结，充分就业；从生态角度看，产业布局政策必须合理安排地区分工，适度分散产业布局，恰当调整地区产业结构，防治污染，维持生态平衡；从国家安全角度出发，产业布局政策应在综合考虑经济、社会、生态目标基础上，正确估计国际形势，制定和调整相关的产业布局政策。这些目标之间既存在矛盾，又是统一的，协调好这几方面的关系，是成功实施产业布局政策的关键环节。

产业布局政策的主要任务是地区发展重点的选择和产业集中发展战略的制定，主要包括区域产业扶持政策、区域产业调整政策和区域产业保护政策。

(1) 区域产业扶持政策。在区域经济发展的各个阶段，一个地区总是存在着一个或者若干个具有比较优势的产业部门。对区域拥有相对优势的产业实施产业扶持政策，促进区域重点产业的倾斜发展，能充分发挥各地区的比较优势，加速地区经济增长，增强地区经济实力。区域产业扶持政策主要包括创造良好的投资和发展环境、直接投资、给予各种优惠等措施。

（2）区域产业调整政策。区域经济发展到一定阶段，会出现产业结构不合理问题，这时就需要实施产业调整政策。如对衰退产业进行区域转移和行业转移、对污染环境的产业予以限制、对资源消耗过多的产业实行改造、压缩长线产业、发展短线产业等，以优化区域资源配置，推动地区产业结构合理化。

（3）区域产业保护政策。在区域经济发展过程中，有些产业在发展初始阶段缺乏应有的竞争力，但从长远来看，具有发展前途，若不保护其发展，将不利于地区经济的持续发展，可能使地区经济运行缺乏稳定性，从而削弱地区经济对经济波动或其他不利影响的抗干扰能力。区域产业保护政策的一般做法是采取设置壁垒、排除竞争的措施，保护本地区的幼小产业。但保护政策必须适度，否则会形成地方保护主义，保护落后，引起地区产业结构趋同化，不利于整个国民经济的协调高效发展。

第四节　产业政策的实施

一、产业政策的实施条件

任何一项政策的实施都需要相关的外在条件，产业政策也是如此。产业政策是否能够得到有效实施，主要从以下几个方面进行判断：

（一）是否存在发达的市场条件

产业政策虽是市场机制的补充和修正，但在很多时候，产业政策的实施并不能起到完善市场的作用，反而会出现一定的反作用。因此，产业政策的贯彻实施需要具有发达的市场条件，以防其出现较大的副作用。

（二）收集的信息是否充分，处理分析信息的手段是否先进

产业政策的制定者需要收集足够充分的信息，才能对市场偏差做出准确的判断，从而制定出可行的产业政策。产业政策的实施者只有掌握充分的市场信息，才能科学分析政策的效应，对各方面的利益要求做出正确的反应。同时，信息反馈的渠道快速、灵敏、畅通有利于政策制定者和实施者不断修正和完善其产业政策。

（三）是否有完备的法制基础

产业政策是政府干预经济、调节市场的手段。产业政策的制定和有效实施要求具备完备的法制基础，主要表现在以下三个方面：

（1）产业政策在很多情况下是以法律形式出现的，是一种国家和全民的意旨而非政府的意旨，这就要求有比政府权威更高的法律权威作为基础。

（2）要求有全面覆盖资源分配和企业行为的各个方面的完善的经济法律体系，不能留有漏洞，更不能相互矛盾。

（3）要求有独立、公正的司法体系，以做到有法必依，维护法律权威，保证产业政策得到有效实施。

虽然产业政策的有效实施需要上述相关的外部条件，但这并不意味着产业政策只有在这些条件都具备的情况下方能实施，在大多数情况下，产业政策的制定和实施与上述条件是相互促进的。

二、产业政策的实施措施

一般而言，产业政策的实施机构是一个由企业、政府和行业协会等单位构成的综合体。企业是实施主力，企业按照产业政策的要求，积极配合政府制定该企业发展规划，并按照规划，充分利用产业政策给予的资源予以运行。

产业政策的实施措施主要包括直接措施、间接措施和其他措施。

（一）直接措施

直接措施是指政府依据相关的产业发展的法律或者具有法律效应的各种规章制度，对产业活动进行行政性干预，也可以说其是产业规制或者政府规制。直接措施主要包括：

（1）市场进入规制。通过对企业或个人的进入资格和资质进行审批，以提高进入壁垒的一种政府规制类型。

（2）数量规制。政府为控制竞争性产业的产业数量以避免投资过剩（或不足）、产量过剩（或不足）而引致价格波动和过度竞争的一种政府规制类型。

（3）质量规制。政府为防止过度竞争而引致的产品和服务质量的下降，确保消费者正当权益的一种政府规制类型。

（4）设备和技术规制。政府对产业内企业的设备和技术提出具体要求的一种政府规制类型。

（5）价格规制。政府通过规定利润率、成本核定、价格上下限、价格审批等形式，对竞争型产业内企业的产品和服务价格进行控制的一种政府规制类型。

（6）不正当竞争行为规制。政府为了防止和惩罚企业针对第二方、第三方实施侵害行为而制定的一种政府规制类型。

（7）环境保护规制和生产安全规制等。

另外，还包括政府运用其特定的权威和影响力，通过各种形式协调具体产业的生产经营使之趋向于政府有关产业发展意图，主要集中在政府所管辖的国有企业和政府订购较多的产业（如军事工业等）。

（二）间接措施

间接措施包括税收减免、融资支持、信息与技术援助、间接诱导等，具体包括以下几个方面：

（1）财政措施。政府运用财政措施（主要包括财政补贴、投资补贴、加速折旧、减免税或增税等）来实现产业政策的目标——加快产业发展结构中的薄弱环节，扶持新兴产业，补贴亏损企业，促进企业的设备投资，调整产业结构和组织结构，促进产业结构、布局和组织的合理化。从各国财政措施推行的实际效果来看，税收刺激容易通过差别优惠对技术和市场前景良好的企业进行有效激励，不容易形成企业对政府的依赖，其效果一般优于财政补贴。财政补贴一般用于扶助困难企业，以免其成为严重的社会问题。

（2）金融措施。主要针对政策上需要支持的产业和民间投资计划，规定比较优惠的商业贷款利率，或者较长的贷款期限，提供政府贷款等方法给予资金支持，在政策性金融措施中起主要作用的一般都是政府政策性金融机构。

（3）政府订购措施。通过政府对产品和劳务的采购来实现产业政策的目标。在市场经济中，政府订购在社会订购中占据相当大的比重，对产业的发展具有十分重要的作用。利用政府订购的手段影响社会需求，尤其是对特殊产品的需求，是推行产业政策的重要措施。如美国政府的采购，就极大地刺激了军事工业和高新技术产业的发展，形成了特有的产业结构。然而，通过政府采购等办法引导产业发展，往往存在有利于大企业的问题。大企业是政府采购的主要受益者，无形中就扩大了市场竞争中不同企业间业已存在的不平等，不利于市场平等竞争。

(4) 国有化或私有化措施。国家通过把一部分企业收归国有、兴办国有企业、把国有企业改为私有企业等措施影响国民经济的存量结构，进而促进企业结构的优化和市场结构的改善，调整产业经济结构和产业布局。世界各国经济发展的经验表明，所有制结构的单一私有化和单一国有化，都不利于社会经济的健康发展。应根据经济发展的需要，恰当地采用国有化或私有化的手段以优化产业结构，提高经济效益。

(5) 正确的信息指导。政府制定的经济发展战略和中短期经济发展规划或构想、国家科学技术发展规划、有关具体产业的发展规划或纲要等都对企业的生产经营特别是长期投资决策产生重大影响，政府应做好信息指导工作，以引导企业趋向于政府所制定的目标。

(三) 其他措施

其他措施主要包括组织措施、法律措施、外贸措施。

(1) 组织措施是实现产业政策目标的组织保证，只有建立有效的管理和监控机关，产业政策的实施才能得到有效保障。如日本有通产省内设的产业政策局、通商政策局等专门负责开发和协调全部的产业政策，法国有工业战略开发部，英国有全国经济发展委员会，韩国有全国产业政策研究院，我国产业政策的制定和执行权集中在国务院。

(2) 法律措施是指国家运用法律手段，保证产业政策目标的实现和政策措施的落实。如各国普遍推行的反垄断法、反不正当竞争法等实际上都起着规范产业活动、引导产业发展的作用。

(3) 外贸措施是通过鼓励、保护、限制进出口贸易的方法实现产业政策的目标。发展中国家在赶超时期，都有一个从加强外贸保护措施到逐步实现外贸自由化的阶段，即使是发达国家，为了促进本国产业发展和维护本国产业的利益，也绝不会放弃对本国企业实行资助和对本国市场实行保护的政策。

三、影响产业政策实施的主要因素

一项经济政策的实施往往需要具备相关的条件，产业政策也不例外，然而在其实施过程中依然存在一定的局限因素。

(一) 政府的干预能力

政府的干预能力包括直接干预能力和间接干预能力。其中直接干预能力主要包括政府的行政约束能力和投资能力(尤其体现在政府投资的方向和在社会总投资中的比例)；间接干预能力则是指政府通过运用财政、税收、金融、货币、外贸、外汇政策及信息发布、道义劝告等措施对产业进行引导的能力。

(二) 微观经济主体对产业政策的态度

一项产业政策推行是否成功，除了要看政府制定的产业政策对微观经济主体的规范和引导作用，还应注重微观经济主体对该产业政策的态度。政府制定的这些政策只有被微观经济主体认同并保持行动上的一致，才能起到作用。如果产业政策得不到微观经济主体的认同，则在其执行过程中会扭曲变形，尤其当地方政府不认同中央政府的产业政策时，地方政府就很容易为了自己的利益扭曲它，使其发挥不了应有的作用。

（三）其他政策的交互影响

国家在经济和社会发展过程中会制定各种不同的政策，产业政策只是其中的一种。例如，改革开放以来，我国推行的鼓励乡镇企业发展政策、地方财政包干政策等与产业政策有一定程度的背离。因此，政府推行产业政策应考虑到其他政策是否配套。

此外，一个国家所处的国际环境、文化传统、民族习惯以及政府对企业的约束等也都会影响产业政策的推行效果。

四、产业政策评估

一个完整的产业政策过程，除了科学合理地制定和有效地执行外，还需要对政策执行以后的效果进行判断，以确定政策的价值，这种活动就是产业政策评估。

（一）政策效果与评估标准

1. 政策效果

产业政策效果是政策执行后对客体及政策环境所产生的影响和效应。一项产业政策投入运行后，其成败是由效果来检验的。政策效果主要有以下几种：

（1）直接效果，即实施产业政策对实现预期目标的作用直接而显著的效果。

（2）附带效果，即产业政策实施过程可能超乎政策制定者原来的目标和期望，成为一项产业政策的副产品。

（3）意外效果，即一项产业政策的推行，投入很多，期望很高，收效甚微，或产生高于期望值的效果。

（4）潜在效果，即有的政策明显有助于改善眼前状况，产生短期效应，有些则不能，这种潜在的效果虽然不易测定，但却很值得注意和考量。

2. 评估标准

产业政策评估实质上是一种价值判断。要进行价值判断，必须有价值尺度，这个价值尺度就是评估标准。

（1）生产力标准。生产力标准是产业政策评估中的根本标准。因为无论各国的政治体制、经济制度、历史文化差异有多大，生产力水平都可以成为统一的衡量标准。各国制定和推行产业政策的首要目的是提高生产力水平，而是否有利于提高生产力水平，已经成为衡量产业政策优劣与成败的最重要尺度。

（2）效益标准。产业政策效益是指达到政策目标的程度。这个标准关注政策的实际效果是否与理想目标相符，在多大程度上相符，还有什么距离和偏差。要具体运用这个标准必须考虑：产业政策目标是否明确而具体；构成产业政策的综合效益指标体系是否完善，即正负效益、主从效益、经济效益和非经济效益等项具体检测指标设置是否合理，以便对产业政策的综合效益进行客观而全面的评估。

（3）国际竞争力标准。当前各国产业政策的特点是保持本国产业处于最优的竞争状态，在参与国际分工的大背景下，能够获取更多的利益。各国政府十分重视产业政策对提升国际竞争力的作用，并不断完善其功能。

（二）产业政策评估类型与方法

1. 评估类型

产业政策的评估类型从评估组织活动形式上看，可分为正式评估和非正式评估；从评估机构的地位看，可分为内部评估和外部评估；从评估工作在产业政策过程所处的阶段来看，可分为事前评估、执行评估和事后评估。在产业政策评估活动中，以事前评估、执行评估和事后评估这一类型较为常见。事前评估旨在正确制定出新的产业政策；执行评估旨在及时纠正产业政策的偏差并合理调整其目标与措施，从而改善其效果；事后评估则以总结现有产业政策的经验教训为主要目的。

2. 评估方法

产业政策的评估方法主要有前后对比法、专家判断法、对象评定法、自评法。

前后对比法通过对比产业政策实施前后的有关情况，对政策实施前后产生的变化进行衡量。

专家判断法通过组织专家对各项相关政策进行记录，观察政策的执行情况，对政策执行对象进行调查，与执行人员及其工作人员交换意见，最后撰写评估报告，鉴定政策的成效。

对象评定法指由政策执行对象亲身感受和了解，从而对政策及其效果予以评定的方法。

自评法指政策执行人员自己对政策的影响和达成预定政策目标的进展情况进行评估。

具体的计算方法有层次分析法、统计抽样分析法、模糊综合分析法、灰色评价法、“成本-效益”分析法等。

思考题

1. 什么是产业政策？如何理解产业政策的作用和局限性？
2. 产业政策有哪些特征？
3. 产业政策制定的基本原则是什么？
4. 影响产业政策制定的主要因素有哪些？
5. 产业政策体系主要包含哪些内容？
6. 产业政策的实施手段有哪些？
7. 产业政策评估的标准与方法有哪些？

第十二章　产 业 发 展

第一节　产业发展概述

一、产业发展的含义

产业发展是指产业的产生、成长和演进。产业发展的内容，既包括单个产业的进化，又包括产业总体的演进；既包括产业类型、产业结构、产业关联、产业布局的演进，又包括产业组织的变化、产业规模的扩大、技术的进步、效益的提高。

产业发展的过程，既是单个具体产业的产生、成长、繁荣、衰亡或单个大类产业产生、成长、不断现代化的过程，也是产业总体不断由不合理走向合理、由不成熟走向成熟、由不协调走向协调、由低级走向高级的过程；另外，还是产业组织合理化、主导产业分阶段转化、产业布局合理化、产业结构优化的过程。产业发展的状况，是产业类型变化规律、产业结构演进规律、产业布局变动规律、产业组织演变规律及其他单个产业和产业总体发展规律综合作用的结果。因此，产业发展的研究对促进国民经济的发展具有特别重大的意义。

二、产业发展的历程

产业发展是人类文明发展的一部分，是随着人类对自然规律的认识、技术的进步，在漫长的人类发展史中，逐步产生和发展起来的。产业由简单到复杂，社会分工由粗到细，逐步形成了今天复杂和庞大的产业体系。产业发展的历程俨然就是人类发展的历史。

（一）农业发展历程

农业是随着生产工具的变革而不断地向前发展的，先后经历了古代农业、近代农业和现代农业三个发展阶段。

1. 古代农业

约公元前 16 世纪到 19 世纪中叶，随着铁器的大量制造和使用的普及，人类改造自然的能力有了质的飞跃，农业生产进入古代农业阶段。这一时期，农业是最主要的经济部门，绝大多数人口从事农业生产，世界人口的迅速增长是促使古代农业发展的最主要动力。古代农业伴随着奴隶制和封建社会的发展而产生和发展，经过长期积累而形成的农业技术，适应了当时的自然和社会经济条件。但是，从总体上看，农业生产效率很低，变革和进步十分缓慢，能够提供给社会的产品数量也相对有限。为了维持生存，人们只有不断扩大土地种植面积，许多地方出现了毁林开荒、毁牧垦荒的情形，自然环境遭到破坏。

2. 近代农业

近代农业阶段大约从 19 世纪中叶开始到第二次世界大战为止。在这近百年期间，世界经济的各个领域都发生了激烈的变革。这一时期正处于人类社会第二次科技革命时期，以生产工具的进步为主要特征，科学的农业生产技术体系开始形成，化学和生物科学在促进近代农业技术发展过程中的作用最为突出。劳动生产率和土地生产率出现了质的飞跃。近代自然科学和农业科学成果应用于农业，使农业的产量达到了以往历史上从未有过的水平。但是，能源浪费依然严重，环境污染加剧，农用化学物质使土壤中的有机物质减少，导致土壤肥力下降和土地生产能力萎缩，最终损害人类福利。此外，在近代工商业发展的过程中，农业一直处于"输血"的地位，逐渐形成了农业落后于工业、农村落后于城市的状况。

3. 现代农业

现代农业阶段是指 20 世纪中叶以来世界农业的最新发展。农业生产和布局发生了重大变革，农业所达到的水平和取得的巨大成就是以往难以企及的。这一时期，农业快速发展和重大变革的原因是农业现代化水平的提高和高新技术在农业中的广泛应用。首先，农业机械化取得巨大发展；其次，现代农业的生产技术获得了突破。农业化学、生物科学、作物育种、农业生物工程技术等方面取得了飞速的发展，产业化的步伐加快。世界农产品国际贸易空前活跃。人类对自然资源开发、利用的广度和深度不断增加。但与此同时，人口膨胀，耕地、淡水及生物等资源短缺，农业生态环境恶化，发达国家与发展中国家农业发展的差距日渐悬殊，都成为亟待解决的问题和现代农业发展的瓶颈。

（二）工业发展历程

工业起源于原始社会，经过漫长的奴隶社会和封建社会手工业的发展，到 18 世纪中叶第一次科技革命以后进入近代工业阶段，第二次世界大战以后进入现代工业阶段。

1. 古代手工业

在距今 4000～5000 年左右，东方的四个文明古国，即古埃及、古巴比伦、古印度和中国最早进入奴隶社会；随后，欧洲的希腊、罗马也在距今 3000 年左右进入奴隶社会，由此开始了古代手工业的发展历程。这一时期，中国、古埃及、古印度、西亚、古希腊和古罗马等少数古代文明发达地区开始了古代手工业，主要集中在制陶、纺织、建筑、造船等产业。手工业发展的一个重要标志是铁器冶炼技术的进步和金属工具的推广应用。早在原始社会末期，人类就已经开始掌握青铜器的冶炼技术。但到了奴隶社会，青铜器冶炼技术才有了显著的提高，并在手工业生产中比较广泛地推广应用，促进了冶金、工具制造、制陶、纺织、建筑、酿酒、榨油等行业的发展；进而出现了第二次社会大分工，即手工业和农业的分离，劳动生产率也大大提高。

2. 近代工业

近代工业起始于产业革命。这一时期，资产阶级革命的胜利和资产阶级专政国家政权的建立，为资本主义生产关系的迅速扩大和生产技术的大发展扫清了道路；资本主义工场手工业的广泛发展，为近代机器的诞生奠定了物质技术基础；科学技术的发展为近代机器发明提供了前提；地理大发现也促进了国内外贸易的发展和早期世界市场的出现。一系列政治、经济、社会、技术的准备为产业革命的产生创造了条件。机器生产代替手工劳动，以及以电力、化学、能源工业依次为中心内容的产业发展进程是近代工业最重要的特征。

产业革命创造了比手工劳动高得多的劳动生产率，使自然科学的研究工作在 19 世纪进入前所未有的阶段，各个学科几乎都有重大的成就和突破。电能的广泛应用、电力工业的蓬勃发展、化学工业的逐步建立、“钢铁时代”的到来，形成了一系列新的重工业部门，促进了生产力突飞猛进地向前发展。

3. 现代工业

现代工业是在近代工业的基础上逐渐发展起来的。20 世纪二三十年代，电子显微镜、电子示波器、质谱仪、同位素测定仪、原子光谱仪、回旋加速器等精密仪器问世。随后，以原子能、电子计算机和空间技术的应用为主要标志的一系列新兴工业部门产生。工业空前迅速发展，劳动对象从依靠大自然的恩赐走向人工合成材料的开发，出现了以知识密集为特征的高技术群体，引起了原子能工业、半导体工业、石化工业、电子工业等一系列新兴工业部门的建立和发展。同时，发达资本主义国家工业的内部结构发生了深刻的变化，出现了“重化工业化”“高加工度化”以及“高技术化”。

（三）服务业发展历程

广义上的服务业就是第三产业，它起源于原始社会，然后分别经历了古代服务业、近代服务业和现代服务业三个阶段。

1. 古代服务业

城市的出现使服务业有了发展的可能。古埃及、古巴比伦、古印度、中国等重要的文明地域都建立了众多的城市，促进了服务业的发展。古代服务业最主要的产业之一是古代商贸业，此外还有古代交通运输业、古代旅游业、古代通信业以及古代文化教育事业。这些服务业在古代社会发挥了重要的作用。古代服务业发展缓慢，在社会经济中处于从属的地位。由于服务业的发展是由生产力发展水平决定的，在奴隶社会和封建社会，社会生产力的发展水平低，以自给自足的自然经济为基本特征，商品交换的规模和范围十分有限。

2. 近代服务业

从 18 世纪中叶开始，工业革命为服务业提供了新的技术手段和物质基础，使服务业发生了重大变革。近代服务业拥有以往时代难以比拟的发展规模和深度，这种发展还带来了结构性的变革。一方面，传统服务业部门发生了革命性的进步。商业、交通运输业、旅游业、邮电业及城市服务业等产业在发展规模和服务内容上发生了巨大变化。另一方面，崛起了众多的新兴服务业，主要包括银行、保险和广告等产业。

3. 现代服务业

第二次世界大战以来，特别是 20 世纪 70 年代以来，服务业发展较快，成为国民经济最主要的部门。这是由于物质生产部门发展迅速，对交通、通信和金融等服务业提出了更高、更多的要求。同时，人们对文化娱乐、旅游、体育等服务也有了新的需求。服务业的发展水平及其竞争力一定程度上反映了一个国家和地区的经济发展水平。在当前和未来的岁月里，现代服务业将会成为国民经济的支柱产业，成为世界经济发展的主要推动力。新兴服务业的不断涌现和蓬勃发展是现代服务业最重要的特征。这些新兴服务业范围不断拓宽，呈现出多样化和专业化的趋势，主要包括信息服务业、全球物流与航运业、科技服务业、服务外包、创意产业、文化服务、特色旅游业以及会展业等。

三、产业发展的趋势

产业发展在新的条件下，出现了生态化、信息化、全球化、融合化以及簇群化的发展趋势。

（一）产业生态化

产业生态化是指产业自然生态有机循环，在自然系统承载能力内，对特定地域空间内的产业系统、自然系统与社会系统之间进行耦合优化，达到充分利用资源，消除环境破坏，协调自然、社会与经济的持续发展，是产业发展的高级形态。产业生态化的一个核心问题是产业系统内的企业之间能够进行物质传递和循环。生态产业系统的物质循环不是封闭循环，而是内部物质循环、对外具有投入产出功能的开放系统。企业之间的物质循环与代谢是生态产业活力与健康的体现。系统内各企业在投入产出的同时，物质循环代谢的功效越高(或总体效益越高)，生态产业系统越健康，其投入产出效益也越高。

（二）产业信息化

产业信息化是指以信息技术改造和提升传统产业，围绕“四流三周期”，即物流、资金流、业务流、价值流和产品生命周期、企业生命周期、产业生命周期，构造以信息化带动其他要素流动的产业关联，对资源优化配置、整合，对过程优化重组。产业信息化包含三方面内容：企业间信息化、行业信息化以及行业间信息化。产业信息化发挥作用的途径有三个：产品、企业和产业。

（三）产业全球化

产业全球化也称产业国际化，是指产业的研究与开发的国际合作与交流，根据比较利益原则，在全球范围内通过生产要素的流动进行国际分工。产业国际化包括产业内企业的国际化经营；产品生产的国际化，即产品价值增值的各环节和价值构成的国际化；产业竞争态势和市场结构的国际化等。产业全球化的基础是该产业内企业的全球化运作达到相当的规模，企业在多国或多区域的生产、营销、科研和组织中实行高度专业化分工，国际化生产的程度很高。产业全球化的本质是提高产业内全球性分工的广度和深度。

（四）产业融合化

产业融合化是指不同产业或同一产业不同行业相互渗透、相互交叉，最终融合为一体，逐步形成新产业的动态发展过程。产业融合化是社会进步和产业结构高度化的必然趋势，产业间的关联性和对效益最大化的追求是产业融合发展的内在动力，而技术创新和技术融合则是当今产业融合化发展的催化剂。产业融合可分为产业渗透、产业交叉和产业重组三类。产业融合的主要方式有三种：一是高新技术的渗透融合，二是产业间的延伸融合，三是产业内部的重组融合。

（五）产业簇群化

产业簇群化也称产业集群化，是指在某个特定产业中相互关联的、在地理位置上相对集中的若干企业和机构集中的过程。产业簇群化不是众多企业的简单堆积，企业间的有机联系是产业集群产生和发展的关键。概括起来，产业簇群化一般具有以下特征：① 特定区域空间上的集聚；② 产业链的相对完整性；③ 产业领域相对集中，并具有竞争优势；④ 企业数量足够多；⑤ 产业集群内存在着激烈的竞争以及纵向的合作等。

第二节　产业发展理论

一、产业发展周期理论

20 世纪 80 年代以后逐步兴起的产业发展周期理论来源于产品生命周期理论。对于单个产业的产生、成长和进化过程，我们可以用产业发展的生命周期理论来描述。和其他任何事物一样，每一个产业都有一个产生、发展和衰退的过程，即具有自己的生命周期。对某单个产业而言，从本质上看它无非是一些具有某种相同生产技术或产品特性的企业的集合。因此，可以说该产业存在的基础是这些企业及其产品。而企业，尤其是产品，是有生命周期的，一般可划分为四个阶段，即投入期、成长期、成熟期和衰退期。在产品的整个生命周期中，其销售额和利润额的变化表现为倒 U 形曲线，如图 12－1 所示。

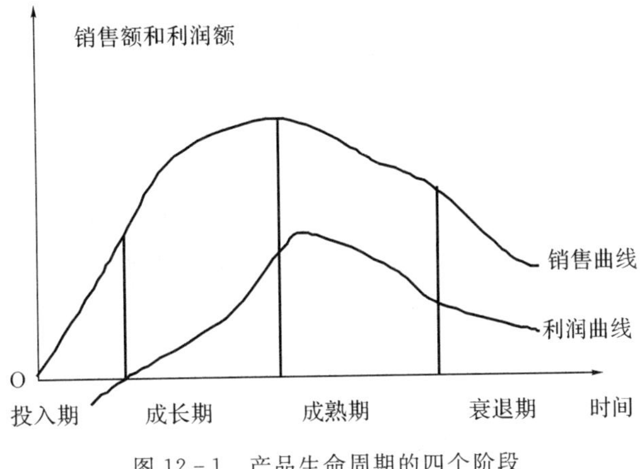

图 12－1　产品生命周期的四个阶段

既然某一产业是以其具有代表性的产品为基础的，所以我们可以借用产品生命周期的阶段划分方法，同样把一个产业的生命周期也划分为四个阶段，即投入期、成长期、成熟期与衰退期。但是，由于一个产业的产出往往由多种相似的产品所组成，很难用某一产品的生命周期来代表整个产业的生命周期，这就造成了两者之间的差异，主要表现在以下几个方面：

（1）产业生命周期曲线的形状更为平缓和漫长。这是因为一个产业往往集中了众多相似的产品，因此，从某种意义上说，其生命周期是所有这些众多相似产品各自生命周期的叠加，故反映其生命周期变化的曲线比单个产品的生命周期曲线会显得更加平缓而长度更长，见图 12－2。

（2）产业的生命周期具有明显的“衰而不亡”的特征。一个产业进入衰退期，意味着该产业在整个产业系统中的比重将不断下降。但世界各国产业结构演进的历史都表明，进入衰退期的产业占整个产业的比重不会下降为零，而是表现出“衰而不亡”的特征。其主要原因是，随着新兴产业的不断形成和发展，原有产业的比重必然会下降，但对该产业产品的市场需求不会完全消失。因此，大多数产业都表现为“衰而不亡”，真正“死亡”或“消失”的产业并不多见。

（3）产业生命周期曲线往往会产生突变，“起死回生”，进入下一个发展周期。有些产业虽已进入衰退期，但由于技术进步或市场需求变化等原因，往往会重新焕发“青春”，再次显示出成长期甚至成熟期的一些特征，见图 12－2。因此，有的经济学家认为，只有“夕阳技术”，没有“夕阳产业”。

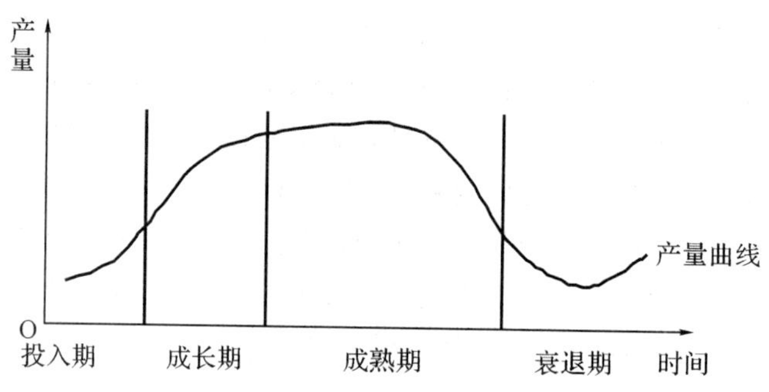

图 12－2 产业生命周期的四个阶段

划分产业生命周期的不同阶段，主要是按照该产业在全部产业中所占比重的大小及其增长速度的变化而进行的。在产业的形成阶段，由于不同产业代表产品的市场需求状况的不同或其他原因，有的产业在形成期发展得较快(斜率变化大，曲线上升很快)，有的却发展得十分缓慢(斜率变化不大，曲线上升平缓)。因此，该阶段的产业生命周期曲线对不同的产业而言会呈现出不同的形状。但总的来说，这时期该产业在整个产业中所占的比重还很小。当某产业的产出在整个产业系统中的比重迅速增加，并且该产业在促使产业结构变动中的作用也日益扩大时，就可认为该产业已渡过了形成期而进入成长期阶段。处于成长期阶段的产业的一个主要特征是该产业的发展速度大大超过了整个产业系统的平均发展速度，并且其技术进步迅猛而且日趋成熟，市场需求容量也迅速扩张，在生命周期曲线上表现为斜率较大，上升较快。当某产业经过成长期的迅速增长阶段，由于一方面其产出的市场容量已渐趋饱和与稳定，另一方面该产业对产业结构变动所起的作用也基本上得到了发挥，那么，它发展的速度必将会放慢。这就标志着该产业从成长期步入成熟期，这时的生命周期曲线表现为斜率很小，变化平缓。这时期，与其他阶段相比较该产业在整个产业中所占的比重最大。当技术进步向市场上推出了在经济上可替代此产业的新产业时，该产业占整个产业的比重就会下降，发展速度开始变为负数，表明该产业已进入衰退期。这时的生命周期曲线具有不断下降的趋势，并且其斜率一般也为负数。

二、产业均衡发展理论

（一）产业均衡发展理论概述

产业均衡发展，是指通过国民经济各部门的相互支持、相互配合、全面发展来实现工业化的一种发展。均衡发展包括两个方面的内容：一是投资应大规模进行；二是各部门均衡发展。从供给平衡的角度看，通过全面投资使各部门相互提供投入，避免了供给

"瓶颈"以及辅助生产要素缺乏所引起的资本浪费；从需求平衡角度讲，各部门的均衡发展使所创造的收入刚好吸收各部门的产品。通过平衡发展的战略克服了发展中的各种供求阻碍，有利于实现规模经济，从而保证经济中各部门的获利，推动经济迅速发展。均衡发展理论认为，由于发展中国家市场不完善，单靠价格机制，很难在短期内调集大量资金并在各部门按比例配置以求平衡发展，而必须借助国家的行政手段，通过宏观计划才有可能。

（二）产业均衡发展理论的局限性

均衡发展的实质是要克服经济中的不可分性的障碍，以获取内部经济的好处和扩大经济规模而获得外部经济的好处，以此迅速推动发展中国家的工业化。但是，均衡发展需要各部门齐头并进、同时发展，在发展中国家资金短缺、外汇稀缺、人才不足的条件下，这是很难做到的。此外，均衡发展理论对国家的管理水平、统计资料的丰富性和准确性都提出了一系列很高的要求，这也是发展中国家很难做到的。因此，尽管均衡发展理论的策略从理论上看十分完美，但实际上实施起来却很难成功。均衡发展理论因此受到一些发展经济学家的批评。他们指出，均衡发展所需要的资源正是发展中国家所缺乏的，否则它们就不会被称为发展中国家了。

三、产业非均衡发展理论

（一）产业非均衡发展理论概述

非均衡发展理论认为，发展中国家应将有限的资源有选择地集中配置在某些产业部门和地区，首先使这些部门和地区得到发展，然后通过投资的诱导机制和产业间、地区间的联系效应与驱动效应，带动其他产业部门和地区发展，从而实现整个经济的发展。对于在非均衡发展战略中怎样选择部门先后顺序这一问题，赫希曼提出了"产业联系"的概念。如钢铁工业在生产中必须向采矿业、运输业、机械制造业等提出需求，这对钢铁工业来讲是一种"后向联系"，而钢铁工业产品又被其他产业买走，这对钢铁工业是一种"前向联系"。产业联系的概念为经济发展提供了一个与传统经济分析不同的分析概念。为了保证生产性投资不断进行，赫希曼建议选择那些具有最大后向联系和前向联系的部门优先发展。因此，选择社会初始投资时，不是选择生产最后制成品的产业，而是应当选择那些靠近投入产出矩阵中间部分的部门，即那些既有后向联系又有前向联系的部门发展。

（二）产业非均衡发展理论的适用条件

实施非均衡发展战略要求政府做出优先发展某些产业的决策时，必须收集大量数据，选择一些部门和领域，比较它们的相对利益，决定适当的制度以刺激投资，等等。在决策中要充分考虑阻碍经济发展的政策因素、人为因素、要素因素以及其他多种影响经济发展的因素。一般来说，在一个贸易收入比率比较高的国家中，执行非均衡发展战略较为合适。

均衡发展理论与非均衡发展理论都具有各自的合理性，但同时也都有片面性。从长期看，均衡发展应当是一个目标，而非均衡发展可以作为实现均衡发展这一长期目标的手段。两种理论适用于不同的环境与不同的时期。一般说来，在资源稀缺和经济发展的初始阶段，非均衡发展理论更符合发展中国家的实际情况。在这一时期，先用非均衡发展理论做指导，取得经济增长和工业化的初步成果，积累资本，开拓市场。待经济增长达到一定水平时，基础工业与加工工业、农业和工业等矛盾就会加剧，甚至成为制约经济进一步发展的因素，这时就要用均衡发展理论做指导，调整投资战略，完善经济结构，协调经济矛盾，使经济能够长期、稳定、协调地增长，社会经济全面发展。

四、主导产业理论

（一）主导产业理论概述

主导产业就是指在一国经济发展的某阶段，若干产业部门对产业结构和经济发展起主导作用的产业。具体是在产业结构系统中占有一定比重、技术先进、增长率高、关联强，能够最迅速、最有效地吸收创新成果、满足不断增长的市场需求，并获得较高和持续的发展速度的产业。其主要特征包括：第一，具有良好的发展前景。新兴主导产业的形成一般在技术革命出现后的一段时期。随着新技术涌现速度的加快，这一更替的周期也在不断地缩短。由于引入了创新，主导产业具有较高的产出能力和增长率，从而创造了新的市场需求。第二，具有前瞻效应、回顾效应和旁侧效应，即主导产业对新产业、新技术的出现有诱导作用，也可刺激为其提供投入物的产业和部门的发展和人力资源质量的提高，还会引起其他产业的一系列变革，对地区经济的发展产生影响。每一时期主导产业部门都与其相关产业部门有千丝万缕的联系，现代技术革命的多种重大发明和突破，产生了广泛的新技术群，导致了主导产业部门具有多维化的特征。第三，具有序列更替特性。主导产业部门随着技术、市场、资源等因素的重大变动而不断更替，即产业结构的变革。不同发展阶段的主导产业在更替的同时又相互作用，前一时期的主导产业为后一时期的主导产业奠定发展的基础。主导产业部门的演化沿着从劳动密集向资本密集演进，进而向资本技术密集和知识技术密集演进的路径发展。同时，主导产业部门的演变具有从低附加价值向高附加价值进而向更高附加价值发展的突出特征。

（二）主导产业的选择基准

主导产业会随其所依赖的资源、环境、政策等因素的变化而变化，那么主导产业就会被新的主导产业所替代。对于主导产业的选择基准问题，不同的学者有不同的看法。日本经济学家筱原三代平提出了二基准，即生产率上升基准和需求收入弹性基准；美国经济学家艾伯特·赫希曼提出了产业关联度基准；罗斯托提出了扩散效应最大基准；日本产业结构审议会提出了过密环境基准和丰富劳动内容基准；此外还有就业功能基准、技术密集度基准以及国情原则等。这些选择基准都具有一定的适用性，各个国家在确定其主导产业时一般会通盘考虑。综合学者们的研究来看，主导产业的选择基准一般有：

（1）产业关联效应基准。应选择那些关联效应高的产业作为主导产业，通过政府重点支持和优先发展，以带动整个经济的发展。主导产业对经济发展和产业结构的引导带动作用，主要通过其关联效应表现出来。主导产业的关联效应有三种形式：一是前向关联效应，主导产业广阔的市场前景和持续发展，必然扩大对相关设备、技术和原材料等要素的需求，从而带动为其提供这些要素的产业的迅速发展。二是后向关联效应，主导产业关联性强，技术领先，发展快速，能够为其后续产业的发展提供更多的产品和技术，创造更好的条件。三是旁侧关联效应：主导产业的发展，还会引起一系列经济、社会、文化等多方面的变化，对主导产业主要分布地区的市场繁荣、就业面扩大、基础设施建设以及其他产业的形成和壮大产生积极的影响。

(2) 增长潜力(需求收入弹性)基准。产业的增长潜力，从根本上说取决于产业的需求收入弹性，因而也称需求收入弹性基准。需求收入弹性基准是指在国际和国内市场上，某种产品的需求增长率与国民收入增长率之比，它表明产品的需求增长对收入增长的敏感程度。收入弹性大于 1 的产品和行业，其增长速度将高于国民收入的增长；收入弹性小于 1 的产品和行业，其增长速度低于国民收入的增长。随着人均国民收入的增长，收入弹性高的产品在产业结构中的比重逐渐提高，选择这些产业作为主导产业，将促进整个产业持续的高增长率，有利于创造更多的国民收入。收入弹性系数高的产品的产业部门将获得更快的发展，占有更大的比重。

(3) 生产率上升基准。指某一产业的要素生产率与其他产业的要素生产率之比，一般用全要素生产率进行比较。全要素生产率的上升主要取决于技术进步，按生产率上升率基准选择主导产业，就是选择技术进步快、技术密集型产业，因此，也被称为比较技术进步率基准。该基准反映了主导产业迅速有效地吸收技术进步成果的特征，优先发展全要素生产率上升快的产业，有利于技术进步，提高创汇能力，改善贸易条件和贸易结构，提高经济资源的使用效率。

(4) 技术密集度基准。产业的技术密集度不仅通过影响产业技术进步而影响产业的生产率上升，而且具有提高产业增加值的作用。产业的生产率上升与就业功能有一定的反向变动关系。全要素生产率指标包括了劳动、资本、中间投入等要素生产率的变动，但劳动生产率毕竟是其中的一个重要方面，劳动生产率增长会相对减少就业量；而产业的技术密集度带来的技术进步、生产率上升和增加值，不一定影响产业的就业功能。

(5) 就业基准。从产业的要素密集度看，劳动密集型产业的就业功能强，资本密集型产业的就业功能弱，技术密集型产业则分为两种情况："劳动-技术"密集型产业的就业功能相对较强，"资本-技术"密集型产业的就业功能相对较弱。但是，各个产业的实际就业功能及其差别，还要取决于产业的发展水平、趋势和特点。从产业的相对就业密度看，一方面是每亿元工业增加值或产品销售收入所对应的就业人数；另一方面，可以从产业的资本与劳动力比率来分析提供一个就业机会所需要的资本量。

(6) 可持续发展基准。产业的可持续发展水平，主要表现在资源消耗(物耗和能耗)低和环境污染小两个方面。这两个方面基本上可以通过产业的经济效益水平来考察，因为物耗和能耗本身就是经济效益的部分内容，而环境污染的大小一般可以通过治理污染的成本反映出来。至于高污染产业有负的外部性，可以将这些产业排除在外。

五、雁行发展理论

(一) 雁行发展理论概述

所谓"雁行模式"，是指日本著名经济学家赤松要于 20 世纪 30 年代提出的一国产业发展具有"雁行形态"的观点，战后经赤松要本人及小岛清、山泽逸平等著名学者加以完善，使其成为从理论上解释以东亚为中心的亚洲经济发展的颇有影响的一种学说，用于阐述东亚各国经济依次起飞的客观过程，即后起国某一特定产业的产生、发展和趋向衰退的生命周期或过程。

赤松要认为，日本的产业发展实际上经历了进口、进口替代、出口、重新进口四个阶段，因为这四个阶段呈倒V形，在图上看酷似依次展飞的大雁，故得此名(见图 12-3)。“雁行形态论”已被用来说明一国产业结构的内在变动，即不同产业的兴衰变化过程。

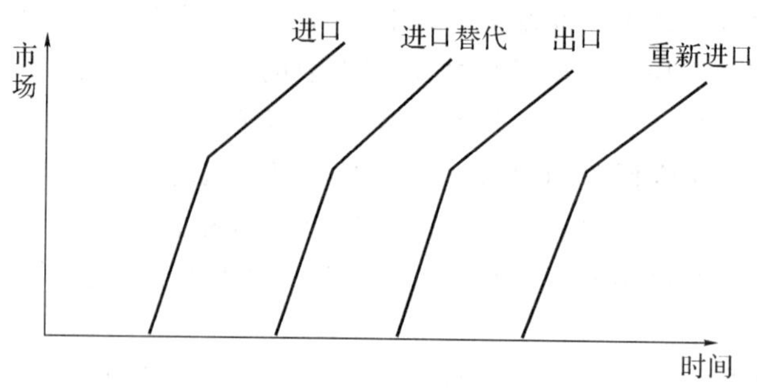

图 12-3　雁形形态图

赤松要及小岛清等学者进一步拓展了“雁行形态论”，专门将其用于研究产业从一国向另一国转移。他们认为“雁行形态”还有第二种变化型，即由于产业在国与国之间的转移，从而产生国际性的产业结构连锁变化，这一变化与各国(地区)比较优势结构的变化是相对应的。他们还以亚洲新兴工业化国家和东盟为例指出，典型的例证是纺织业从日本转移到亚洲新兴工业化国家再转移到东盟国家，而整个典型的转移顺序是纺织工业到化学工业、钢铁工业再到汽车、电子工业。其中，以跨国公司为主角，直接投资和贸易扮演了重要的角色。后起国由接受产业转移开始，从进口替代到出口扩大的过程，同时也是降低成本、提高生产效率的过程。因此，在东亚地区发展中国家追赶发达国家具有“雁行模式”的特征。

(二) 雁行发展理论的适用条件

赤松要这一理论假说客观地描述了后起国内部产业发展的顺序和走向高度化的具体途径与过程，同时表述了东亚国家和地区在相互依存、互相波及中依次相继起飞的客观历程。然而，雁行发展理论的形成和存在是有一定条件的。首先，在区域内各国和地区间需要有参差不齐的经济发展水平。由于经济发展水平不同，才能有高度的互补性和比较利益基础，宜于构造垂直的国际分工体系，由此为先行国向后起国进行产业转移和传递创造了条件。其次，需要有邻近的地域。作为特定国际区域内的各国(地区)在地域上的相邻，便于实现产业转移和传递，容易通过直接投资、技术转移等实现产业结构之间的国际性转移和引起连锁型变化及转换。最后，需要区域内各国(地区)都实施外向型发展战略。这不仅便于地区内实现产业循环，而且使本地区的产业循环机制呈开放态势。20 世纪 60 年代在日本、东盟等国家和地区已基本具备这些条件，因此这一理论得到广泛验证。

(三) 雁行发展理论的局限性

到 20 世纪末，东亚金融危机的爆发，使东亚各国一直信奉的雁行发展理论的弊端开始集中暴露，主要表现在：

(1) 东亚发展中各经济体在资本、技术市场上对于日本与美国过度依赖，具有“进口对日依存，出口对美依存”的重要特征，随之也就带来了传统雁行发展模式在运行中的脆弱性与波动性。20 世纪 90 年代后期，由于汇率波动与市场需求等原因，美国对于东亚产品的进口规模开始下降。另外，由于日本经济的长期低迷，减少了其从东亚地区的进口和对该地区的直接投资，对于东亚经济的发展和危机后的恢复也造成了沉重的打击。从某种意义上说，“雁行模式”是东亚金融危机的深层原因。

(2) 雁行理论中，处于相同和相近经济发展水平层次上的国家在产业结构与出口结构上出现了不同程度的雷同性，带来了各国之间经济竞争的压力与矛盾，最终两败俱伤。

(3) 20 世纪 90 年代以后日本从自身利益出发，在技术转让方面持谨慎保守的态度，东亚国家经过近 20 年的引进日资过程，不仅没有吸收和引进先进的技术和管理，反而导致了东亚各国产品结构的同化、出口竞争的激烈及经济发展战略的单一化，加深了经济增长的对外依附性。

六、产业分工理论

伴随着工业化程度的提高，分析工具和研究方法的逐步完善，分工理论的发展对研究及解释现实经济问题逐渐变得更具说服力。按参加国际分工的国家的自然资源和原材料供应、生产技术水平和工业发展情况不同来分类，国际分工形式可划分为垂直型、水平型以及混合型三种类型。

(一) 垂直型国际分工

垂直型国际分工是经济技术发展水平相差悬殊的国家(如发达国家与发展中国家)之间的国际分工。国际分工有两种形态，第一种形态是不同国家在不同产业间的垂直分工，指部分国家供给初级原料，而另一部分国家供给制成品的分工形态。初级产品与制成品这两类产业的生产过程构成垂直联系，彼此互为市场。第二种形态是相同产业内部因技术差距所引致的国际分工，是指同一产业内技术密集程度较高的产品与技术密集程度较低的产品之间的国际分工，或同一产品的生产过程中技术密集程度较高的工序与技术密集程度较低的工序之间的国际分工。迄今为止，垂直型国际分工仍然是工业发达国家与发展中国家之间的一种重要的分工形式。

垂直型国际分工虽然使世界各国紧密联系在一起，彼此相互依赖、相互依存，但是在这种相互依赖的关系中，发达国家的利益明显优于发展中国家的利益。且垂直型国际分工是以生产要素相对凝固为前提的，流动的只是产品，而各国经济无法紧密联结在一起，经济无法融合，经济一体化处于较低的层次。

(二) 水平型国际分工

水平型国际分工是经济发展水平相同或接近的国家(如发达国家以及一部分新兴工业化国家)之间在工业制成品生产上的国际分工。随着科技革命的兴起，国际分工由部门间国际分工向部门内专业化国际分工方向发展。如欧洲制造的 R－1800 载重汽车，它的发动机、控制设备、底盘和弹簧分别由瑞典、德国、美国和意大利的公司生产，最后则在英国装配完成。

当代发达国家的相互贸易主要是建立在水平型国际分工的基础上的。水平型分工可分为产业内水平分工与产业间水平分工。产业内水平分工又称为“差异产品分工”，是指同一产业内不同厂商生产的产品虽有相同或相近的技术程度，但其外观设计、内在质量、规格、品种、商标、牌号或价格有所差异，从而产生的国际分工和相互交换，它反映了企业的竞争和消费者偏好的多样化。产业间水平分工则是指不同产业所生产的制成品之间的国际分工和贸易。由于发达资本主义国家的工业发展有先有后，侧重的工业部门有所不同，各国技术水平和发展状况存在差别，因此，各类工业部门生产方面的国际分工日趋重要，各国以其重点工业部门的产品去换取非重点工业部门的产品。工业制成品生产之间的分工不断向纵深发展，由此形成水平型国际分工。

（三）混合型国际分工

混合型国际分工是把垂直型和水平型结合起来的国际分工方式。从一国角度看，若它在国际分工体系中既参与垂直分工，又参与水平分工，即为混合型国际分工。许多发达资本主义国家都属于这一类型，它们同发展中国家交换产品属于垂直型分工；它们之间相互交换产品属于水平型分工。德国是混合型国际分工的典型代表，其与发展中国家的分工方式是垂直型的，即从发展中国家进口原料，出口工业品；而对发达国家的分工方式则是水平型的，即在进口中，主要是机器设备和零配件，而对外投资主要集中在西欧发达的资本主义国家。

第三节　产业发展战略

产业发展战略是产业发展的总体谋划和大政方针，是政府促进产业发展的关键性措施。正确的产业发展战略是产业健康高效发展的重要保证。产业发展战略的研究也是产业发展研究的重要组成部分。

一、产业发展战略的含义和内容

（一）产业发展战略的含义

战略一词的本意是指对战争全局的筹划和指导。产业发展战略是指根据对制约产业发展的各种主客观因素和条件的估量，从全局出发制定的一个较长时间内产业发展所要达到的目标，以及实现目标的途径和方法。产业发展战略具有全局性、决定性、长期性和阶段性的基本特征。也就是说，产业发展战略是对全局的、总体的谋划，规定了产业发展的总目标和总方针，决定了产业发展的方向，对产业各个方面的发展具有总的指导意义；产业发展战略正确与否，决定产业发展的成败；产业发展战略是较长时期内产业发展所要达到的目标和实现目标的手段，在一个较长的时间内都起着指导作用；产业发展战略有一定的时间范围，是分阶段实施的，不仅不同的产业发展时期会有不同的产业发展战略，而且同一时期内也存在不同的发展阶段，不同的发展阶段的具体发展目标和实现目标的手段也会有差别，具有阶段性的特征。衡量产业发展战略是否正确、合理，主要看它是否适合本国的国情，符合产业发展的客观规律，能否充分利用国内外能够利用的资源和条件，发挥本国的比较优势，促进产业结构的优化升级、产业布局和产业组织的合理化，实现产业的可持续发展。

（二）产业发展战略的内容

产业发展战略的基本内容，包括战略目标、战略方针、战略措施、战略重点、战略步骤等。战略目标是一个较长时期内产业结构、产业布局、产业组织、产业发展的速度和规模所要达到的总目标和阶段目标；战略方针是产业发展的基本指导原则，比如出口导向、进口替代、重工业优先、各产业均衡发展等；战略措施是实现战略目标所采取的各种对策、方法，包括产业调整、产业选择、产业转移、产业限制、产业扶植、各方面的具体产业政策等；战略重点是重点发展的产业；战略步骤是分阶段逐步实现战略目标的程序安排。

产业发展战略实际上要解决两大问题：一是产业发展要达到什么目标；二是怎样实现产业发展的目标。因此，产业发展战略的基本内容又可以归纳为两个方面：战略目标用于解决第一个问题；战略方针、战略措施、战略重点、战略步骤都是用于解决第二个问题的，可以统称为战略目标的实现手段。战略目标是产业发展战略的核心，决定战略方针、措施、重点和步骤；后者又是实现战略目标的保证。战略方针正确与否、战略措施有效与否、战略重点恰当与否、战略步骤合理与否，直接制约着战略目标的实现，以及实现的快慢和圆满程度。

二、产业发展战略的制定和实施

（一）产业发展战略的制定

制定正确的产业发展战略，必须遵循以下基本原则：

（1）从国情出发，全面、准确估量影响产业发展的各方面的因素。凡是制约产业结构、产业布局、产业组织和产业发展的经济的和非经济的、国内的和国外的因素，同时也是制定产业发展战略必须正确估量、全面考虑的因素。必须从实际出发，特别是从本国国情出发，明确本国经济发展所处的阶段、国家经济实力、产业发展的现状，在此基础上再去确定战略目标和战略手段。只有这样制定的产业发展战略，才符合实际，战略目标才可能实现，战略措施才切实可行。

（2）遵循产业发展的客观规律。产业发展的规律包括产业结构演进的规律、产业布局的规律、产业组织变化的规律、单个产业和产业总体的发展规律、产业革命的规律等，都是不以人的意志为转移的产业发展的必然趋势。只有按照产业发展规律的要求去制定产业发展战略，确定战略目标和战略手段，才能有效地促进产业发展。否则，战略目标难以实现，战略手段无法奏效，结果将适得其反。

（3）注意发挥市场机制的基础性作用。产业发展主要依靠市场机制的推动，制定产业发展战略只是为了更好地发挥政府的助推作用，促进产业的发展。因此，产业发展战略不能妨碍、限制市场机制的作用，要为市场机制更好地发挥作用创造更为有利的环境和条件，战略措施主要应是弥补市场的不足。

（二）产业发展战略的实施

产业发展战略的实施过程，是按照产业发展的战略步骤的安排和战略方针的要求，采取各种战略措施，保证战略重点，实现战略目标的过程，也就是促进产业发展的过程。因此，政府促进产业发展的各种措施，也是产业发展战略实施的措施。产业发展战略在实施过程中，必须对实施情况进行跟踪监测，随时检验战略目标的合理性和战略手段的正确性，根据情况的变化进行必要的战略调整、修正、充实、完善。若某种产业发展战略有误或不可行，应该及时进行调整或停止执行，实行战略转变；如果某个时期的战略目标已经实现，则必须适时制定新的产业发展战略。

三、产业发展战略的模式

国内外学者一般以战略目标和战略方针的特征作为划分产业发展战略和经济发展战略

模式或类型的标准。由于产业发展战略是经济发展战略最主要的组成部分，人们往往以产业发展的战略目标和战略方针的特征作为具体标准，划分经济发展战略的模式，界定经济发展战略的不同类型，因此经济发展战略模式实际上就是产业发展战略模式。根据战略目标和战略方针的不同，产业发展战略主要可以分为以下八大类：按照工业化过程中优先发展的工业部门的不同，划分为轻工业优先发展战略与重工业优先发展战略；按照各产业是否平衡发展，划分为产业平衡发展战略与产业不平衡发展战略；按照发展中国家实施的贸易政策的不同，划分为初级产品出口战略、进口替代战略、出口导向战略、进口替代与出口导向相结合战略。

（一）轻工业优先发展战略

轻工业优先发展战略是指以实现工业化为战略目标、发展轻工业为战略重点的产业发展战略。这是绝大多数发达国家和新兴工业化国家在工业化过程的初级阶段普遍实行、并且相当成功的产业发展战略，特别适合处于工业化初期的发展中国家。在工业化初期，经济发展水平低，人们的基本生活需要不能得到满足，迫切需要增加生活消费品的生产，并且资本缺乏、技术落后，发展重工业困难，而轻工业主要生产生活消费品，投资少、生产周期短、资本周转快、利润率高、多属于劳动密集型产业，因此以轻工业作为战略重点，优先发展，能够扬长避短、扩大就业、加快经济发展、改善人民生活、积累资本、推动技术进步，为重工业的发展创造市场需求和有利条件。

虽然轻工业优先发展战略能够“一举多得”，但是也存在缺陷，过长时间实行这种战略难以实现发达的工业化。因为轻工业的发展会大幅度增加对生产资料的需求，如果不适时进行战略重点转移，加快发展重工业，就会限制轻工业的发展，无法实现产业结构的优化升级；假若本国发展轻工业所需的机器设备和原材料主要依靠进口，则难以摆脱对外依赖性，无法形成独立完整的工业体系和国民经济体系。

（二）重工业优先发展战略

重工业优先发展战略是指以实现发达工业化为战略目标，发展重工业为战略重点的产业发展战略。这是绝大多数发达国家在向发达工业化过渡时期和实行传统计划经济的国家实施过的产业发展战略。这种战略在大多数发达国家取得了相当大的成功。重工业是生产生产资料的工业，是社会扩大再生产和产业技术改造及进步的物质基础，在工业化中、后期的国民经济发展中起着主导作用，对于推动各个产业部门的发展、建立独立完整的工业体系和国民经济体系、增强国家的综合实力、发展科学技术研究事业和巩固国防等都具有重大意义；而且，重工业属于资本密集型产业，技术要求也比轻工业高得多。

发达国家在轻工业有了巨大发展之后，积累了大量的资本，技术也有了较大的发展，对生产资料的需要也大幅度增长，为重工业发展创造了极为有利的条件。绝大多数发达国家正是利用了这些有利条件，实行了由轻工业优先发展战略向重工业优先发展战略的转移，成功地实现了发达工业化。重工业优先发展战略在传统的计划经济国家则不是十分成功。由于这些国家在实施重工业优先发展战略的时候，轻工业一般没有得到相应的发展，资本缺乏、技术落后、经济发展水平低，不具备发展重工业的必要条件，只是主要由于政治、外交、军事等方面的种种因素的影响，急于求成，盲目冒进，片面强调发展重工业，在工业化初期就开始实施重工业优先发展战略，虽然重工业有了相当大的发展，也基本上建立起了比较完整的工业体系，但往往忽视甚至牺牲农业和轻工业的发展，形成了“重工业太重、轻工业太轻、农业落后”的畸形产业结构，使得经济效益十分低下，发达工业化的目标也难以实现。由此可见，重工业优先发展战略，虽然是实现发达工业化的必由之路，但是只有在轻工业有了相当发展、与轻工业和农业协调发展的前提下，才能够奏效。否则，结果会事倍功半，欲速不达。

（三）产业平衡发展战略

产业平衡发展战略是指在整个国民经济的各产业部门、各地区同时进行大规模的投资，从而实现产业总体和国民经济全面、协调、快速发展的产业发展战略。这种战略的特点是，强调大规模的投资和各产业部门、各地区的协调发展。这种战略的优点是，能够更好地发挥各产业之间相互关联、带动、互补的作用，实现经济的多元化，分散经济风险，避免瓶颈产业、短线产业的制约，减少对少数产业的过分依赖，保持产业总体的高速协调发展和经济的稳定增长；能够促进产业空间布局的合理化，实现各地区经济的协调发展，缩小地区差别。这种战略虽然理想，但存在很大的局限性，只有在资源相当丰富、资本十分充足的条件下，才能有效地实施，一般很难成功，更不适合于发展中国家。因为，发展中国家通常资本短缺、外汇不足、人才缺乏，如果齐头并进、分散用力，只会一事无成。

（四）产业不平衡发展战略

产业不平衡发展战略是指在部分产业和地区重点投资、优先发展，再带动产业总体和整个国民经济发展的产业发展战略。轻工业优先发展战略和重工业优先发展战略都属于这种类型。平衡是相对的，不平衡是绝对的，任何事物的发展都会有先有后、呈波浪式前进，因此产业不平衡发展战略更为可行，在绝大多数时间内和绝大多数国家实施的都是产业不平衡发展战略。产业不平衡发展战略，更适合产业发展不同阶段的特点，更能发挥资源优势，提高经济效益。正确有效地实施产业不平衡发展战略，必须恰当选择重点优先发展的产业和地区，一般是先导产业、主导产业、新兴产业、瓶颈产业、短线产业等关联、引导作用大的产业和对产业发展更具有优势、对全局发展影响更大的地区；必须随着情况的变化，及时转移战略重点；不能片面强调某些产业的发展，忽视其他产业的发展。否则，会形成畸形的产业结构、严重的比例失调、不合理的产业布局，不利于产业的协调发展。

（五）初级产品出口战略

初级产品出口战略是指以农矿产品的生产和出口为主体的外向型产业发展战略。这种战略的特点是，利用本国丰富的自然资源和有利的条件，发展农产品、矿产原料等初级产品的生产和出口，积累资金和外汇，为工业化创造条件，以带动整个国民经济的发展。这种战略，往往是一些由于长期殖民统治造成经济畸形化的发展中国家，在一定时期内唯一可以选择的战略，只有通过发展初级产品生产和出口，才能换取引进国外先进技术所需要的外汇；也是一些由于自然资源和条件的限制及许多长期形成的经济、技术、社会因素的制约，很难在短期内改变落后的经济结构的发展中国家，不得不采取的战略；还是一些希望利用自己的传统经济优势，发展拥有一定比较优势的农矿产品的生产和出口，以增加外汇收入，为本国经济发展积累资金的国家在一定时期内实施的战略。发展初级产品生产和出口的战略，虽然对部分国家增加外汇收入和发展民族经济能起一定的推动作用，但是存在许多缺陷。

由于初级产品出口严重依赖于国际市场，供求和价格被国际市场左右，受制于发达国家，存在不等价交换，国际市场起伏波动较大，竞争日趋激烈，再加上科学技术进步导致许多替代品出现和农矿产品的消耗减少，农矿产品贸易条件恶化，使得初级产品价格呈下降趋势，出口收益有限，而且很不稳定，甚至使得有的初级产品出口越多，经济损失越大，形成恶性循环。为了改变这种不利状况，发展中国家曾经采取过一些对策，如建立原料矿产出口国组织以协调生产和供给，维持和提高价格等，试图改变不平等的国际经济旧秩序，保护本国利益。但是，除了石油输出国取得了一定的成效之外，其他国家均成效甚微。实践证明，长期实行初级产品出口战略，无法摆脱对发达国家的依赖，在国际分工中永远处于不利地位，不可能真正实现工业化和现代化。即使是石油输出国，如果长期以资源开发型产业为主体，主要靠石油出口取得收入，不大力发展其他产业，当石油开采完之后，仍将“依旧沙漠一片”。

（六）进口替代战略

所谓进口替代，就是以国产化代替进口工业制成品。进口替代战略是指发展国内制造业代替制成品进口的内向型产业发展战略。这种战略的特点是，以实行工业化为主要战略目标；以发展本国制造业为主要战略方针；以实行贸易保护政策，抵制国外制成品的进口和竞争，保护国内市场和民族工业为主要战略措施。替代进口的产业的发展，一般存在两个阶段或两个发展程度不同的层次：一是消费品制造业，二是资本品制造业。后者的难度更大，要求更高，只有本国经济技术已经有了相当发展的情况下，才有条件发展资本品的进口替代产业。发展中国家由于制造业落后，许多工业制成品依赖进口，加上初级产品与制成品之间的不平等贸易，造成了对外贸易逆差，严重影响经济的发展。部分发展中国家采取进口替代战略，希望建立和发展本国的制造业，用自己的制成品取代进口的制成品，使国际收支得到平衡，以便发展本国民族工业，逐步实现工业化。

进口替代战略是一种既有利又有弊的战略。这种战略降低制成品进口率，减少对发达国家和世界市场的依赖性，有助于改造原来以农为主的产业结构，扩大就业，提高技术水平，增强经济自给能力，对发展中国家建立一定的工业基础和促进经济的增长能起到良好的作用。但是，这种战略也存在明显的弊端，主要表现在：贸易保护政策如作茧自缚，使本国企业脱离国际竞争，从而不利于降低生产成本、提高产品质量和劳动生产率、增强国际竞争能力；发展本国工业，仍需从国外引进先进技术和设备，会造成对发达国家新的依赖和外汇短缺；重视制造业，忽视其他产业的发展，结果会使国民经济各部门的比例关系严重失调，导致产业结构不合理，难以实现发达工业化。

（七）出口导向战略

出口导向战略又称出口替代、出口鼓励战略，是指通过发展出口加工工业，引导整个国民经济发展的一种外向型产业发展战略。这种战略的特点是，以实现工业化为战略目标，以发展面向出口的加工制造业为主要战略方针，鼓励出口的不再仅仅是初级产品，更主要的是初级产品的加工制成品。部分发展中国家实施的出口导向战略开始于20世纪60年代，出现的原因主要有：初级产品出口和进口替代战略的缺陷日益显现，需要寻求新的发展途径；本国已经有了一定的工业基础和一批熟练工人和技术、管理人员，政府管理经济的水平提高，国际经济联系加强；发达国家经济繁荣，生活水平提高，一方面扩大了对工业消费品的需求，另一方面又由于工资成本提高，资本大量过剩，开始收缩劳动密集型产业，实行国际产业转移。正是在这种背景和条件之下，部分国家和地区开始实施出口导向战略，利用劳动力资源丰富的优势，大量引进外国资本和技术，努力发展面向出口的劳动密集型产业，生产成本低、有竞争能力的轻纺工业产品，打入国际市场，赚取外汇，推动整个国民经济发展。少数发展中国家和地区实施出口导向战略获得成功，发展成为所谓的“新兴工业化国家和地区”。

20 世纪 70 年代中期到 80 年代，欧美发达国家经济增长速度缓慢，贸易保护主义抬头，再加上出口导向战略成效比较明显，相当多的发展中国家也先后采取这种战略，这就使得那些新兴的工业化国家和地区又开始“第二次工业化”，从劳动密集型产业过渡到资本和技术密集型产业，向更高级的出口加工工业转向，实施新型的出口导向战略。

出口导向战略能够充分利用国际分工和国际产业转移的机遇，发挥资源的比较优势，扩大就业，增加出口和外汇收入，提高科学技术和经济管理水平，实现较快的经济增长，取得较高的经济效益，加速工业化的进程。但是，这种战略也面临着一些难以解决的问题：发达国家贸易保护主义的打击，外贸吸走大量利润，外债还本付息的负担越来越沉重，产品出口严重依赖风云变幻、竞争激烈的世界市场，经济基础脆弱，经济发展在很大程度上取决于国际市场对出口制成品的需求，缺乏稳定性。

新兴的工业化国家和地区在 20 世纪 90 年代亚洲金融危机中的严重衰退，清楚地表明了这一点。单纯的出口导向战略，特别不适合于发展中大国。

（八）进口替代与出口导向相结合战略

进口替代与出口导向相结合战略是指进口替代产业与出口导向产业结合并重、协调发展的内外向结合型产业发展战略。进口替代战略和出口导向战略各有利弊，进口替代与出口导向相结合战略的特点是，把二者恰当地结合起来，扬长避短，优势互补；在发展进口替代产业，更好地满足国内需求的基础上，实行对外开放，鼓励出口，发展出口导向产业，带动国民经济更快增长；既加强本国独立自主的产业基础，防止对外的过分依赖，保持本国经济的协调稳定，又充分利用国际分工、市场、贸易、资源、投资、技术的作用，发挥比较优势，获取比较利益，提高经济效益。这种战略，发达国家可以实施，发展中国家也可以采用，尤其适合于发展中的大国。因为发展中大国幅员辽阔，人口众多，国内市场容量很大，产业门类比较齐全，更有利于同时发展进口替代产业和出口导向产业。值得注意的是，真正把进口替代与出口导向恰当地结合起来，并不是一件十分容易的事，需要在实践中不断探索，必须特别注意有效地扩大内需，提高本国产业的国际竞争能力，适度地利用外资和外债，防范国际国内金融风险。

四、产业总体的可持续发展

可持续发展问题是关系人类生存和子孙后代利益的根本问题，也是产业发展的重大问题。前面介绍的各种产业发展战略模式，没有直接涉及产业的可持续发展问题。其实，只有产业总体的可持续发展战略，才是产业发展战略的最新的、最合理的目标模式。

（一）产业总体可持续发展的含义

可持续发展是在人类社会面临“人口爆炸”、能源危机、资源短缺、环境污染、生态失衡的严峻挑战，“先污染后治理”“有增长无发展”的传统经济发展模式已经不能再继续下去的情况下，在20世纪80年代由联合国提倡的一种社会经济发展的新模式。1980年3月5日，联合国大会向全世界发出呼吁：“必须研究自然的、社会的、生态的、经济的以及利用自然资源过程中的基本关系，确保全球的发展。”可持续发展就是经济、社会发展与人口、资源、环境互相协调的、兼顾当代人和子孙后代利益的能够不断持续下去的发展道路。由于可持续发展涉及经济、社会、人口、资源、环境等许多方面，是一个宏观的、区域的、总体的概念；单个具体产业一般存在生命周期，不可能与世长存，所以单个具体产业虽然有一个适应可持续发展要求的问题，但本身并不一定能够实现可持续发展，只有产业总体才可能实现可持续发展。

产业总体的可持续发展是指产业总体状况与人口、资源、环境互相协调，并且能够长期持续不断地发展。产业总体的可持续发展是整个社会经济可持续发展的重要方面，因此社会经济可持续发展对产业总体状况及其发展的要求，也就是产业总体可持续发展的内容，达到了这些要求，也就能够实现产业总体的可持续发展。产业总体的可持续发展的内容主要包括：产业结构优化、产业布局合理化、发展环保产业、发展节约资源的产业、开发和生产更清洁和更丰富的新材料和新能源的产业、发展充分利用人力资源的产业。只有这样，才能保持产业的协调，消除产业结构和产业布局不合理造成的资源的浪费和低效利用，实现产业结构的高级化，提高产业发展的技术水平，更加节约、有效地利用资源，发挥国家和各地区的比较优势，保护环境，发挥人力资源的作用，防止物质资源的耗竭，提高经济效益，更好地满足人类的生活需要，从而实现产业总体的可持续发展，促进社会经济的可持续发展。

（二）产业总体可持续发展的途径

产业总体可持续发展的内容和要求，决定必须按照以下原则和途径发展产业：

（1）产业发展必须与资源和环境的承载能力相协调，大力发展保护环境的技术和产业、节能降耗的技术和产业，促进新材料、新能源产业的发展，采用循环经济的方式，节约高效利用资源，治理和防止环境污染，减少废物排放，加强废物利用，实现清洁生产，改善生态环境，增强产业和经济发展的资源基础，提高环境和资源的承载能力。

（2）根据产业发展的状况和消费结构的变化，及时进行产业调整，促进产业结构的合理化，防止比例失调、结构失衡，避免积压和短缺，实现产业资源的优化配置，更好地满足需求，提高生活质量。

（3）积极发展科学技术，努力发展高新技术产业，用高新技术改造和武装传统产业，增强产业的技术基础，不断推进产业结构的高级化，以提高资源的使用效果，实现产业的高效发展。

（4）合理调整产业布局，更好地发挥各地区的比较优势，充分地利用各地区包括人力资源在内的各种资源，实现地区之间产业和经济的协调发展。产业发展如果充分利用了人力资源，满足了人的生活需要，也就实现了产业发展与人口的协调；产业发展如果保护和改善了环境，也就实现了产业发展与环境的协调；产业发展如果节约高效利用资源，并且开发了更丰富、更清洁的资源，也就实现了产业发展与资源的协调。实现了产业与人口、环境、资源的协调，保持了产业的协调、稳定、高效的发展，产业总体也就能可持续发展。

思考题

1. 产业发展的含义是什么？从产业发展的历程来看，产业未来的发展方向是什么？
2. 产业发展通常会经历哪些阶段？
3. 简要论述产业发展的生命周期理论。
4. 产业均衡发展理论和非均衡发展理论的区别与联系何在？
5. 主导产业的选择基准有哪些？
6. 阐述产业发展战略的概念和主要内容。
7. 产业发展战略的模式有哪些？

第十三章　战略性新兴产业

第一节　战略性新兴产业概述

新技术、新产业迅猛发展，孕育着新一轮产业革命，新兴产业正在成为引领未来经济社会发展的重要力量，世界主要国家纷纷调整发展战略，大力培育新兴产业，抢占未来经济科技竞争的制高点。

一、战略性新兴产业的概念

战略性新兴产业是以重大技术突破和重大发展需求为基础，知识技术密集、物质资源消耗少、成长潜力大、综合效益好的产业。战略性新兴产业有两个基本特征：一是战略性，二是新兴产业。战略性是指全局性和长期性，包括重大前沿技术领域、对多数行业具有带动和支撑作用的领域等。新兴产业是指新技术处于产业化的初期阶段，但未来的发展潜力巨大的产业。

二、战略性新兴产业的选择标准

有关战略性新兴产业的选择标准国内有一些学者进行了探索，肖兴志等认为战略性新兴产业的指标体系应由三部分构成，即产业主导力、产业发展力和产业竞争力。在这三项一级指标中，产业主导力是从主导产业的选择经验中借鉴而来，产业发展力和产业竞争力则是根据战略性新兴产业自身特点创建得到。

(1) 产业主导力。在现有的主导产业选择基准中，产业增长力、产业波及效应和就业效应标准最能体现战略性新兴产业的导向性内涵，所以将之作为产业主导力项下的三个二级指标。其中，产业增长力标准反映新兴产业的增长潜力，仍由收入弹性基准和生产率上升基准构成；产业波及效应标准则反映战略性新兴产业的产业关联度，在构成上除包括原有的感应度系数和影响力系数外，还新增了产业空间集聚度系数，用来体现战略性新兴产业区域协调发展的程度，而就业效应标准则反映战略性新兴产业的就业带动属性，结合现阶段国情，其构成要素在原有的就业吸纳能力、就业人员素质外，还添加了就业环境要素。

(2) 产业发展力。鉴于战略性新兴产业的引导性作用，可从环境效率、技术效率和“风险-赢利率”三方面考察其所具有的产业发展力特征。原因在于，战略性新兴产业具有可持续发展和高技术外溢的特征，肩负着引领科技创新和推动低碳经济的使命，所以其发展力应由环境效率标准和技术效率标准两项指标来体现。其中环境效率用资源消耗率和污染排放率来体现；技术效率则用专利密度系数和技术密度系数等指标来衡量。此外，从产业的生命周期角度来看，主导产业处在产业的朝阳期，而战略性新兴产业具有“新兴产业”的特征，这就使得在构建战略性新兴产业选择标准时需要考虑到“新”产业的短期风险与长期盈利性特征，可以加入“风险-赢利率”指标来进一步测度产业未来的发展力，该指标由产业成长风险和产业赢利率两项子指标构成。

（3）产业竞争力。在国内和国际市场具有较强竞争力是选择战略性新兴产业的重要标准，可将之细化为自主创新力、产业需求力和出口带动力三项指标。其中，自主创新力指标的纳入是基于对战略性新兴产业研发环节的高要求。如果仅靠引进和模仿，新产业的长期发展将再次陷入核心技术空心化的尴尬局面，长期受制于人。而加入产业需求力和出口带动力指标，则是出于对其市场需求状况的考虑。战略性新兴产业要想发展，必须拥有广阔的市场需求空间和前景，否则将难逃“夭折”的厄运。具体而言，产业需求力从产品被接受程度来体现其竞争力，用市场占有率和最终依赖度指标来衡量；出口带动力则集中体现战略性新兴产业的出口能力，对扭转我国出口贸易结构具有重要的积极作用。

三、发展战略性新兴产业的基本原则

（1）市场主导、政府调控。充分发挥市场配置资源的基础性作用，以市场需求为导向，着力营造良好的市场竞争环境，激发各类市场主体的积极性。针对产业发展的薄弱环节和瓶颈制约，有效发挥政府的规划引导、政策激励和组织协调作用。

（2）创新驱动、开放发展。坚持自主创新，加强原始创新、集成创新和引进消化吸收再创新；加强高素质人才队伍建设，掌握关键核心技术，健全标准体系，加速产业化，增强自主发展能力。充分利用全球创新资源，加强国际交流合作，探索国际合作发展新模式，走开放式创新和国际化发展道路。

（3）重点突破、整体推进。坚持突出科技创新和新兴产业发展方向，选择最有基础、最有条件的重点方向作为切入点和突破口，明确阶段发展目标，集中优势资源，促进重点领域和优势区域率先发展。总体部署产业布局和相关领域发展，统筹规划，分类指导，适时动态调整，促进协调发展。

（4）立足当前、着眼长远。围绕经济社会发展重大需求，着力发展市场潜力大、产业基础好、带动作用强的行业，加快形成支柱产业。着眼提升国民经济长远竞争力，促进可持续发展，对重要前沿性领域及早部署，培育先导产业。

四、发展战略性新兴产业的目标

（1）产业创新能力大幅提升。企业重大科技成果集成、转化能力大幅提高，掌握一批具有主导地位的关键核心技术，建成一批具有国际先进水平的创新平台，发明专利质量数量和技术标准水平、战略性新兴产业重要骨干企业研发投入占销售收入的比重大幅提升。一批关键核心技术达到国际先进水平。

（2）创新创业环境更加完善。加快推进重点领域和关键环节的改革，显著改善有利于创新战略性新兴产业商业模式、发展新业态的市场准入条件，以及财税激励、投融资机制、技术标准、知识产权保护、人才队伍建设等政策环境。

（3）国际分工地位稳步提高。涌现一批掌握核心关键技术、拥有自主品牌、开展高层次分工合作的国际化企业，具有自主知识产权的技术、产品和服务的国际市场份额大幅提高，在部分领域成为全球重要的研发制造基地。

（4）引领带动作用显著增强。形成一批具有较强自主创新能力和技术引领作用的骨干企业，打造一批特色鲜明的产业链和产业集聚区。

第二节　战略性新兴产业的基本范围

一、新一代信息技术产业

数字化、网络化、智能化、融合化是新一代信息技术产业发展趋势，主要包括物联网、下一代信息网络、高性能集成电路、新型显示和新型电子元器件等。

（1）物联网。物联网是一个基于互联网、传统电信网等信息承载体，让所有能够被独立寻址的普通物理对象实现互联互通的网络。它具有普通对象设备化、自制终端互联化和普适服务智能化 3 个重要特征。物联网把所有物品通过信息传感设备与互联网连接起来，进行信息交换，即物物相息，以实现智能化识别和管理，主要应用于智能家居、健康医疗、智能交通、智能楼宇等领域。

（2）下一代信息网络。它包括以移动通信、光通信、卫星通信、下一代互联网等为主的天地一体现代通信产业链。

（3）高性能集成电路。它包括集成电路设计、制造、封装测试及其协同发展。在设计环节，主要是网络通信、卫星导航、智能终端、工业控制与驱动、智能传感器、汽车电子、医疗电子等领域新兴应用芯片的开发设计和产业化。

（4）新型显示。新一代显示技术研发与产业化。它包括薄膜晶体管液晶显示（TFT - LCD）、有机发光显示（OLED）等新型显示技术的规模应用，还包括 3D 显示、柔性显示、激光显示、全息投影显示等新型显示全面联动发展。

（5）新型电子元器件。重点在敏感元器件、储能器件、光通信器件等领域的研发和产业化。

二、高端软件和信息服务业

大力发展大数据、云计算、高端软件、信息技术服务、人工智能，推动软件产业向服务化、网络化、平台化转型，构建新型信息服务体系，加强高端软件和信息服务业与传统产业的融合创新。

（1）大数据。海量数据存储、数据清洗、数据分析发掘、数据可视化等关键技术研发，以及大数据处理、分析、可视化软件和硬件支撑平台建设。

（2）云计算。突破弹性计算、资源监控管理与调度、安全控制管理、艾字节级数据存储与处理、数据中心绿色节能、虚拟整合等关键技术。推动低能耗芯片、高性能服务器、海量存储设备、网络大容量交换机等核心云基础设备的研发和产业化。

（3）高端软件。高可信服务器操作系统、安全桌面操作系统的研发，移动智能终端操作系统、大数据环境下数据库管理系统、云平台中间件、移动端和云端办公套件的研发和应用。主动防护技术、密码技术、保密技术、可信计算技术、隐私保护技术等信息安全关键技术的研发和产业化。

(4) 信息技术服务。以集成实施、数据服务、系统运维服务为重点，大力发展信息系统集成服务业，提高信息系统的综合集成、应用集成能力。以软件运营服务、电子商务、物流管理、在线娱乐、在线教育、在线医疗等领域为重点，发展平台运营服务。

(5) 人工智能。类脑研究等基础理论和技术研究，基于人工智能的计算机视听觉、生物特征识别、新型人机交互、智能决策控制等应用技术研发和产业化、人工智能领域的基础软硬件开发。

三、生物技术和新医药产业

以培育生物经济为核心，大力发展生物医药、生物医学工程、生物农业和生物制造，加速生物技术在生产、生活、生态各领域的绿色应用，推动医疗向精准医疗和个性化医疗发展，加快生物育种向高效精准育种升级转化。

(1) 生物医药。重点突破生物技术药物关键技术，加快现代基因工程药物、抗体药物、新型疫苗等关键技术集成开发和新产品研制，推动利用基因工程、酶工程、细胞工程、发酵工程等现代生物技术改造传统制药工艺和流程，加快基因编辑、功能细胞获得、细胞规模化培养、靶向和长效释药等新技术研发和推广应用，开展核酸药物、基因治疗药物、干细胞等细胞治疗产品的研究，着力构建生物医药产业新体系。推动中医药特色发展，基于中医药传统特色优势，发现和创制一批作用机理明确、技术含量高、临床效果好、国际化程度高、安全有效的现代中药。

(2) 生物医学工程。以医学影像、医学检验、医用生物材料及植(介)入产品和智能医疗器械为重点，加快基因测序和挖掘技术、绿色智能生产技术等的研发和推广应用，深化生物医学工程与信息技术融合发展，构建移动医疗、远程医疗等诊疗新模式。

(3) 生物农业。以动植物育种、动植物健康和营养为重点，加快发展生物农业。动植物育种重点开发动植物全基因组选择、基因组编辑、细胞工程等技术，建立基于基因组学和系统生物学的高效分子模块育种体系和全基因组关联分析育种体系，开发优质高产、营养高效、抗逆性品种、抗病虫害、安全性高的转基因新品种作物。

(4) 生物制造。以生物基精细化学、生物基大宗化学品及生物材料、生物绿色工艺为重点，推进生物制造规模化，推动以清洁生物加工方式逐步替代传统化学加工方式。

四、新材料产业

以突破前沿技术和培育高端产品为主攻方向，推动先进基础材料产业转型升级。重点突破关键战略材料的产业化和规模应用，开展前沿新材料的研发和提升产业化应用水平。

(1) 先进基础材料。加快发展高性能、差别化、功能化的先进基础材料，推进高性能特钢、特种工程塑料、先进有色金属材料和无机非金属材料等领域产品的更新换代。

(2) 关键战略材料。围绕航空航天、高速铁路、先进轨道交通装备、新型电力装备、电子信息等重大工程建设急需的关键材料，加快发展高性能纤维、高温合金材料、高性能膜材料，以及稀土功能材料、新型电子信息材料、先进陶瓷材料，引领未来先进装备制造业的优化升级。

(3) 前沿新材料。重点发展纳米材料、石墨烯等新型二维材料、超材料、仿生与智能材料等，积极推广前沿新材料在能源、生物医药、电子信息、节能环保等领域的应用。

五、高端装备制造产业

高端制造业是一个国家或地区工业化过程中的必然产物。迄今为止，学术界对高端制造业还缺乏统一的界定，更缺乏一个明确的统计分类标准。一般而言，高端制造业的概念可以从行业和产业链环节两个角度来进行界定。从行业的角度讲，高端制造业是指制造业中新出现的具有高技术含量、高附加值、强竞争力的行业；从所处产业链的环节上讲，高端制造业处于某个产业链的高端制造业环节。

围绕智能成套系统、智能机器人、增材制造、高端数控机床、新一代轨道交通和高端专用装备等重点领域，发展网络化、数字化、智能化、高附加值、高效能的制造技术。

(1) 智能成套系统。重点发展柔性制造、检测、装配等智能成套装备，突破智能数控系统、高精度新型传感器、关键功能部件、网络化系统集成等一批智能成套装备关键共性技术，开发网络化控制、现场总线控制系统、新一代主控系统装置、智能变送器、智能执行器、特种执行器等智能控制系统。推动自动化生产线、数字化车间、智能工厂建设，提供重点行业整体解决方案，推进制造业智能化升级。

(2) 智能机器人。围绕汽车、电子、危险品制造、国防军工、化工以及医疗健康、家庭服务、教育娱乐等行业发展，加强工业机器人、特种机器人、智能服务机器人等产品研发，突破机器人伺服驱动系统、绝对值编码器、开放式机器人控制器、核心算法、视觉系统等关键技术，推进伺服电机、精密减速器、伺服驱动器、末端执行器、传感器等关键部件国产化。跟踪下一代具有合作、学习、感知功能的智能机器人发展，推动机器人和移动互联网、大数据、云计算、物联网等新技术融合发展。

(3) 增材制造。重点发展激光(电子束)高效选区熔化、大型整体构件激光及电子束送粉(送丝)熔化沉积、光固化成形、熔融沉积成形、激光选区烧结成形、无模铸型以及材料喷射成形等增材直接制造装备。加快突破高光束质量激光器及光束整形系统、高品质电子枪及高速扫描系统、大功率激光扫描振镜、动态聚焦镜等精密光学器件、阵列式高精度喷嘴(喷头)等关键技术和基础零部件。积极开发金属、非金属、医用等增材制造专用材料，提升增材制造工艺技术水平，推动重点增材制造装备和材料的示范应用。

(4) 高端数控机床。针对国防、航空、航天、高铁、汽车和模具等重要装备制造行业对高端数控机床的需求，重点发展精密、高速、智能、复合、柔性五轴联动加工中心以及大型数控成形冲压机床、重型锻压机床、特种加工机床等，推动高端数控机床向高速化、复合化、精密化、多轴化等方向发展。加速发展高精度插补、动态补偿、具有自监控、维护、优化、重组等功能的智能型数控系统技术，提升主轴、丝杠、导轨、刀具、伺服电机、轴承、光栅等主要功能部件系统的技术水平。

(5) 新一代轨道交通。重点突破轨道交通节能环保、安全保障、智能化网络技术，大力发展中国标准高速动车组、大吨位轴重重载电力机车、城际快速动车组、低地板现代有轨电车、中低速磁悬浮系统等产品。进一步提升整车制造、牵引传动系统、门系统、列车网络控制系统、牵引传动及控制系统、轴轮及驱动系统、车钩缓冲系统、机车车辆系统、城轨车辆系统、智能售检票系统、检测系统等研制水平，加快提升转向架及动力学技术、储能与节能技术、通信信号技术、制动技术、轻量化技术及气动力学技术的综合应用能力。发展轨道交通大型施工和养护装备，促进轨道交通装备在国内外高速铁路、城际铁路以及城市轨道交通工程的总集成和总承包应用。

（6）高端专用装备。新型电力装备重点发展大型清洁高效发电装备、光伏发电和光热发电装备、智能电网关键核心装备，积极开展第三代核电装备研发，提升现代电力装备发展水平。新型农业机械重点发展粮、棉、油等大宗粮食和战略性经济作物的育、耕、种、管、收、运、贮等自动化规模化先进农机装备，进一步提高农机装备智能化和精准作业能力。石化冶金装备重点发展大型石化装备、液化天然气（LNG）储运装备、天然气高效净化装置、涂镀层成套冶金装备等。工程机械重点发展大吨位装载机、大型盾构机、大断面岩石掘进机、地下施工机械等，提升自主配套能力。新一代电子信息装备重点推进新型元器件、新型显示、电子整机等制造装备和关键仪器仪表研发及产业化。

六、节能环保产业

节能环保产业是指在国民经济结构中，以防治环境污染、改善生态环境、保护自然资源为目的而进行的技术产品开发、商业流通、资源利用、信息服务、工程承包等活动的总称。

（1）高效节能。以工业节能、建筑节能、低碳交通和节能服务等为重点，提升高效节能装备技术及产品应用水平，促进高效节能产业快速发展。

（2）先进环保产业。以解决危害人民群众身体健康的突出环境问题为重点，加快实施水、大气、土壤污染防治行动计划，集中突破工业废水、雾霾、土壤农药残留、水体及土壤重金属污染等一批关键治理技术，形成成套装备及配套产品生产能力。

（3）资源循环利用。大力推动城市矿产开发、工业固体废物和农林废弃物回收综合利用，加快发展再制造产业，夯实资源循环利用基础设施，推动资源循环利用产业发展壮大。

七、新能源和能源互联网产业

发展技术成熟、市场竞争力强的核电、风电、太阳能光伏和热利用、页岩气、生物质发电、地热和地温能、沼气等新能源，积极推进技术基本成熟、开发潜力大的新型太阳能光伏和热发电、生物质气化、生物燃料、海洋能等可再生能源技术的产业化，实施新能源集成利用示范重大工程。

围绕能源生产和消费变革，巩固和提升在风电、光伏、智能电网等领域形成的优势，开发大规模储能、分布式能源系统集成、新一代光伏、新型电力网络等产业核心技术，提升新能源产品经济性和消费比重，增强新能源和能源互联网产业国际竞争力。

（1）新能源。重点发展先进太阳能利用、风力发电、生物质能、核电关联等产业，打造国内领先、世界一流的新能源产业研发、制造与应用示范基地。

（2）能源互联网。推动互联网与能源生产、传输、存储、消费以及能源市场深度融合，培育能源产业发展新业态。

八、新能源汽车产业

新能源汽车产业从经济学描述，是从事新能源汽车生产与应用的行业。新能源汽车是指除汽油、柴油发动机之外所有其他能源汽车，被认为能减少空气污染和缓解能源短缺。在当今提倡全球环保的前提下，新能源汽车产业必将成为未来汽车产业发展的导向与目标。

(1) 整车。加快发展电气系统集成、动力系统匹配、结构轻量化和整车安全性等技术，提升整车性能，努力降低制造成本，开发适合市场需求的新能源客车、乘用车、专用车等具备较强竞争力的产品。建立基于大数据系统的智能网联汽车自主研发和生产配套体系，推进整车智能化。突破下一代高性能新型动力系统的燃料电池汽车关键技术，研制国际先进水平的燃料电池汽车。

(2) 动力电池。重点发展高安全性、长寿命、高能量密度新型锂离子电池等动力电池，加快镍基氧化物、层状锰系和钒系、硅酸盐系、高电位型聚阴离子系及其氟化物系正极材料和高容量锡基、硅基等合金系负极材料的研发与产业化，支持发展宽电化学窗口、高电导、高安全性的新型电解质体系和新型隔膜。加大生产、控制和检测设备创新，推进全产业链工程技术能力建设。开展全固态锂离子电池、金属空气电池、锂硫电池、氢燃料电池等新型电池基础材料和系统集成的研究。

(3) 驱动系统。加快纯电动汽车用驱动电机、传动系统和发动机发电机组(APU)的产业化进程，开发混合动力汽车用发动机/电机总成(发动机＋ISG/BSG)和机电耦合传动总成(电机＋变速箱)。探索下一代新能源整车用电机驱动及其传动系统解决方案，推进新材料、新结构、自传感电机和驱动系统混合集成、新型传动结构等的研发和产业化。

(4) 集成控制。重点开发纯电动汽车用分布式、高容错和强实时控制系统以及高效智能和低噪音电动化总成控制系统、车载信息、智能充电、远程监控等技术与产品。加快发展混合动力汽车用发动机先进控制、混合动力系统先进实时控制、多部件间的转矩耦合和动态协调控制等技术，研制高性能混合动力系统(整车)控制器。针对下一代新能源汽车，研发基于新型电机集成驱动的一体化底盘动力学控制、高性能控制器及其专用芯片。

(5) 便捷基础设施。加快推进高功率密度、高转换效率、高适应性、移动充电、无线充电等新型充换电技术及装备的研发，加强检测认证、安全防护、与电网双向互动等关键技术研究。推动“互联网＋充电基础设施”建设，构建安全监控和管理平台，建立居民区、重要路网及重点区域“点线面”结合的新能源汽车能源供给体系，提高充电服务智能化水平，实现充电设施高速公路服务区、机场、车站、大型公共服务场所的全面覆盖。

九、航空航天、海洋装备产业

以数字化、信息化、智能化制造为突破口，推进航空航天、海洋工程装备、高技术船舶及配套设备自主化、品牌化，重点抓好主力装备结构升级，推进新型装备重点突破，提升设计及配套系统的国产化水平。

(1) 航空航天。依托装备制造和材料产业基础，积极开展国产大飞机、支线客机研制及产业化，突破新型航空材料、航空发动机关键部件等基础零部件的瓶颈，着力发展雷达系统、综合航空电子系统、航空机载系统等关键核心技术。重点突破通用飞机整机系统设计、制造、测试、集成开发等关键技术，开发通用飞机系列化产品，提升高效飞行器、固定翼飞机、直升机、小型公务机、军民两用无人机等通用飞机整机制造能力。加快发展先进卫星遥感、通信、导航等技术，开发北斗导航接收、发送等关键设备和部件，推进北斗导航应用技术和系统的研发推广及商业化。研发具有国际先进水平的大型地理信息系统、高性能遥感数据自动化处理等核心技术软件，加快实现产业化。

(2) 海洋工程装备。推动海洋工程装备向深远海域和多元化发展，提升产业国际竞争力。重点发展主力海洋工程装备，加快推进物探船、桁架式半潜平台、钻井船、浮式生产储卸装置(FPSO)、海洋调查船、半潜运输船、起重铺管船、多功能海洋工程船、无人深潜船等主力海洋工程装备的系列化研发，提升设计及建造水平，形成海洋工程装备综合试验、生产、检测与鉴定能力。加快培育新型海洋工程装备，突破浮式钻井生产储卸装置、浮式液化天然气储存和再气化装置、深吃水立柱式平台、张力腿平台、海洋极地调查及深远海环境观测探测装备等的研发设计和建造技术，形成总装建造能力。加强关键配套系统和设备研发及产业化，提高升降锁紧系统、深水锚泊系统、动力定位系统、单点系泊系统、自动控制系统、水下钻井系统、柔性立管等海洋工程装备关键配套系统和设备的自主设计制造水平，提升专业化配套能力。

(3) 高技术船舶。推进高技术船舶及配套设备自主化、品牌化。重点推进船舶性能优化、绿色高技术船型研制、节能与新能源、数字化建造、智能船舶、环保与资源综合利用等关键领域的技术突破，掌握一批船舶设计核心和共性技术。以高端特种船舶领域为重点，大力发展万吨级以上化学品船、大型液化石油气(LPG)和 LNG 船、大型汽车滚装船、超级生态环保船等运输船舶，海工支持船、海洋资源勘探开发船等工程船舶，海洋执法巡逻舰、水域环境检测治理船等专业工作船舶，以及运动休闲船、豪华游艇、豪华邮轮等新兴市场产品。加强关键配套系统和设备研发及产业化，重点发展满足国际新标准要求的柴油机、智能化电控系统、大型及新型推进装置、高端船用发电设备、高端船用齿轮箱、大型螺旋桨等船舶动力系统，以及通讯导航定位系统、电子电控系统等船舶机电控制技术和设备，推进船舶配套优势产品集成化、智能化、模块化、品牌化。

十、数字创意产业

以文化创意和数字设计为核心，以新一代信息技术为支撑，加强创作、创造、创意、创新，推动数字创意产业健康快速发展，促进数字创意产业与相关产业融合渗透，满足人民群众日新月异的便捷消费、体验消费、多元消费需求，形成文化引领、技术先进、链条完整的产业发展格局。

(1) 数字内容与开发。坚持保护传承和创新发展相结合，鼓励对地方特色文化以及历史、现实题材进行数字化转化和开发，提高数字影视、数字音乐、网络文学、网络视频、在线演出、健康动漫游戏等数字内容的创作、研发与生产能力，形成一批群众喜闻乐见的数字内容产品。大力发展数字生活、数字娱乐、数字体育、数字教育、数字文博等新兴业态，推广移动阅读、移动社交、移动支付等应用，鼓励建设数字图书馆、数字博物馆、数字美术馆、数字展览馆等。加强数字内容衍生产品的生产与增值服务，支持集内容制作、技术开发、平台运营和终端服务于一体的数字创意基地建设。促进出版业向多媒体、网络化、绿色印刷发展转型，以版权保护为核心，创新数字出版经营模式和服务方式，推动数字版权交易平台和保障体系建设。

（2）数字设计与服务。围绕打造一批具有区域特色和较强竞争力的设计服务品牌，形成一批高附加值的知识产权，全面提升数字设计与服务水平。大力发展现代工业设计，丰富工业设计人文内涵，促进工业设计向高端综合设计延伸，提高工业设计的信息化和国际化水平。提高城乡规划、建筑设计、景观设计、装饰设计等设计水平，保持文化特色，表达先进文化，提升文化品位，促进数字设计在城乡建设、公共服务、公共艺术等领域的融合应用。提高品牌策划和广告营销新技术运用水平，增加消费品的文化内涵和附加值。鼓励发展创意设计众包模式，满足面向消费者的个性化设计需求。

（3）数字技术与装备。促进利用云计算、大数据、物联网、人工智能等高新技术支撑创意内容、装备系统的开发与应用，加强虚拟现实、增强现实、混合现实、交互娱乐引擎、文化资源数字化处理、互动影视、智能语音、素材再造等关键技术研发，加快创新成果在数字创意生产领域的推广运用和产业化。支持研发具有自主知识产权、引领文化消费时尚的新型可穿戴智能装备、沉浸式体验平台、伴随式体验平台、APP 等新型软件及辅助工具，开拓虚拟直播、超感影院、混合现实娱乐等消费新领域。建立高效的数字创意公共服务平台，制定完善数字创意产业关键技术标准和服务质量管理体系。

第三节　我国发展战略性新兴产业的实践

一、我国战略性新兴产业发展现状与形势

“十二五”期间，我国节能环保、新一代信息技术、生物、高端装备制造、新能源、新材料和新能源汽车等战略性新兴产业快速发展。2015 年，战略性新兴产业增加值占国内生产总值比重达到 8%左右，产业创新能力和盈利能力明显提升。新一代信息技术、生物、新能源等领域一批企业的竞争力进入国际市场第一方阵，高铁、通信、航天装备、核电设备等国际化发展实现突破，一批产值规模千亿元以上的新兴产业集群有力地支撑了区域经济转型升级。大众创业、万众创新蓬勃兴起，战略性新兴产业广泛融合，加快推动了传统产业转型升级，涌现了大批新技术、新产品、新业态、新模式，创造了大量就业岗位，成为稳增长、促改革、调结构、惠民生的有力支撑。

未来 5 到 10 年，是全球新一轮科技革命和产业变革从蓄势待发到群体迸发的关键时期。信息革命进程持续快速演进，物联网、云计算、大数据、人工智能等技术广泛渗透于经济社会各个领域，信息经济繁荣程度成为国家实力的重要标志。增材制造(3D 打印)、机器人与智能制造、超材料与纳米材料等领域技术不断取得重大突破，推动传统工业体系分化变革，将重塑制造业国际分工格局。基因组学及其关联技术迅猛发展，精准医学、生物合成、工业化育种等新模式加快演进推广，生物新经济有望引领人类生产生活迈入新天地。应对全球气候变化助推绿色低碳发展大潮，清洁生产技术应用规模持续拓展，新能源革命正在改变现有国际资源能源版图。数字技术与文化创意、设计服务深度融合，数字创意产

业逐渐成为促进优质产品和服务有效供给的智力密集型产业，创意经济作为一种新的发展模式正在兴起。创新驱动的新兴产业逐渐成为推动全球经济复苏和增长的主要动力，引发国际分工和国际贸易格局重构，全球创新经济发展进入新时代。

"十三五"时期是我国全面建成小康社会的决胜阶段，也是战略性新兴产业大有可为的战略机遇期。我国创新驱动所需的体制机制环境更加完善，人才、技术、资本等要素配置持续优化，新兴消费升级加快，新兴产业投资需求旺盛，部分领域国际化拓展加速，产业体系渐趋完备，市场空间日益广阔。但也要看到，我国战略性新兴产业整体创新水平还不高，一些领域核心技术受制于人的情况仍然存在，一些改革举措和政策措施落实不到位，新兴产业监管方式创新和法规体系建设相对滞后，还不适应经济发展新旧动能加快转换、产业结构加速升级的要求，迫切需要加强统筹规划和政策扶持，全面营造有利于新兴产业蓬勃发展的生态环境，创新发展思路，提升发展质量，加快发展壮大一批新兴支柱产业，推动战略性新兴产业成为促进经济社会发展的强大动力。

二、我国战略性新兴产业发展对策

（一）强化科技创新，提升产业核心竞争力

增强自主创新能力是培育和发展战略性新兴产业的中心环节，必须完善以企业为主体、市场为导向、产学研相结合的技术创新体系，发挥国家科技重大专项的核心引领作用，结合实施产业发展规划突破关键核心技术，加强创新成果产业化，提升产业核心竞争力。

（1）加强产业核心技术和前沿技术研究。围绕经济社会发展重大需求，结合国家科技计划、知识创新工程和自然科学基金项目等的实施，集中力量突破一批支撑战略性新兴产业发展的关键共性技术。在生物、信息、航空航天、海洋、地球深部等基础性、前沿性技术领域超前部署，加强交叉领域的技术和产品研发，提高基础技术研究水平。

（2）强化企业技术创新能力建设。加大企业研究与开发的投入力度，对面向应用、具有明确市场前景的政府科技计划项目，建立由骨干企业牵头组织、科研机构和高校共同参与实施的有效机制。依托骨干企业，围绕关键核心技术的研发和系统集成，支持建设若干具有世界先进水平的工程化平台。结合技术创新工程的实施，发展一批由企业主导，科研机构、高校积极参与的产业技术创新联盟。加强财税政策引导，激励企业增加研发投入。加强产业集聚区公共技术服务平台建设，促进中小企业创新发展。

（3）加快落实人才强国战略和知识产权战略。建立科研机构、高校创新人才向企业流动的机制，加大高技能人才队伍建设力度。加快完善期权、技术入股、股权、分红权等多种形式的激励机制，鼓励科研机构和高校科技人员积极从事职务发明创造。加大工作力度，吸引全球优秀人才来华创业。发挥研究型大学的支撑和引领作用，加强战略性新兴产业相关专业学科建设，增加急需的专业学位类别。改革人才培养模式，制定鼓励企业参与人才培养的政策，建立企校联合培养人才的新机制，促进创新型、应用型、复合型和技能型人才的培养。支持知识产权的创造和运用，强化知识产权的保护和管理，鼓励企业建立专利联盟。完善高校和科研机构知识产权转化的利益保障和实现机制，建立高效的知识产权评估交易机制。加大对具有重大社会效益创新成果的奖励力度。

（4）实施重大产业创新发展工程。以加速产业规模化发展为目标，选择具有引领带动

作用，并能够实现突破的重点方向，依托优势企业，统筹技术开发、工程化、标准制定、市场应用等环节，组织实施若干重大产业创新发展工程，推动要素整合和技术集成，努力实现重大突破。

（5）建设产业创新支撑体系。发挥知识密集型服务业支撑作用，大力发展研发服务、信息服务、创业服务、技术交易、知识产权和科技成果转化等高技术服务业，着力培育新业态。积极发展人力资源服务、投资和管理咨询等商务服务业，加快发展现代物流和环境服务业。

（6）推进重大科技成果产业化和产业集聚发展。完善科技成果产业化机制，加大实施产业化示范工程力度，积极推进重大装备应用，建立健全科研机构、高校的创新成果发布制度和技术转移机构，促进技术转移和扩散，加速科技成果转化为现实生产力。依托具有优势的产业集聚区，培育一批创新能力强、创业环境好、特色突出、集聚发展的战略性新兴产业示范基地，形成增长极，辐射并带动区域经济发展。

（二）积极培育市场，营造良好的市场环境

要充分发挥市场的基础性作用，充分调动企业积极性，加强基础设施建设，积极培育市场，规范市场秩序，为各类企业健康发展创造公平、良好的环境。

（1）组织实施重大应用示范工程。坚持以应用促发展，围绕提高人民群众健康水平、缓解环境资源制约等紧迫需求，选择处于产业化初期、社会效益显著、市场机制难以有效发挥作用的重大技术和产品，统筹衔接现有试验示范工程，组织实施全民健康、绿色发展、智能制造、材料换代、信息惠民等重大应用示范工程，引导消费模式转变，培育市场，拉动产业发展。

（2）支持市场拓展和商业模式创新。鼓励绿色消费、循环消费、信息消费，创新消费模式，促进消费结构升级。扩大终端用能产品能效标识实施范围。加强新能源并网及储能、支线航空与通用航空、新能源汽车等领域的市场配套基础设施建设。在物联网、节能环保服务、新能源应用、信息服务、新能源汽车推广等领域，支持企业大力发展有利于扩大市场需求的专业服务、增值服务等新业态。

（3）完善标准体系和市场准入制度。加快建立有利于战略性新兴产业发展的行业标准和重要产品技术标准体系，优化市场准入的审批管理程序。进一步健全药品注册管理的体制机制，完善药品集中采购制度，支持临床必需、疗效确切、安全性高、价格合理的创新药物优先进入医保目录。完善新能源汽车的项目和产品准入标准。改善转基因农产品的管理。完善并严格执行节能环保法规标准。

（三）深化国际合作，提高国际化发展水平

贯彻开放新理念和“一带一路”战略部署，构建战略性新兴产业国际合作新机制，积极融入全球创新发展网络，推动产业链全球布局，探索国际合作新模式，拓展发展新路径，全面提升产业发展国际化水平。

（1）着力打造国际合作新平台。以发达国家和“一带一路”沿线国家为重点，构建多层次、多渠道的政府间合作机制，推进特色产业合作、科技合作和人才合作。推动建设双边特色产业国际合作园区，引导龙头企业到海外建设境外合作园区。创新合作方式，采取“两国

双园”等模式，开展产业开放及改革试点，提升重点领域开放合作水平。加强国际科技成果转化和孵化、人才培训、海外知识产权服务等公共服务平台建设。

(2) 深度融入全球创新发展网络。设立协调推进机构和服务机构，加强驻外机构服务能力，充分发挥有关行业协会和商会作用，搭建各类国际经济技术交流与合作平台。引导设立一批战略性新兴产业国际化投资基金，组织一批城市对接新兴产业国际合作，建设一批国际合作创新中心，发展一批高水平国际化中介服务机构，鼓励企业建立一批海外研发中心，建立全球研发网络，形成政府、企业、投资机构、科研机构、法律机构、中介机构高效协同的国际化合作网络。支持参与国际科技合作计划、国际大科学计划和大科学工程，承担和组织国际重大科技合作项目。

(3) 积极参与全球产业分工。落实“一带一路”建设实施意见、国际产能和装备制造合作行动计划，在新一代信息技术、高端装备、新能源等重点领域，针对重点国家和地区确定不同推进方式和实施路径，推动资源优化整合，加快融入全球产业链。聚焦产业链高端，积极引进国际龙头企业和研发机构在我国设立地区总部和研发中心，引导外资投向战略性新兴产业，促进引资、引技与引智相结合。支持龙头企业通过海外并购重组提升企业技术、研发、品牌的国际水平，与国际有影响力的大企业开展更高层次的国际合作，培育一批具有国际竞争力的跨国集团。推动企业组团共同开拓国际市场，支持产业链“走出去”，实现优势互补，共赢发展。

（四）加大财税金融政策扶持力度，引导和鼓励社会投入

加快培育和发展战略性新兴产业，必须健全财税金融政策支持体系，加大扶持力度，引导和鼓励社会资金投入。

(1) 加大财税支持。加大对战略性新兴产业重点领域创新的财政资金投入力度，继续设立并发挥好战略性新兴产业发展专项资金作用，重点支持战略性新兴产业发展的重要环节、关键技术、示范工程以及公共服务平台建设。扩大有偿资金使用规模，设立战略性新兴产业发展投资基金，发挥财政资金杠杆作用，通过市场机制引导社会资本和金融资本支持战略性新兴产业发展。政府投资基金、新兴产业投资基金、工业和信息产业投资基金等对战略性新兴产业重点领域符合条件的项目优先列入投资计划。综合运用股权投资、贷款贴息、事前审核事后补助等方式，建立无偿与有偿并行、事前与事后结合的多元化投入机制。全面落实支持战略性新兴产业的相关税收优惠政策，加大政府采购大数据和云计算等新技术、新产品力度，探索建立首台套重大装备首购首用运行新机制。

(2) 拓宽融资渠道。加快构建多层次资本市场和投融资体系，拓宽战略性新兴产业的融资渠道。鼓励发展天使投资和创业投资，积极开展互联网股权众筹融资试点，为中小企业尤其是科技型初创企业拓展股权融资渠道。支持有条件的战略性新兴产业企业到主板、创业板上市融资，或到“新三板”、股权交易中心挂牌交易，鼓励符合条件的企业通过发行企业债、公司债、短期融资券、中期票据等实现直接融资。鼓励银行机构组建战略性新兴产业金融服务专营机构，建立相应的客户准入标准和授信审批机制，对战略性新兴产业项目优先给予信贷支持。积极发挥知识产权质押贷款、信用保险保单质押贷款等在战略性新兴产业领域的融资作用。健全科技金融风险分担机制，大力发展以“首投”“首贷”“首保”为重点的多渠道科技投融资体系。

思考题

1. 战略性新兴产业的含义是什么?
2. 战略性新兴产业的选择标准有哪些?
3. 阐述我国战略性新兴产业的基本范围。
4. 简要分析我国战略性新兴产业的发展现状。
5. 试论述我国战略性新兴产业的发展对策。